价值重塑

面向数字化转型的企业架构

[美] 图沙尔·哈兹拉 （Tushar K.Hazra）
[美] 布凡·乌内尔卡 （Bhuvan Unhelkar） 著

王妙琼 译

中国科学技术出版社
·北京·

Enterprise Architecture for Digital Business: Integrated Transformation Strategies by Tushar K. Hazra , Bhuvan Unhelkar , ISBN:9780367557188
All rights reserved.
© 2021 Taylor & Francis Group, LLC
CRC Press is an imprint of Taylor & Francis Group, LLC
Simplified Chinese translation copyright © 2024 by China Science and Technology Press Co., Ltd.
本书封面贴有 Taylor & Francis 公司防伪标签，无标签者不得销售。
北京市版权局著作权合同登记 图字：01-2024-1783。

图书在版编目（CIP）数据

价值重塑：面向数字化转型的企业架构 /（美）图沙尔·哈兹拉 (Tushar K.Hazra) ,（美）布凡·乌内尔卡 (Bhuvan Unhelkar) 著；王妙琼译 . -- 北京：中国科学技术出版社，2024.9

书名原文：Enterprise Architecture for Digital Business: Integrated Transformation Strategies

ISBN 978-7-5236-0753-4

Ⅰ.①价… Ⅱ.①图… ②布… ③王… Ⅲ.①数字技术—应用—企业管理 Ⅳ.① F272.7

中国国家版本馆 CIP 数据核字 (2024) 第 097834 号

策划编辑	杜凡如　任长玉	责任编辑	童嫒嫒
封面设计	北京潜龙	版式设计	蚂蚁设计
责任校对	张晓莉	责任印制	李晓霖

出　　版	中国科学技术出版社
发　　行	中国科学技术出版社有限公司
地　　址	北京市海淀区中关村南大街 16 号
邮　　编	100081
发行电话	010-62173865
传　　真	010-62173081
网　　址	http://www.cspbooks.com.cn

开　　本	710mm×1000mm　1/16
字　　数	294 千字
印　　张	20
版　　次	2024 年 9 月第 1 版
印　　次	2024 年 9 月第 1 次印刷
印　　刷	大厂回族自治县彩虹印刷有限公司
书　　号	ISBN 978-7-5236-0753-4 / F·1258
定　　价	69.00 元

（凡购买本社图书，如有缺页、倒页、脱页者，本社销售中心负责调换）

前言

本书以面向未来的观点探讨了企业架构的广泛主题。企业架构被视为一个框架，可以用来理解当前的业务，以及进行数字化转型应该做些什么，这就是本书的主题。

本书的一个特点是利用组织级的企业架构来实现整体的转型方案。为了创建面向未来的业务，本书没有将企业架构限制在当前的技术维度上，而是集成了组织的技术、业务、框架、人员、质量和治理。因此，本书进一步深入探讨了大数据、移动技术和云技术等，这些方面构成了数字化业务转型战略的基础。

作者结合了在企业架构领域的工作经验，为数字化转型的专业人士提供了实用的建议，特别是在全球化的大中型组织中。此外，咨询公司和个人也会发现，就我们作为从业者积累的实际见解而言，本书是一个有价值的补充。本书中的案例研究基于我们的经验，因此，也为未来面向数字业务的企业架构话题提供了一个实用的角度。

企业架构不仅是企业的技术结构，它还超越了技术并进入业务空间。因此，需要以综合、整体的方式进行讨论。只有这样才能为转型提供必要的基础，使企业准备好迎接新的业务和技术挑战。例如，大数据、移动技术和云计算都是高度颠覆性的技术，它们需要在业务和技术方面取得良好的平衡。本书的重点也是让组织做好应对这种影响的准备。

以下是本书探讨的重要议题：

- 在数字世界中，企业的主要考虑因素是什么？从技术上讲，这些企业在未来3—5年内，哪些因素会对他们产生影响？
- 如何使用企业架构来塑造大中型组织的发展方向？

- 对于那些没有准备好应对技术驱动变革的企业来说，颠覆性技术的潜在风险是什么？
- 当前的企业需要做什么来为未来的企业架构做准备？
- 当颠覆性技术冲击组织时，在治理、风险和合规方面存在哪些问题和挑战？
- 企业架构如何填补技术和业务之间的差距？

这是一本实践型的书，它基于我们的经验以及对企业架构变化的调查和研究形成。虽然这本书的基础是坚实的理论和研究，但它仍然可以被实践型领导者或管理者使用。本书包含了大量的例子、案例研究和图表，以及相关有价值的主题。本书中描述的挑战以及提出的解决方法都来自作者在该行业的实践经验。

本书不仅涵盖了传统的企业架构基础，还讲解了整体的转型路线图及其实现方法，本书的优点就在于它的实践性。

目录 CONTENTS

01 第一章

数字业务、企业架构和转型的势在必行 — 001

- 本章概要 — 002
- 什么是数字业务 — 003
- 数字化的愿景和机遇 — 005
- 数字化转型势在必行 — 010
- 数字化转型中的挑战和风险 — 011
- 架构和业务组织 — 013
- 数字化转型中的企业架构 — 016
- 物联网、万物互联和数字业务 — 022
- 企业架构和业务架构 — 023
- 讨论主题 — 026

02 第二章

数字化转型中的企业架构和服务导向 — 027

- 本章概要 — 028
- 企业架构作为转型框架 — 029
- 数字化转型中的企业架构 — 033
- 企业架构的技术栈 — 039
- 面向服务的架构 — 046
- 服务环境 — 048
- 业务驱动的 SOA — 056
- 数字业务的敏捷性 — 058
- 数字化转型中的变革管理 — 063
- 讨论主题 — 064

03 第三章

数字业务的战略规划　　066

本章概要　　067
规划数据驱动的数字业务　　068
数字业务战略　　070
业务能力　　075
业务战略和企业架构　　077
资源和数字战略　　080
让数字化战略发挥作用　　082
讨论主题　　085

04 第四章

数字业务协同　　086

本章概要　　087
数字业务是一项协作业务　　088
协作数字业务的复杂性　　089
不断发展的技术趋势和企业架构　　091
协作企业架构　　096
协作企业架构的策略　　101
协作企业架构要面对的挑战和问题　　107
部署协作企业架构　　113
绘制协作企业架构部署的路线图　　119
讨论主题　　130

05 第五章

数字化转型中的云能力　　131

本章概要　　132
云与企业架构　　133
数字业务的云特性　　135
使用云的四个阶段及其相应的业务价值　　137

企业架构和云的三个协同领域   139
在基于云的数字流程中嵌入分析   142
使用基于云的架构的挑战   144
讨论主题   146

06 第六章

业务流程数字化与客户价值   147

本章概要   148
业务流程和数字化转型   149
业务流程数字化   155
业务流程转换的整体方法   158
数字化业务流程的原则   159
维护转换   161
监测进展   161
评估行业趋势   162
为工艺改造做准备   164
分享业务流程转换经验   168
商业供应商和工具   169
讨论主题   171

07 第七章

数字化转型和业务敏捷性   172

本章概要   173
数字化业务的敏捷性   174
设想一个敏捷的组织   178
利用嵌入式大数据分析实现敏捷业务   182
大数据在业务维度上实现敏捷性   185
国际公认反洗钱师资格认证：在采用大数据时平衡敏捷性和正式性   190
协作和智能作为功能敏捷   192

	学习型敏捷组织中的持续知识同步	196
	讨论主题	197

08 第八章

企业架构作为数字化转型的实践　　198

	本章概要	199
	为什么企业架构是数字商业的实践	200
	企业架构实践的现实	201
	实践企业架构的七个原则	202
	企业架构的生命周期	204
	管理企业架构实践	213
	企业架构能力成熟度	217
	讨论主题	220

09 第九章

衡量企业架构在数字化转型中的度量指标、关键绩效指标和风险　　222

	本章概要	223
	建立企业架构度量标准	224
	为数字化转型中的企业架构度量指标提供依据	227
	制定企业架构指标	230
	有源矩阵监测模型	234
	企业架构指标的治理	239
	应用企业架构指标体系时所面临的挑战	241
	建立"正确的"企业架构指标体系	245
	讨论主题	249

第十章 数字化转型中的企业架构治理 — 251

- 本章概要 — 252
- 企业架构治理和数字化转型 — 253
- 业务情况 — 256
- 企业架构和数字化转型中治理、风险管理和合规的优势 — 256
- 企业架构治理中的关键要素 — 258
- 组织架构 — 260
- 企业架构治理章程 — 263
- 企业架构框架和治理功能 — 265
- 实用的企业架构治理结构 — 270
- 架构审查和管理委员会 — 272
- 讨论主题 — 274

第十一章 业务架构实践——医疗卫生领域案例分析 — 275

- 本章概要 — 276
- 业务架构 — 277
- 业务架构实践 — 281
- 挑战、问题和影响 — 284
- 分阶段建立业务架构实践 — 285
- 业务架构实践的现实：来自实战 — 292
- 业务架构实践最佳实践 — 294
- 治理、风险管理与合规审查 — 295
- 建议与提升 — 297

附录——企业架构和数字化业务案例 — 301

译后序 — 309

01

第一章

数字业务、企业架构
和转型的势在必行

本章概要

　　本章对数字业务进行了概述，并提出了转型势在必行的观点。数字商业的发展、它的元素、它们的关系，以及它们在过去十年中是如何出现的，为转型提供了必要的背景。我们将从数字技术和企业架构（Enterprise Architecture，EA）基础的角度来讨论数字化转型（Digital Transformation，DT）。数字企业的复杂性和挑战性非常适用于企业架构的理论。企业架构通过将业务和信息技术的观点结合来支持数字化战略规划。在数字时代，安全、隐私以及管理治理、风险和合规性都是重要的考虑因素。识别、开发和建立数字化转型计划需要探索新兴的技术趋势。云计算、物联网（Internet of Things，IoT）、人工智能（Artificial Intelligence，AI）、机器学习（Machine Learning，ML）和大数据分析等技术对数字业务的潜在影响均被考虑在内。最后，本章从数字化转型的角度讨论了企业架构和业务架构之间的关系。

什么是数字业务

数字业务正逐步发展为常态，而不仅仅是特例或是传统业务模式的延伸。很难想象现在还有哪些业务是非数字化的。从随处可见的网页、移动应用，到会计、交易和合规，几乎所有业务都在使用数字化技术。在数字世界中，数字业务正在由现有的模式逐步演变为自动化、最优化和协同化的趋势。要从现阶段企业所处的状态转变成未来完全数字化的状态，需要对当前组织的架构和动态有透彻的了解。数字化转型需要从战略角度出发进行整体性、持续性的规划，分散式的推进并不能起到很好的效果。半途而废的转型很有可能在业务中引起摩擦和挑战。因此，对数字化转型开展战略性的规划和投资是所有企业的当务之急。此外，考虑到其复杂性（可能颠覆整个业务），数字化转型需要同步考虑管理战略的变革和组织文化的转变。因此，数字化转型不仅仅是技术问题，它也涵盖了商业模式和人员意识的转变。

理解何为"数字化"是数字化转型的重要起点。但这个概念范围很广，而且从不同的角度会有不同的理解。比如，数字化可以是无纸化或自动化的，或者是以数据分析、流程优化以及人工智能技术实现决策的。数据存储、处理和通信技术与业务流程和人员相结合以实现数字化转型。毋庸置疑，如此重大的变革通常需要领导层深刻意识到数字化的挑战与机遇，同时保证组织的各方面都能与当前的运营环境保持一致。

图 1.1 总结了数字业务和数字化转型的含义。左侧是当前使用传统数字化技术的业务。业务领导者想知道"转型后的数字业务是什么样的"，一些领导者可能还想知道"为什么要转型"。实施数字化转型的原因其实是由新业务的特点来解释的：

- 所有业务功能相关的数据都被收集、存储和保护，以确保业务能够收集到不易发现的大量数据。
- 业务决策由数据分析驱动，而不是由企业最高决策者的直觉来驱动的。

图 1.1　业务数字化

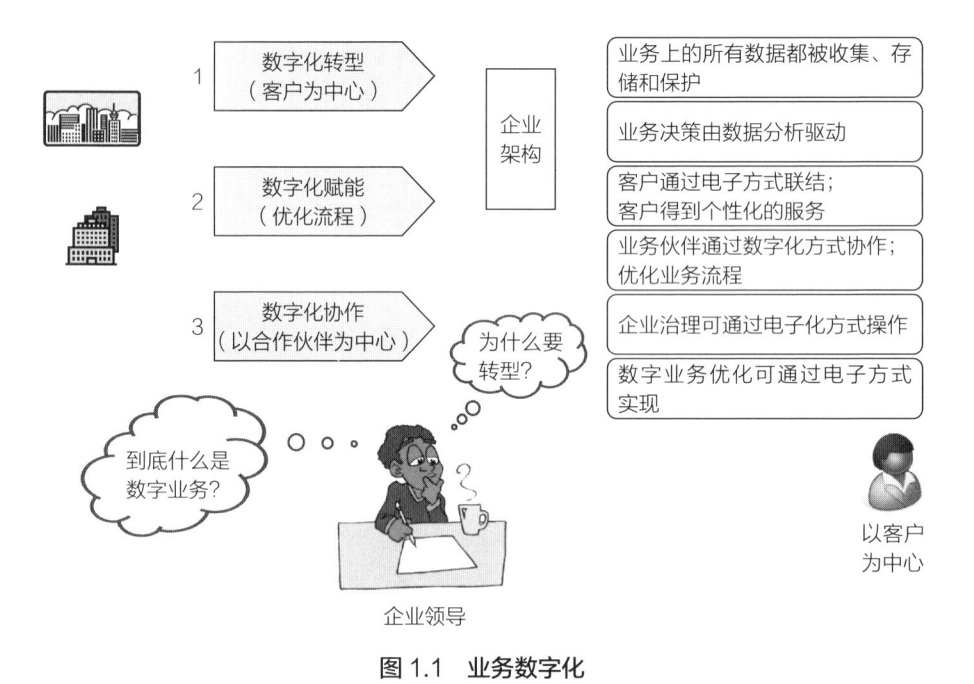

这种科学的方式可以减少决策中的偏见。

- 当客户与业务建立了数字化的连接之后，企业就能够在白天或夜晚的任何时间任何地点随时开展业务（特别是当数字连接附加了移动属性时）。客户能够获得个性化的服务，因为数字业务能准确地识别并满足他们的需求。
- 企业间通过数字化的合作能够扩大服务范围，也可提供接触合作伙伴客户需求的机会。在电子/移动平台上开展合作也能进一步实现流程优化。
- 相比于纸质化的管理，数字化的记录使企业能更轻松地遵循治理风险合规性要求。以电子化的方式存储记录并上报给法律和审计机构可以简化业务流程并提供清晰的审计过程。
- 所有业务功能都能通过数字化技术进行优化提升——包括销售、营销、盘点、会计、人力等。

上文图 1.1 中描述了数字化转型中包含的数字赋能（流程）和数字协作（与合作伙伴）。企业架构是成功实现数字化转型的通道，它为持续赋能打下了基础，并为无缝协作提供了标准化的参考框架。

数字化的愿景和机遇

数字业务可以是一个简单的网页，也可以是一整个全球化的数字企业，比如亚马逊、苹果和谷歌。从数字化转型的角度，以批判性的眼光来审视当前的业务，可能会引起业务领导者的一系列疑问：

- 数字化转型会给企业带来哪些机遇？
- 数字化会增强消费者和员工的用户体验吗？
- 数字化能否提升企业敏捷性？
- 数字化转型需要做哪些事，相应的风险是什么？
- 成功实现变革管理的关键要素是什么？
- 哪些数字业务流程将实现自动化，哪些将得到优化？
- 数字化将如何影响可持续性？
- 数字技术如何赋能业务合作伙伴之间的沟通与协作？
- 数字化将如何保障合规性？
- 哪些系统解决方案将迁移到云上？
- 数据应存储在哪里（数据隐私和安全）？
- 如何向业务职能部门提供数据？
- 在数字化转型中企业架构能起到什么作用？
- 如何衡量数字化转型的效果（关键绩效指标）？
- 数字化转型是由技术主导的吗？

从最后一个问题的答案开始解释，数字化转型不是一项技术举措，它是由数据和其相关的技术驱动的。实施数字化转型是一项战略性的业务决策，它由技术的变化和可用性驱动。图 1.2 简要描述了技术驱动的数字时代的全景以及它们如何影响业务。

图 1.2 概括了"系统解决方案技术"及"通信技术"。这两种类型的技术都逐渐催生出应用数字业务的联合数字时代。

图 1.2 的 A 部分,展示了能支持日益复杂的数字服务的技术:

- 面向对象开发技术是解决方案开发技术的一次重大变革,它们可以提高信息技术解决方案发布的效率,并通过应用封装提高质量。
- 基于组件的技术在设计、实施和执行过程中封装一组对象,从而使信息技术解决方案发布的时间更快了。但由于组件的尺寸较大,它不像面向对象的方式那么灵活,会面临运维方面的挑战。
- 面向服务的技术支持通过互联网提供组件,使得其他供应商创建的解决方案能够更加简单快速地部署。面向服务的架构(Service-Oriented Architecture,SOA)改变了提供解决方案的格局,将基于组件化的单点模式转变为协作式的服务套件。
- 大数据或者其他普通数据,使企业能够收集之前无法收集的信息,对其进行存储并加以处理。大数据和分析技术构建了不同主数据管理元素(例如客户、产品)的综合视图。
- 机器学习使企业能够基于数据作出决策。因为机器学习/人工智能技术使企业可以从大数据中获得洞察。机器学习能力(例如流程挖掘)可以扩展企业系统的能力。

图 1.2 的 B 部分介绍了实现日益复杂的数字通信的相关技术:

- 云以及相关存储是数字化领域游戏规则的颠覆者,因为它从业务中消除了日常数据操作的管理,并将其转移到了他处,让业务能专注于其核心竞争力。
- 本地网络和全球网络的连接能力在企业数字化中发挥了关键作用。
- 5G 和移动网络使数据分析和处理可以发生在任何地方。

```
A  面向对象 → 基于组件 → 面向服务   大数据   机器学习/AI
              系统解决方案技术 →
              ←  网络安全  可持续性  →        传感器
                                              （物联网）
                                              （设备）
              通信技术 →
B   云         网络        5G        区块链
```

图1.2 技术驱动的数字时代全景

- 区块链通过保证高度真实的数据和分析能力，为数字业务提供了另一个改变游戏规则的机会。区块链能提供安全和经过验证的数据，尤其是在与已有的企业系统集成之后。区块链技术也能影响企业系统中信息的治理。
- 传感器——物联网和万物互联（Internet of Everything，IoE）可以在有或者没有用户输入的情况下收集数据。众多的物联网传感器会收集与企业或政府相关的大量数据，使其可供处理。
- 网络安全和可持续性是数字技术全景图中两个重要的基础架构因素。

当代数字技术及其对数字化转型的影响

新兴的数字技术意义重大，需要从整体架构的角度来理解。表1.1总结了这些新兴技术，并列出了它们对业务敏捷性的潜在影响。

如何理解和使用架构会影响到这些技术的实施。例如，架构可以促进受控的迭代，能够集成组织技术组件的新方法，理解现有技术参数的局限性。架构可以为组织的规划、存储和处理能力提供基础。

组织在数据和应用方面的成熟度也可以通过架构来决定，企业可以在引入新技术之前创建一种方法来提升组织的能力。架构还提供了一种方案，让企业可以以安全的方式引入新技术并将其与现有的技术进行集成。

表 1.1 当代数字技术及其对数字化转型的影响

数字技术	描述	数据化转型考虑
物联网 物联网可以是人的互联，也可以是产业互联	支持不间断地获取高速且大量的数据——数据通常来自个人用户以及他们的随身设备（例如 GPS）	数据可用于即时决策，为业务流程的敏捷性提供新的机遇（例如，在使用 GPS 导航时变更路线）
云计算	基于基础设施即服务（Infrastructure as a Service，IaaS）、平台即服务（Platform as a Service，PaaS）和软件即服务（Software as a Service，SaaS）实现独立于源头的数据存储和共享。使用基于云的分布式系统基础架构（Hadoop）可以获取大量数据并以非常便宜的价格存储	促进与其他数据湖的对接协作，从而获取大量参考数据以改进决策洞察力（例如，GPS 中的天气数据） 云还可以在业务流程中创建精益、敏捷的前端服务，从而为中小型企业带来更多机会
演示技术	为满足不同用户的需求，能以多种格式并在不同设备上提供分析结果。这类演示通常被称为"可视化"，也包括音频（语音）和传感器（振动）。在大带宽的场景下，还可以使用全息投影	使用户能够根据场景（位置、时间）选择视觉效果；使用音频（语音）和传感器（振动）来满足用户需求，增加了使用的灵活性和流程的敏捷性。为有视觉限制的用户提供可能性（例如在驾驶车辆时）
语义网络	MapReduce[1] 技术和软件中的算法被用于在内部和外部数据间建立新的语义。语义网络也促进了大数据分析中机器数据的摄取，它可以为数据赋予意义	大数据开发和使用中的灵活性和交叉性。"感知"可以是非视觉的、由机器生成的，在没有人工干预的情况下结合到业务流程中，以提升业务流程的敏捷性
数据存储	非关系型数据库（键值、文档、列式和图形）是可以接受半结构化和非结构化的具备大数据特征的数据存储类型	这些以快速访问（内存计算）为特征的技术提升了决策制定的动态性，从而提高了业务敏捷性

---

[1] 分布式系统基础架构中最核心的两大组件之一。——编者注

续表

数字技术	描述	数据化转型考虑
5G	不受限于位置（移动）的高速连接	将移动业务流程数字化并支持移动协作
区块链	通过区块保护数据和分析过程的安全性	为业务流程提供创新的数字化技术

组织架构的演变

除了对联邦数字时代的研究，考虑数字化变革如何影响相关的架构也很重要。图1.3描述了这些主要的技术趋势和随后的架构演变。从与大型机计算相对应的单机架构开始，演变为客户端-服务器（分布式）架构、面向服务的架构，以及近期出现的基于云的架构。这些架构为业务中的数字化技术提供了稳定性。每一个架构也负责为业务在其数字化探索中的谨慎改变提供机会。因此，数字业务选择基于这些架构建设。从大型机计算到个人计算机（PC）计算，是系统架构的转变；从PC计算到网络计算，是分布式和网络架构的转变。在互联网和网格计算阶段，从网络计算到云计算的转变以及相关影响是当代数

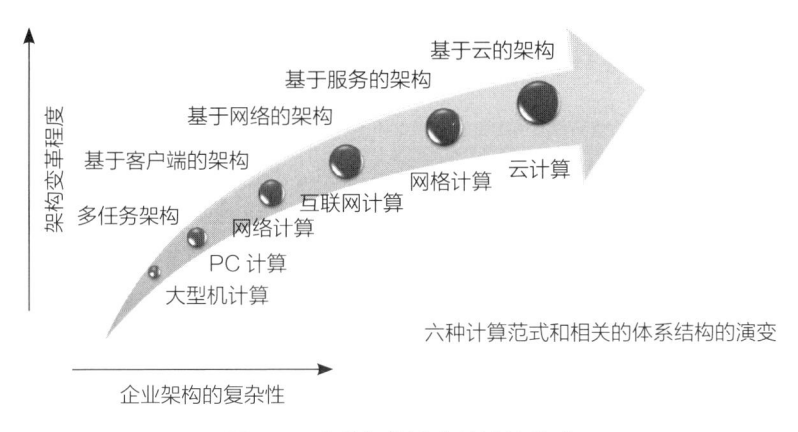

图1.3 企业架构演变的计算范式

字业务中的主流。企业架构的影响和复杂性继续增长。因此，如果企业架构得不到重视，任何数字化转型都无法成功。

数字化转型势在必行

数字化转型是为了满足个性化的客户需求而对业务进行的根本性变革，且不受时间和空间的限制。通过数字化业务能满足客户不断增长的期望。数字化转型可以将数据驱动的决策与所有领域、任意一个业务模型集成在一起。在数据驱动的决策过程中，组织的结构和动态会发生变化；在数字化转型期间，流程和人员也会发生变化。这是一项有风险的、长期的、需要不断迭代和演练的操作，所以需要一种战略性的方法来改变。

数字化转型成功的衡量标准在于它为客户带来的价值：

- 无缝的用户体验，客户不再需要一个部门一个部门地寻求产品或服务。
- 业务决策的敏捷性使客户能够更改他/她的需求而不会因此受到惩罚。
- 数据驱动的业务流程数字化可降低为客户提供服务所需的成本和时间。
- 在决策中集成分析、人工智能和机器学习技术，能够提供反映客户个性化需求的"细粒度"分析。
- 数字业务中采用云技术，使客户能够随时随地访问其数据。
- 利益相关者间的电子协作，以及不断形成的数字合作伙伴关系，能为客户提供更广泛的产品和更多的选择。
- 通过改变组织文化能减少自身偏见，并更准确地满足客户需求。
- 战略性和整体性的网络安全解决方案能确保客户数据的安全性和隐私性。

风险问题在数字化转型中是不可避免的，且是成功转型道路上必须面对的问题，必须加以解决才能使转型之旅成功。数据技术工作可以跨越多个项目，但并非所有项目都会产生良好的结果。因此，重要的是通过能力建设而不是仅仅通过一个个项目来实现数字化转型目标（参见第五章）。对数字化转型整体性和战略性的考量也是必要的（参见第三章）。

敏捷性在数字化转型中起着至关重要的作用（参见第七章）。目标是通过综合考虑战略影响（例如，收入增长、终身客户价值、上市时间），运营影响（例如，生产力提高、规模、运营效率）和成本影响进行学习和调整。

数字化转型中的挑战和风险

数字化转型是有风险的，主要是因为这种转变通常发生在业务已经开始运营的时候。虽然数字业务要求与客户需求保持一致，并提供个性化的客户价值，但价值本身可能并不容易定义。因此，在每一次数字化转型工作中，客户期望都需要被正式地管理起来。在运营的过程中，结构和组织的动态变化是复杂的，需要一个稳定的参考点。这种稳定性的基础由企业架构来提供。

图 1.4 指出了在数字化转型过程中需要注意的五个关键业务领域：

- 人——他们的决策会存在偏见；他们参与到数据驱动的过程中时会缺少相应的技能；在数据驱动的决策出现时，他们会对自己的就业能力产生担忧。
- 流程——尤其是嵌入了数据分析的流程。
- 敏捷性——组织可能没有为整体业务的敏捷性做好准备，可能只意识到软件项目的敏捷性。
- 企业架构——压倒性和快速变化的技术需要企业架构提供稳定的参考点。
- 治理、合规、风险控制——如果不了解数据的体量和复杂性并且在流程上缺乏整体架构，这可能很有挑战。

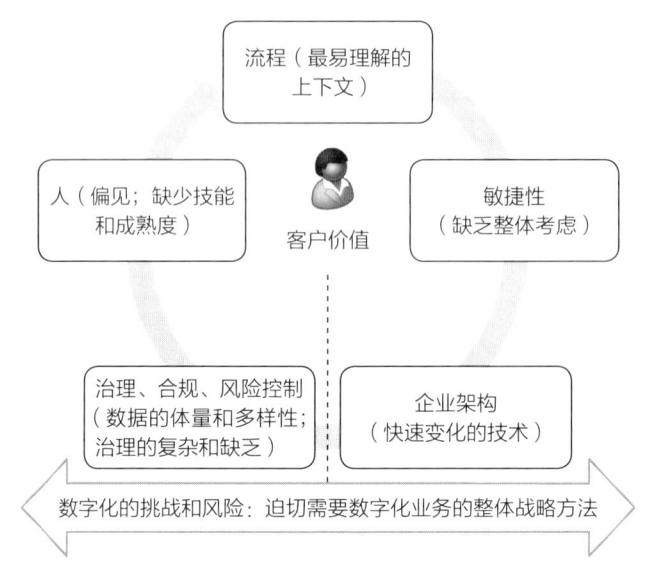

图 1.4 数字业务中的挑战和风险

以下是企业在开展数字业务转型时会遇到的进一步挑战：
- 信息技术战略和架构已经不再与当前的业务驱动因素、战略或要求保持一致。由于收购和业务扩展决策，业务愿景和目标发生了变化，因此，集成已有的软件解决方案要比从零开发合适。企业架构也需要跟随业务驱动的变化作变更。
- 紧耦合、孤立或分散的业务流程以及整个组织内低效的信息共享是使用了定制化的应用和管理服务来分别服务于不同客户的结果。企业需要注意识别可复用的信息技术资产、应用组件和业务服务，通过对这些资产的有效组装和管理，来解决多个业务功能复用的需求。
- 组织在开发通用或共享服务时缺乏协作，无法识别出可复用的信息技术资产、应用组件和业务服务，因为他们通常对这些操作没有通盘的理解。缺乏事先沟通或协作的渠道可能难以为"共同责任"建立共同基础。
- 在支撑业务运营的服务效率方面，开发信息、应用和技术架构缺少一致的标准和方法，使数据和服务的互操作性受到考验。

上述一些挑战、问题很复杂，也不容易解决。大部分需要在数字化转型期间定期检查，甚至需要寻求外部帮助。

架构和业务组织

一个组织的架构代表了它的基本结构。这种结构在很大程度上依赖于公司的系统、数据库和应用。因此，本文中的"架构"会涉及企业的技术相关方面。

美国电气和电子工程师协会（Institute of Electrical and Electronics Engineers，IEEE）（2007）将架构定义为"一个系统的基础组织，体现在其组件、它们与彼此和环境的关系以及管理其设计和演进的原则中"。从概念上讲，虽然这些信息技术要素并不是新的东西，但是，它们正变得越来越复杂，因为它们横跨了企业的许多不同功能中的多个系统和数据库。

前文中，表 1.3 讨论了组织中架构的演进。有许多架构在数字化转型中发挥作用，主要包括：

- 业务架构——在业务流程中，将业务驱动因素和现有技术要求作为两个重要输入。在与高管团队讨论全局视图时使用业务架构非常有用，而且有助于获得他们的批准。此外，在将现有企业架构转换为协作流程时，这些业务架构模型有助于对某些业务流程进行必要的更改（例如，再造、自动化或其他修改）。当前流程提供了现有业务架构的上下文并且捕获了现有企业架构的操作层。

- 基础架构——提供物理通信网络和相关管理元素（如集线器、路由器和交换机）的清单。

- 技术架构——列举以前采用的内部或第三方构建的工具和技术。技术架构通常会扩展到应用程序和集成架构，实际上它们能影响和完善整个企业架构的协作。

- 信息架构——组织企业内各种业务应用中的信息,这些信息被用于满足用户信息交换的需求。
- 应用架构——根据组件模型识别各种业务应用和服务,并提取构建它们的框架和架构模式。
- 集成架构——侧重于集成技术,例如代理、适配器和连接器,它们作为信息交换机制来连接企业的各种业务应用。
- 数据架构——处理数据、大数据及其数量和速度的方法。
- 科学架构——处理网络服务、微服务和知识服务的供应。
- 操作架构——详细说明托管业务应用的操作视图,一般包括用于部署整个现有企业架构的硬件、软件、操作系统、平台和环境。在实践中,使用应用和操作架构有助于在开发的最后阶段使协作式企业架构落地。
- 实施架构——描述企业采用的技术(被列在技术架构中的技术)如何实际实施在业务应用上。

业务流程代表一个组织的行为。架构还显示了技术、系统与业务流程的关系。一个综合的架构描述了人员、流程如何与技术相关联,以及使用技术的方式。

图 1.5 显示了架构在数字业务中所做的四项关键工作:

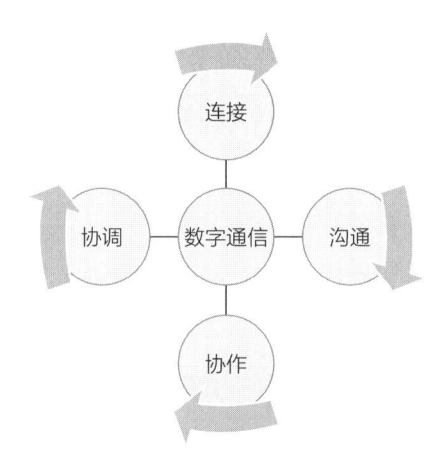

图 1.5 数字通信时代的架构

- 连接——设备、人员、数据一般从应用层开始。
- 沟通——网络、分析从网络通信层开始。
- 协作——合作伙伴、客户从业务和功能层开始。
- 协调——优化过程从用户和系统层开始。

大数据和人工智能

大数据分析和人工智能增加了架构的复杂性和挑战性。大数据领域包括一套数据获取技术（来自设备、机器、外部数据存储和人工数据输入）、存储技术（本地的、在服务器上的、越来越多在云上的）、处理技术（分析算法和工具）和显示技术（可视化和用户界面设计）。人工智能的架构包括数据以及通过机器学习（例如，有监督和无监督学习）利用该数据的基础。此外，架构还包括这些技术相互关联的方式。大数据分析不是由具有应用程序编程接口的独立软件组成，相反，它们嵌入了一组算法（通常用 Python 或 R 编程语言编码）或使用单独业务流程中的另一个分析包。这带来了横跨企业系统、应用和数据库的集成、维护、验证和安全性挑战。

大数据技术和分析穿插着错综复杂的质量（或准确性）问题，受制于对数量、速度和多样性等参数的进一步控制。例如，分析需要整合现有的结构化（关系）数据和不断加入的非结构化数据。与传统的结构化数据相比，大数据的这些特征开始在解决方案的技术管理方面产生质的差异。数据输入和输出的数量和频率、它们与外部数据源的关系、所需分析的粒度以及安全和隐私方面都是企业的技术架构中的考虑因素。

实现系统、应用和数据库的技术一致性是一种平衡行为，对于降低转型风险和提供业务价值非常重要。是否采用新技术以及业务是否产生价值之间的平衡行为是一项挑战，而大数据加剧了这个挑战。例如，大数据包含大量并非由企业生成和拥有的数据。取而代之的是，购买、租用、连接大型外部数据集（当政府公开提供时），或在分析时引用一部分。数据不同分类、非结构化的属性及其来源于大数据的特征给企业带来了新的挑战，企业需要在组织现有架构的保护伞下进行仔细的建模、映射、审查、实验和迭代。

数据摩擦

大数据技术带来的另一个挑战是产生微小的输入数据点。这些数据点需要不断地获取并与企业现有的结构化和非结构化同步。老数据和新数据、老应用和新应用，以及大量内部、第三方数据和服务之间的接口，都有可能产生巨大的"摩擦"。架构中的数据摩擦包括重复（比如相同数据呈现多个来源）、不一致以及不完整的用户视图。架构元素的摩擦也可能导致安全和隐私泄露以及数据滥用。

架构摩擦的一个例子是分析和应用的冗余开发。运行中的系统摩擦的一个例子是，当企业资源规划（Enterprise Resource Planning，ERP）系统在后台执行时，客户关系管理（Customer Relationship Management，CRM）系统提供不了必要的用户体验（性能）。这种摩擦的最终结果是错误的决策和业务敏捷性丧失。

审查和试验大数据领域内外的先进技术有助于了解它们的能力以及潜在的摩擦。

数字化转型中的企业架构

业务转型架构

企业如何从架构的角度关注转型？图1.6展示了一种通过架构成功实现业务转型的综合方法。

虽然企业架构和物联网是不同的学科，但它们之间存在内在的协同作用，这对于制定数字化转型策略很重要。这种协同是由于每个学科都能支持数字战略的颠覆性业务运营。在为企业创造价值方面，它们也能互相支持。企业架构用于制定转型计划的蓝图和路线图，也是协作性企业的基础。物联网技术可以创建出一个互联的企业，使用的是企业架构定义的原则和标准下的设备、应用和服务。企业架构和物联网的联合为企业的数字化转型之旅奠定了基础。

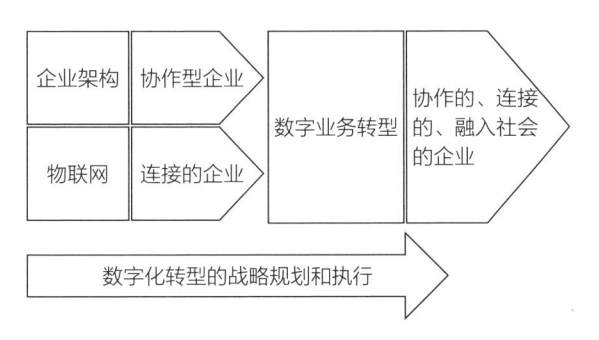

图 1.6　数字化转型的企业架构

数字化转型中的企业架构不是一张包含战略业务现代化蓝图的精致的"大图"，相反，企业架构采用了快速、精简、敏捷和可扩展的高度协作的架构方法。这些方法以创新为导向，在着手开展数字化转型时可能会很有效。物联网为企业和消费者间的互动增加了一个新维度。数字化转型是一种战略变革，促进企业利用其能力（人员、流程和技术）来持续建立提升客户价值的机制。

企业架构确立了在企业中使用标准、适应性框架以及灵活性、操作性和安全性概念的原则和指南。物联网可以从这些具有前瞻性的企业架构原则和指南中受益。企业架构和物联网技术的结合可以有效、高效且及时地为企业交付业务价值。例如，一家全球金融服务公司的企业架构团队决定为整个企业制定一套技术标准、平台和网络协议。当来自内部的互联网技术人员和外包解决方案开发人员开始部署物联网设备时，他们会意识到使用企业架构的指南和原则以及团队规定的标准的好处。企业架构团队与解决方案开发人员合作提出概念验证或原型，企业中的其他开发人员就可以利用这些来加快物联网的部署。总体而言，这种方法帮助公司显著缩短了三项基于物联网设备的新业务的交付时间。

企业架构和物联网之间的协同跨越了数字化转型的所有阶段——从构思和价值创造到互联的数字资产的价值实现。企业架构提供了一种灵活和协作的方法，能够用于在企业网络中集成应用、服务和设备。物联网可以使用企业架构在与企业集成时提供的相同的方法、框架和标准。虽然这一点与上一点相似，但这里的重点是在数字化转型的背景下使用企业架构和物联网。事实上，并非所有信息技术资产都必须是数字化的，也不一定在数字化转型期间都发生变化。因此，框架和标准必须为遗留系统和不使用数字化资产的应用留出空间。通过企业架构和物联网之间的协同作用，零售供应链的企业架构团队建立了一个架构框架，允许将新旧销售点的系统与库存和订单输入系统进行集成，其中一些涉及射频识别（RFID）读取器和基于大型机的系统。企业可以利用该框架来设计和开发临时解决方案，同时逐渐实现对新兴技术解决方案（包括物联网）的应用。

当今企业架构和物联网的主要关注点是数据的分析以及数据科学家或决策者需要如何获取、处理、分析、传播和使用数据。社交计算、云计算、移动互联网和大数据等新兴技术趋势为企业架构和物联网的连接增加了关键优势。例如，云可以促进物联网设备的连接；大数据分析可以帮助专业人士观察客户使用物联网设备的行为。对于一个提供医疗保健服务的组织而言，在企业架构和物联网的结合中引入新技术，能够开发一个患者和医生共同使用的平台，不仅可以为患者提供世界一流的医疗服务体验，而且可以在整个护理过程中帮助患者实现自我管理。

企业架构是适用于整个组织的整体架构。由于企业架构的整体性，在组织的架构环境中成功采用新技术是有可能的。企业架构通常被理解为技术层面的工作并且是面向内部的。根据高德纳咨询公司（Gartner）的定义，企业架构"是通过创建、交流和改进描述企业未来状态并促进其发展的关键原则和模型,将业务愿景和战略转化为有效企业变革的过程"。

企业架构包括网络、应用、数据库、接口和安全。企业架构已从"独立的、孤岛式的组件发展为在企业级别集成的组件,现在正在演变为企业间的集成,甚至是考虑环境和社会架构的更广泛的集成"。

在数字化转型中使用企业架构的一个关键动机是它有助于将大数据技术轻松引入现有系统的组合中。企业架构有助于同步企业的网络、数据库、分析、业务流程和表达层。

企业架构可以被认为是一种促进大数据受控引入的机制,可以对业务产生影响但不会破坏企业现有的技术设置。因此,当企业架构为技术提供了框架,引入大数据技术带来的便利性就能为业务敏捷性铺平道路。例如,通过企业架构,业务分析师可以质疑收集新数据的目的,以确保它与业务目标相关。企业架构可以将高级决策者的注意力集中在协作和数据交换的合作协议上。引入企业架构可以将安全专家和数据分析师聚集在一起,讨论获取数据的安全风险;企业架构可以为用户体验分析师与解决方案开发人员讨论结果可视化(例如,在哪里表示结果——在条形图或饼图中)提供共同点。

在开发层,企业架构使解决方案开发人员和数据架构师能够在一起了解数据的功能以及将其用于分析应用的最佳方式。例如,了解数据分析的业务场景有助于在分布式系统基础架构数据存储的操作限制内使用 MapReduce 编程模式。虽然每种大数据技术的细节可能会不同,了解它如何融入组织的整体框架可以减轻引入的风险。与没有考虑企业架构相比,参考企业架构的技术引入会减少操作过程中的摩擦。需要注意的是,上述企业架构的技术层是顺利引入新技术的关键。事实上,企业架构致力于使技术要素与战略目标和业务愿景保持一致。大数据技术的引入和使用至关重要,它能为业务决策的敏捷性铺平道路。

企业架构的稳定性有助于避免零碎和随机的技术引入,也为新技术的采用和现有信息与通信技术(Information and Communications Technology,ICT)系统的演进提供了战略背景。企业架构是维持 ICT 效率和业务创新之间平衡的基础。

企业架构作为转型框架

企业架构为数字化转型中使用的复杂框架奠定了基础。图 1.7 显示了这个框架的基础，突出了"敏捷""精益""自适应"的标志。提高质量和响应能力、加强客户外扩以及通过参与度增强员工和业务伙伴之间的关系是图 1.7 所示的基于转型框架的数字业务特征。更正式的企业架构框架［例如，Zachman（全球第一个企业架构框架）和开放组体系结构框架（The Open Group Architecture Framework，TOGAF），参见第二章］会在后台使用来开发业务战略的数字能力。企业架构还有助于最大限度地减少对既定操作的干扰。

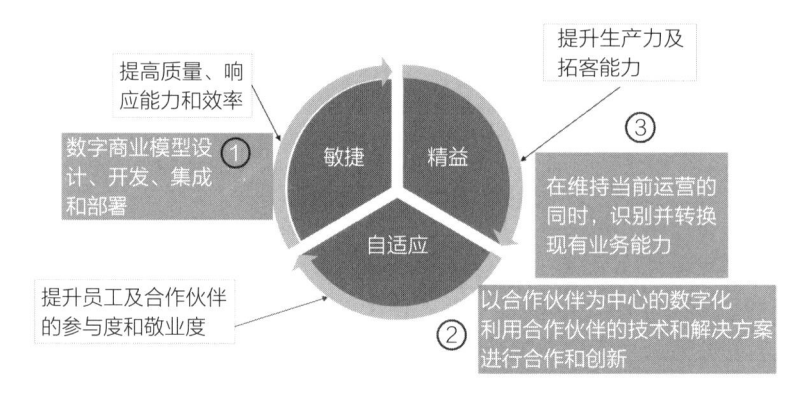

采用"敏捷—精益—自适应"的转型框架来交付业务价值

提高质量、响应能力和效率

提升生产力及拓客能力

① 数字商业模型设计、开发、集成和部署

敏捷　精益

自适应

③ 在维持当前运营的同时，识别并转换现有业务能力

提升员工及合作伙伴的参与度和敬业度

② 以合作伙伴为中心的数字化利用合作伙伴的技术和解决方案进行合作和创新

图 1.7　转型框架的基础

转型框架能够识别关键业务功能及企业级目标。组织的成熟度需要强大的业务—信息技术协作机制，这个机制是基于深思熟虑的治理结构和明确定义的愿景驱动的。业务部门推动并优先考虑业务流程转型（再造或改进）计划。转型框架有助于捕捉和阐明其对应用、信息和技术架构的影响，从而最大限度地提高业务流程转型的收益。企业架构比信息技术更能管理业务。企业架构使

得企业的角色和职责发生了转变。因此，重要的是要明确定义它们并且让相关专业人士能充分理解这些责任。

以下是在数字化转型中使用企业架构所带来的优势：

- 调整数字业务战略、愿景和目标或潜在业务运营目标中一部分的业务流程或组件，通过对其进行跟踪来提高系统性能和效率。
- 使用行业标准、公认的架构框架和完整的生命周期流程成熟度模型以及与其一致的测量计划，进行持续和一致的流程改进。
- 展示数字化转型工作的商业价值（Return On Investment，ROI）。它跨越边界，改变公司进入市场的方式，并经常从根本上重塑客户与员工的互动方式。
- 应用治理和风险管理流程来协调组织在协作、协调和交付业务方面的能力。
- 采用测量程序来监控和管理数字化转型在每个阶段的目标和目的以及满足赞助商、客户和利益相关者的期望方面的进展。
- 一套可用的普遍理解的标准和已有架构，结合大数据和数据库技术，可用于企业解决方案的开发迭代。
- 可以灵活地决定是开发还是购买大数据工具、软件解决方案或软件包。因为从头开始开发整套的解决方案可能并不是慎重的选择。
- 通过增强企业系统和网络之间的互操作性来减少运营摩擦。这也有助于将大数据分析嵌入现有和正在运行的业务流程中。
- 提高对组织内现有技术和系统的理解，基于大数据解决方案进行敏捷实验（即创建原型和解决方案的迭代演进）。这种敏捷性还缩短了解决方案的开发时间，以适应不断缩短的机会窗口。
- 是从"业务流程"的角度为企业需求描绘企业整体视图。这为描绘360°统一的客户需求视图奠定了基础，并可以支持大数据解决方案的落地。

- 开发并应用一个通用且稳定的安全策略,该策略不仅适用于企业的所有系统,还适用于来源于外部的大数据和相关接口。此应用对于物联网设备及其数据的分析至关重要。
- 通过在组织内部和外部共享和利用以前的架构经验来降低风险,这些经验为大数据的接口和集成奠定了基础。
- 通过使用架构层(本章稍后讨论)来简化原本复杂的应用程序开发,这有助于确定开发范围并将解决方案组合在一起。
- 组件和框架的使用和重用减少了开发时间并使得分析应用能快速落地。
- 在云上的交互数据套件为"自助分析"奠定了良好的基础,使用户能够配置自己的分析数据。
- 为响应业务需求的大数据技术和分析提供未来增长空间。
- 了解工作的总体范围以定位外包在开发和维护方案中的位置。外包的数量是一个微妙的平衡,需要仔细研究现有的企业架构以及将引入新技术的地方。

企业架构是一种从大数据技术、工具和项目中吸收要素的机制。人—机交互以及机—机交互的配置需要企业架构的背景。企业架构需要将这些作为设备之间有意义的语义交互来适应。

重视企业架构的风险在于它能等同于数字业务。企业架构和数字业务是两个实体,前者支持后者。然而,企业架构并不是数字化转型的主要目标,数字化业务也不是。提升客户价值是数字化转型的核心。

物联网、万物互联和数字业务

云计算、可视化、语义网络和 NoSQL 是前文表 1.1 中提到的与大数据相关的一些技术。物联网是这些技术的一个重要组成部分,也是大数据数量和速度的主要贡献者。物联网无处不在的特性(日常使用的设备——从手表等可穿戴设备到道路导航应用、冰箱、空调）及其设备在互联网上生成和传输数据的能力使其成为大数据中不可或缺的一部分。虽然物联网设备的尺寸正在变小（小到衬衫上的一个按钮），但它们的容量、速度、电池电量和更新频率都在上升。物联网通过自学习（预编程）、自传播、自传输和自修复能力，成为大数据的关键"输入"。

万物互联（Internet of Everything，IoE）比物联网更广泛，它包含人员、流程、数据、服务等。二者涵盖了彼此紧密互连并提供大量、高速数据的设备。无论是否有人工干预，二者都可以在云端存储。由于这些设备可能不受组织边界的限制（尤其是设备可能被用于个人和工作），它们的实施和部署需要在强烈参考企业架构的情况下进行。

由于万物互联能生成并感知传入的数据，因此传感器属于物联网。这些传感器设备可以视觉或非视觉的方式参与决策。企业架构为跨多个物联网设备的可视化工作奠定了基础。

企业架构和业务架构

在讨论企业架构时还有另一种架构也值得一提。该架构关注业务成果，是组织内项目计划的基础。这种"面向外部"的架构减少了业务成果的期望和实现这些成果的活动之间的差距。

它被称为"业务架构"（Business Architecture，BA）。业务架构是一种机制，可确保所有新举措和项目得以实施，从而保证业务成果。企业架构与业务架构相结合还能帮助理解企业之外的组织及其所在的国家和社会生态环境。例如，企业架构为大数据治理提供了起点，从而可以满足个人、社会、政府的数据安全、隐私和合规需求。

企业架构代表了企业在其职能范围内的可视化模型——主要关注企业"做什么"以及"如何"执行其职能。对象管理组织（OMG）协会将业务架构定义为"企业在治理结构、业务流程和业务信息方面的结构。在定义企业结构时，业务架构会考虑客户、财务和不断变化的市场，使决策与战略目标和对象保持一致，包括产品和服务、合作伙伴和供应商、组织、能力和关键举措"。

企业架构有助于将企业固有的流程与其驱动因素（包括战略、目标和成果）保持一致。结果驱动的业务架构（Outcome Driven Business Architecture，ODBA）有助于使战略与能力保持一致。利用公司的使命以及其他架构领域模型，业务模型可以得到增强。

业务驱动的架构构成了整个企业的业务集成和信息技术转型的核心。业务架构由业务流程模型、业务能力矩阵、运营理念和成熟度模型组成。此外它还有一个自我评估流程，用于评估每个业务流程的成熟度水平并为未来的优化做准备。在实践中，业务架构作为企业架构及其他的重要组成部分，逐渐演变、成熟并为整个企业增加了重要价值。

业务驱动的架构或业务系统架构可以追溯到早期的企业架构规划。TOGAF、Zachman框架和联邦企业架构小组（Federal Enterprise Architecture，FEAF）框架提供了大量信息来帮助专业人士开始他们的业务架构计划。

业务架构已迅速成为业界的主流概念。在过去的几年里，许多私营和公共部门的大型复杂企业已经开始接受其核心概念。对于大多数商业组织而言，业务架构在定义企业架构的主要价值主张方面发挥着重要作用。它为建立成熟稳健的企业奠定了基础。

业务架构作为企业架构的驱动力发挥着重要作用，且两者之间有紧密的联系。标准化工作在业务架构中建立了建模语言和符号。但是用于建模和构建业务架构的工具的可用性仍然具有挑战。

企业架构是促进数字业务战略规划的主要元素。它是业务驱动的（它帮助业务和信息技术领导者进行战略规划）并以客户为中心（它将客户需求置于业务转型的重要位置）。业务架构是战略和成果之间的桥梁。企业架构对于业务和信息技术的一致性至关重要。它会影响业务战略和数据驱动的业务流程。

管理良好且成熟的企业会使用企业架构来有效地调整战略和能力。

作为业务功能的业务架构

业务架构被公认为一门商业学科，具备价值流或价值链、商业模式、战略规划和运营效率。它包括信息技术以及业务和组织架构。它是业务驱动的，能处理公司的逻辑、技术、运营和战略，并用于决策。因此，业务架构可用于处理企业的数字化转型投资组合，这些投资组合直接影响投资以及战略、战术决策，从而提高运营效率。业务架构要求利益相关者、所有者和投资者提供运营蓝图、描述信息技术资产、提供合规性证明、整理各种操作的成本和利润，并调整业务和信息技术战略。业务架构可以应对上市公司和公共部门的监管要求。

业务架构驱动业务敏捷性

业务架构是结果导向的业务设计模式。它能帮助专业人士将业务战略和相关技术相结合以实现预期结果。业务架构驱动合并、收购和外包活动，来创建灵活敏捷的企业。业务架构利用云计算和数据虚拟化等技术来推动模型落地，为敏捷企业提供支撑。业务架构会考虑业务战略和要求，以便直接推动使用符合需求的、架构一致的、具有成本效益和"随时可用的"模型的运营结构。

支持共同业务目标的新兴业务架构标准

业务架构框架定义了商业世界的通用标准和方法。例如，由业务架构驱动面向服务的架构作为目标架构和技术，而不是调用共享服务。缺乏通用的业务架构标准一直是影响数字化转型的因素，但随着企业逐渐意识到它的价值，并且最佳实践和一些通用方法正在被跨业务和信息技术社群接受，这种情况正在发生变化。目前，新兴的标准得到了更广泛的认可。专家们目前仍在利用几个标准框架来满足业务架构的需求。现有标准和常用框架可以为业务架构提供支持。随着企业架构的成熟和企业对数字化转型的支持，一套具备一致性的、有凝聚力的工具和标准初具规模。

> **讨论主题**
>
> ❶ 云在数字化转型中的重要特征是什么？
> ❷ 数字化转型的背景下，为什么云应该被视为企业架构不可或缺的一部分？
> ❸ 数字业务采用云的关键阶段是什么？
> ❹ 讨论如何在基于云的业务流程中嵌入分析的方法。
> ❺ 为了克服在数字业务中使用基于云的架构的挑战，您将制定哪些策略？
> ❻ 治理在云部署中的重要性是什么？
> ❼ 云如何能为数字业务开辟合作机会？

02

第二章

数字化转型中的企业
架构和服务导向

本章概要

　　企业架构是一个转型框架，能为成功的数字业务转型提供基石。本章讨论了此类企业架构框架的元素、结构和定位。企业架构框架有助于了解技术和框架对流程的影响，以及与数字化转型相关的风险。服务（包括 Web 服务、分析服务和知识工作者服务）是数字化转型中的重要功能。这些服务及其相互关系在数字化转型中至关重要。企业架构转型框架是参考已有的成熟框架（如 TOGAF 和 Zachman）创建的。本章还讨论了云、大数据分析、机器学习和移动技术对数字化转型的影响，介绍了企业架构生命周期及其与业务的一致性，以及敏捷性和变革管理在数字业务中的重要作用。

企业架构作为转型框架

企业架构包含企业技术和流程的蓝图，包括其数据、分析、流程、网络以及与之相关的硬件和传感器。"企业"一词意味着面向组织及其管理机制的高层战略视图，而"架构"一词则意味着用于分析、规划和开发资源的结构化框架。企业架构是分析、设计、规划和实现企业级能力的实践，有助于实现业务目标。

企业架构框架将人员、流程、数据和技术结合在一起，并为它们之间的关系设定规则。因此，企业架构必然是整体的，它不仅能为组织提供通用语言和最佳实践，还可以通过使业务流程更加高效和可靠来实现流程优化。

企业架构及其相关技术可以提供业务价值。技术和系统的复杂性使得组织需要一个整体的、长期的战略方法来使业务和技术保持一致性。企业架构在业务转型时能够提供这样一种战略方法，从而为构建新服务和应用奠定基础。因此，企业架构在数字化转型中非常有价值。

企业架构是一个理想化的转型框架，能为成功的数字业务转型奠定基础。企业架构有助于了解与业务转型相关的技术和风险。服务（包括 Web 服务、分析服务和知识工作者服务）是数字化转型不可或缺的一部分。服务的主要功能及其关系是数字化转型中企业架构框架的一个部分。

整体企业架构的策略会覆盖整个组织并可以赋能数字化转型。对于企业架构，可以从业务、技术和转型三种不同的视角来分析。企业架构会不断地与数字化转型目标互相影响。这本质上遵循了过程的敏捷性。企业架构将业务和技术结合在一起，以实现项目与业务目标的一致性。

企业架构中的纪律、章程和管理规则构成其稳健性的基础。这对数字化转型至关重要且必不可少。在全生命周期中使用始终如一、全面的原则开发和调整企业架构可以降低数字化转型中的风险。

企业架构与面向服务架构 (SOA) 有着交叉关系。服务是具有暴露接口的业务或应用程序的功能模块，通过消息调用。SOA与企业架构和业务流程管理（Business Process Management，BPM）计划背后的概念有着独特的联系，这三者中的每一个都为信息共享提供了一组模块（参见图2.1）。

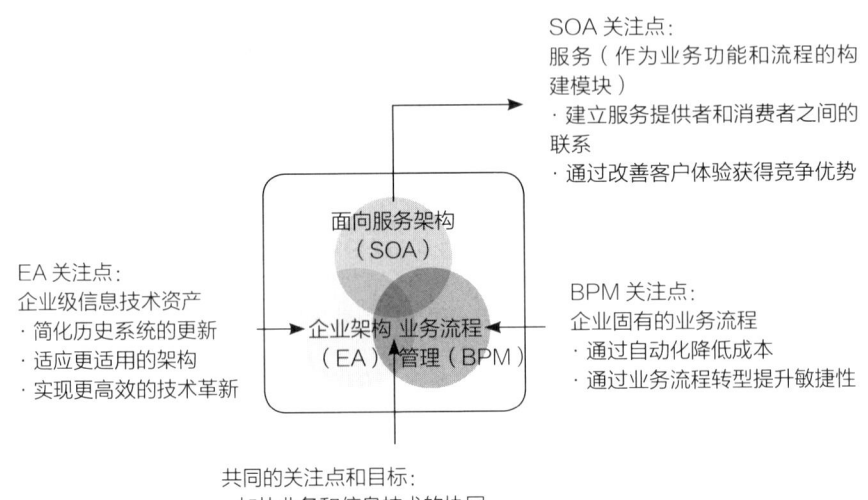

SOA 关注点：
服务（作为业务功能和流程的构建模块）
· 建立服务提供者和消费者之间的联系
· 通过改善客户体验获得竞争优势

EA 关注点：
企业级信息技术资产
· 简化历史系统的更新
· 适应更适用的架构
· 实现更高效的技术革新

BPM 关注点：
企业固有的业务流程
· 通过自动化降低成本
· 通过业务流程转型提升敏捷性

共同的关注点和目标：
· 加快业务和信息技术的协同
· 通过复用降低技术实现难度
· 使用共享资源模型提升效率和生产力

图 2.1 BPM、EA 和 SOA 的连接关系

EA—BPM—SOA连接能在整个企业中提供战略和战术协同的作用。从战略上讲，它实现了业务和信息技术的一致性。企业架构指导和促进战略的实施，并监控整个企业的合规性。从战术上讲，这种联系增强了操作的灵活性和有效性。BPM为可复用和模块化服务提供了业务流程上的改进，而SOA转换提供了适当的业务流程和功能。企业架构提供了将信息技术资产与流程、服务连接起来的能力，并利用这种连接来提供有效的业务解决方案。从业务和技术角度来看，服务采用是基于企业架构实施的关键过渡阶段。有业内人士说，业务视角是SOA诞生的关键驱动力，"SOA是一种概念业务架构，其中业务功能或应用程序逻辑作为信息技术网络中可共享的、可复用的服务被提供给SOA用户或消费者"。

EA、BPM 和 SOA 各自发挥着不同的作用，它们服务于建立协作和转型企业的共同目标，同时还执行以下任务：

认识到信息共享的业务需求

企业数字化转型需要尽早确定业务需求，这样才能从 BPM 和企业架构的信息技术资产中识别候选业务流程，并将其作为 SOA 中的服务。最终，他们将获得及时的支持、充分的合作、有效的互动以及合规性，以此来解决相关问题，并应对挑战和风险。

了解业务服务背后的概念

业务服务必须足够细化以封装与企业运营直接或间接相关的业务功能。它需要足够解耦才能不完全依赖于其他服务或业务应用。它应该至少有一组接口来与其他服务或业务应用进行交互。一个成功的 SOA 会重点识别出少量具有粗粒度和松耦合的服务。企业架构和 BPM 都有助于分析业务应用组件和相关流程，从而确定合适的业务服务提供者。随着时间的推移，已识别的服务会根据优先级进行调整，以满足业务需求。

为组织的信息共享做好准备

公司通常会从对技术、流程和人员的现有投资开始评估，并制定一套治理原则、策略和程序。在许多情况下，具有企业架构和 BPM 经验的公司在着手制订 SOA 计划时会采用现有的管理指南。探索出新团队的学习曲线并意识到采用一套新的流程和技术的复杂性也很重要。由于必须为潜在的 SOA 转型选择合适的提供者，许多公司只选择一两个主要的业务应用或功能，并推出企业服务总线（Enterprise Service Bus，ESB）以确保有基础架构来支持他们的计划。

公司通过数字化转型获得的业务收益取决于他们分解业务流程（来自

BPM）和将应用程序功能（来自企业架构）封装为服务的能力。在数字化转型的背景下，EA—BPM—SOA 连接的主要好处是：

- 提高生产力——合理化现有业务流程、应用程序和功能可以实现这一目标，此外，还可以整合冗余系统和改造遗留系统。许多公司最初通过设置指标来衡量企业架构和 BPM 计划中的生产力增益，随后将这些指标转换为管理 SOA 计划。
- 运营效率——增加的业务价值交付验证了这一点。通过允许消费者更快地接触到关键业务功能，服务能增强从业者或系统的响应能力。此优势实现了满足多种业务需求（通过复用）以及使用灵活的服务级别协议（Service Level Agreement，SLA）与多种服务连接和协作的能力。
- 易于访问信息——标准化技术和流程的使用体现了这一优势。对于大多数公司而言，企业架构和 BPM 的基本原则侧重于信息访问的便捷性。SOA 通过管理服务的粒度、耦合和接口以及减少它们之间的相互依赖性，为信息访问增加了价值。对于许多公司来说，复用服务增加了信息访问的便利性，能使从业者扩展服务以在整个企业中有效地部署或推出"可复制"的解决方案。
- 降低成本——SOA 通过复用来降低成本。从业者从少量服务开始，减少初始投资并有效地利用经验教训。降低成本对于参与企业级集成计划的大多数业务和信息技术从业者来说很常见，并且是一种较为普遍的共享信息的措施。
- 客户满意度——设置服务优先级和识别关键业务需求可促进这一优势。许多公司使用针对企业架构和 BPM 计划的开放式行业标准技术解决方案来满足客户的期望。这种方法同样适用于将服务从一种平台/语言或环境移植到另一种，而不会影响正在使用的服务的外部接口或功能。
- 更快的交付时间——通过对标准技术、工具、框架的投资，以及利用专家人力资源，公司可以实现这一优势。在企业架构和 BPM 计划期间进行投资的财务部分会随着时间的推移而摊销,并且通常在预算考虑中得到确认。所花费的时间和从投资中吸取的经验教训使从业者能够创建一条过渡路径,将现有业务功能转变为新开发或购买的服务。

数字化转型中的企业架构

企业架构为重新设计和重组提供支持,尤其是在重大组织变更、合并或收购期间。企业架构通过标准化和整合流程以提高一致性,从而为组织带来纪律。它可以帮助企业驾驭复杂的信息技术结构,并使其他业务部门更容易访问信息技术系统。企业架构还被用于系统开发、信息技术管理和决策制定以及信息技术风险管理,以消除错误、系统故障和安全漏洞。因此,企业架构在数字化转型中起着至关重要的作用。

当一个组织经历数字化转型时,企业架构能促进以下工作:

- 信息技术和业务部门之间的协作,为企业提供机会来建立数字业务目标并促进其实现,从而确定投资的优先级。
- 针对数字化转型评估现有架构,使信息技术能够评估和采购技术。

企业架构还为信息技术功能以外的所有业务部门提供信息技术架构的全景视图,并支持对数字技术进行基准测试以比较结果。

企业架构建立了将技术上重要的组件整合到数字企业中的原则和指南。企业架构还提供总体治理并兼顾多个利益相关者,包括赞助商、客户、合作伙伴、技术人员、政策制定者以及安全和隐私人员。

企业架构作为一门学科有责任促进企业改变思维方式或文化。建立企业架构通常是一个耗时的过程,需要发挥多学科的方法论作用(例如心理社会学),并且需要付出代价。选择正确的资源和专家,并选择一组正确的技术,可以显著推动企业架构在企业数字化转型中产生的影响和带来的收益。这样的关键资源就是企业架构师。开发和维护企业架构框架是企业架构师的责任,这是企业在数字化转型期间需要高度重视的专家角色。企业架构师了解业务结构和流程，以及如何将它们与数字业务战略目标保持一致。他们通过建模、测试和部署来确保流程的敏捷性和质量。他们需要掌握技术技能和人员资源，因为他们必须与业务和技术利益相关者打交道。除了对 SOA、云计算、解决方案架构、大数据分析和网络安全有合理的理解，沟通、批判性思维和领导力是企业架构师所期望的重要技能。

企业架构要素和数字化转型

图 2.2 显示了企业架构的重要元素。这些是企业架构在数字化转型中发挥战略作用的基础。如图 2.2 所示，数字化转型中的企业架构方法是一种由内而外的方法。这意味着企业架构不仅从企业战略中获取输入，还会对其进行反馈，并为技术架构领域和操作提供有价值的输入。这种迭代方法是业务敏捷性的特征。在这种方法中，企业架构首先影响一个小型的、服务于特定项目的解决方案架构。一旦成功，企业架构师就会影响业务和信息技术领导者，使信息技术战略规划与业务保持一致。此外，企业架构师还会帮助领导者执行从最初的工作中制定的原则和指导方针，并与企业范围的项目团队分享经验教训和最佳实践案例。

将云纳入数字化转型是企业架构在战略上提供帮助的重要示例。在为数字化转型企业开发架构期间，架构师可以从组织的企业架构中获取输入，并将云架构元素直接映射到三层：服务层、资源抽象和控制层以及物理资源层。云是数字化转型中采用的一项关键技术，因为它能够实现企业敏捷性。除此之外，大数据、移动性和社交媒体也是在数字化转型中利用企业架构的重要趋势。

以下是企业架构的一些直接影响，可以将新兴技术趋势纳入数字化转型战略。

图 2.2 企业架构要素与数字转型

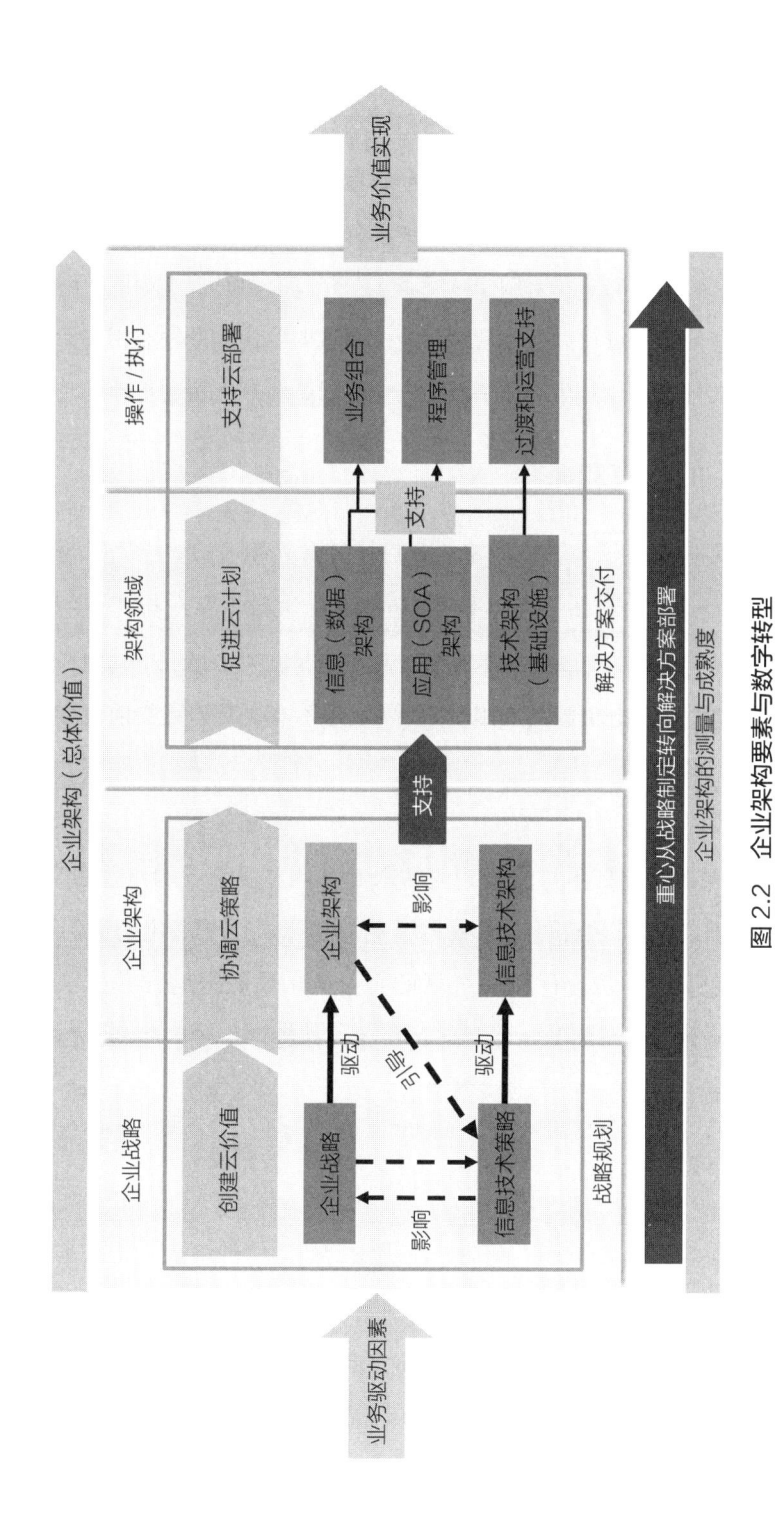

捕捉技术基线

这为围绕组织的长期信息技术战略提供了一个极好的起点。基线本身可以根据业务目标进一步修改和扩展,但需要明确组织的起点。例如,一家中型医疗保健交付企业的企业架构团队准备了一份现有信息技术资产的清单,以确定是否准备好着手进行数字化转型。企业架构团队让业务利益相关者参与支持技术基线的开发,该基线构成了满足资金需求的业务案例的基础。

探索面临的约束和风险

企业架构提供了与影响战略业务目标的新兴技术趋势相关的约束、风险和问题(即安全和隐私)等宝贵信息。例如,大数据存在与其使用相关的风险。企业架构团队尝试实施大数据和分析,包括在类似情况下如何在整个企业中保护数据。因此,分析的局限性和后端数据存储的风险能提前暴露出来。

影响业务目标

企业架构通过技术事实和相应的限制来调整领导者的商业愿景。因此,企业架构作为一门学科可以有效地影响战略愿景,并细化企业的业务愿景和目标。例如,一家金融服务公司的企业架构团队帮助首席信息官(Chief Information Officer,CIO)办公室定义并完善其数字化转型战略,在关键的业务领域中更好地利用组织的数字资产。

使破碎或分散的业务流程自动化

企业架构面临因不连贯的业务流程激增而产生的挑战,尤其是那些很难与信息技术解决方案集成的手动流程。例如,上述医疗保健服务公司的企业架构团队帮助业务和信息技术团队共同确定与员工调度相关的流程,这些流程有些需要自动化,有些会在采用数字化转型之前进行转换。这种流程再设计为公司节省了开发和集成可部署在多个设备上的应用程序的时间和金钱。它还通过提供高效技术解决方案，消除了多余的业务活动（例如，使用墙上的白板来协助安排员工日程）。

拥抱新兴技术

企业架构使组织能够通过将新兴技术整合到技术架构中并将它们映射到业务目标来利用这些新兴技术。例如，医疗保健交付业务的企业架构团队意识到大数据的潜力以及由此产生的分析如何实现患者的个性化需求。因此，患者的体验和行为都经过了大数据的仔细分析。企业架构可以确保在采用现有技术和新兴技术的过程中实现业务目标。

利用业务运营模式

企业架构不仅从系统和应用程序的角度识别和记录组织的核心运营模型，同时还考虑潜在的运营中断情况。例如，一家医疗保健服务公司的企业架构团队的任务是提高运营效率，同时考虑利用所有可用的渠道来加强医患互动。企业架构团队与医生和业务团队合作，梳理了运营模式及暴露的潜在使用渠道。使用标准架构框架（下文中将对此进行讨论）使企业架构师能够了解业务、信息、系统和技术及其关系。基于该框架创建各种模型及其视图，以帮助业务职能部门和信息技术部门进行沟通和协作。有时，预定义的框架可能会导致架构不敏捷。在其他时候，可能会缺少一些关键实践（例如，下文描述的 TOGAF 框架，并没有真正解释模式的使用方面的问题，包括如何实际定制、创建或使用一组集成架构框架，如何使用分散关注和解构，或使用战略向量和企业模式来开发可持续的架构演进）。这些都是应对颠覆和转型变革时需要考虑的必要因素。因此，数字化转型期间的企业架构未必是预定义框架的精确副本。

TOGAF 和 Zachman 企业架构框架

Zachman 框架和 TOGAF 是两个非常流行的企业架构标准。两者都有助于大数据技术的采用。敏捷业务大数据框架（Big Data Framework for Agile Business，BDFAB）使用这些架构的变体将新的大数据技术与企业的现有层映射。

TOGAF 规定了企业架构开发中要使用的四层架构——业务、信息、应用和技术。

TOGAF 作为元架构由两部分组成：架构开发方法（Architecture Development Method，ADM）和企业连续体（Enterprise Continuum）。顾名思义，ADM 提供了有关创建架构的指南。企业连续体描述了一个组织如何将自己从它所在的位置移动或转换到它想去的位置。

Zachman 框架是另一种流行的企业架构，描述了企业的建模模块：数据（什么）、流程（如何）、网络（在哪里）、人员（谁）、时间（何时）和动机（为什么）。

联邦企业架构框架（Federal Enterprise Architecture Framework，FEAF）于 1996 年推出，作为对《克林格-科恩法案》（Clinger-Cohen Act）的回应，该法案在联邦机构中引入了信息技术有效性的要求。它是为美国政府设计的，但也可以应用于想要使用它的私人公司。

高德纳咨询公司在 2005 年收购美塔集团（Meta Group）后，建立了企业架构规划（Enterprise Architecture Planning，EAP）的最佳实践方案，并将其应用于公司的一般咨询实践。虽然它不是一个单独的框架，但美国计算机行业协会认为它是一种"实用"的方法，专注于"很少有明确的步骤或组件"的业务成果。

这些只是最常被人们认可和应用的四种企业架构方法，还有其他架构方法。例如，欧洲航天局架构框架（European Space Agency Architecture Framework，

ESAAF）、美国国防部架构框架（Department of Defense Architecture Framework，DoDAF）和 SAP（Systems Applications and Products in Data Processing）企业架构框架。这些架构框架专门针对个别行业或产品，服务于比上面列出的通用企业架构方法更小众的市场。

企业架构创建了一个技术与业务迭代和反馈的机制，为企业逐渐过渡到敏捷数字企业构建了路线基础。迭代和增量有助于业务和信息技术协同工作、分享经验并提高服务质量，从而产生成功的数字化转型，为客户提供更大的价值并提升客户的满意度。

作为设计计划的软件架构包含两个主要方面：系统蓝图和展现管理系统复杂性的抽象概念。

软件架构也是一个概念框架，它定义了一组组件、组件之间的关系以及交互的接口。

企业架构的技术栈

企业技术栈的各层

图 2.3 中企业架构的一个变体显示了组织的关键技术层之间的复杂性关系。企业架构代表了所有现有和引入的技术。图 2.3 显示了穿插在安全层中的五个关键技术层。它们包括通信、存储、服务及算法、流程和可视化层。

对这些层的研究为数字化转型期间的应用程序和解决方案提供了架构基础。下文详细介绍了该企业技术栈的每一层。这项研究还包括与解决方案开发相关的原则和指南的应用，包括安全层。该架构所有层之间的融合对于平滑的数字化转型至关重要。

图 2.3 所示的定制企业架构也能大致映射到七层 TOGAF 框架。

这种架构层的融合所产生的解决方案开发平台为衍生多种分析解决方案

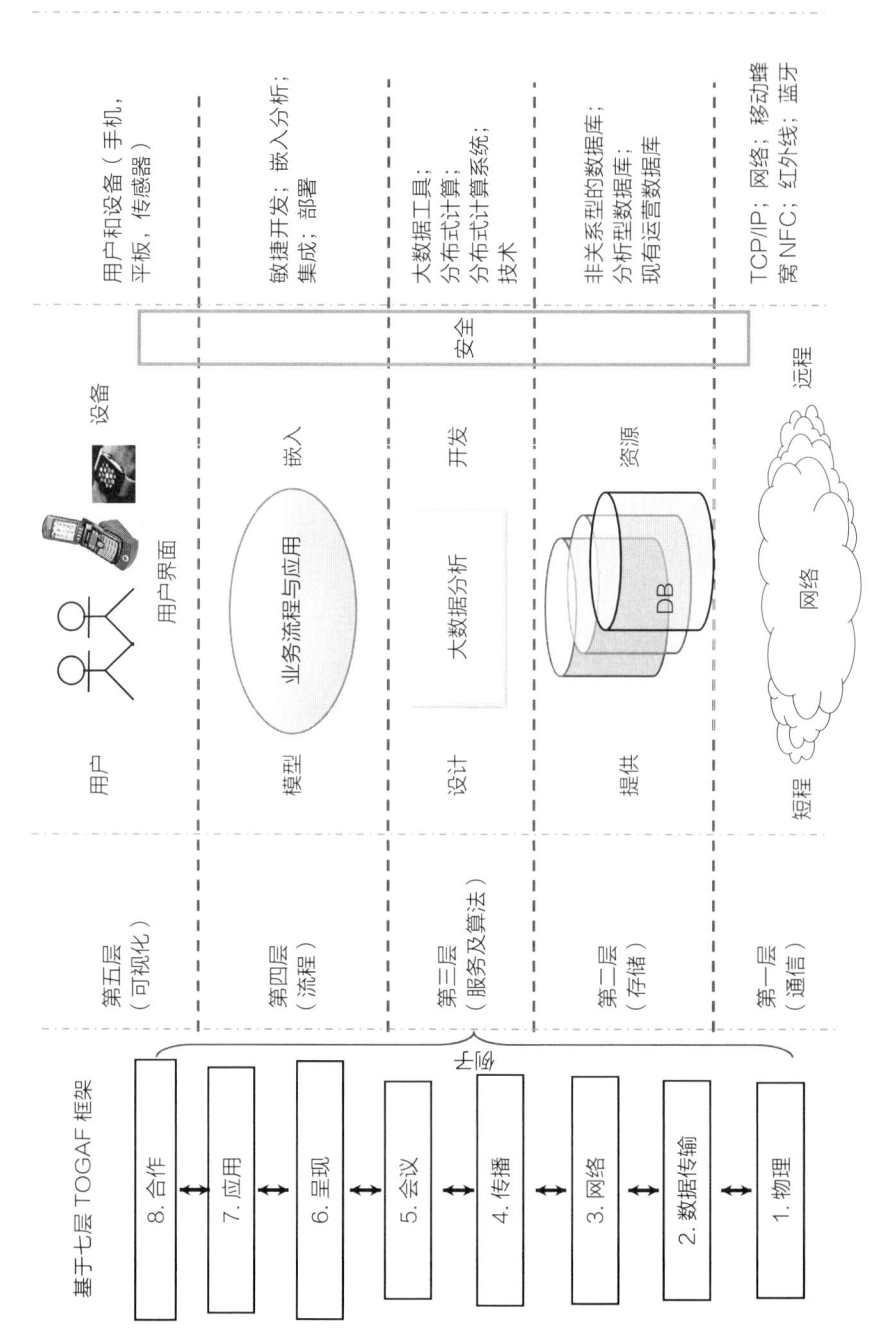

图 2.3 企业技术堆栈与（临时）大数据技术堆栈的映射

和服务提供了基础。在开发解决方案时对应技术栈的各个层，能使解决方案的可复用性和质量得到提高。

对每一层的简要论述如下。

第一层：通信

图 2.3 底部显示了企业架构的通信层，这是架构的基础或者说第 1 层。第 1 层是 TOGAF 框架相应物理层、网络层和传输层的实例化。从基础的传输控制协议/网际协议（TCP/IP）开始，网络技术、互操作性和云构成了这一层的一部分。网络架构还包括网络栈和可编程接口。各种通信网络标准和协议构成这一层的一部分。

所有数字解决方案都依赖这一层进行通信。这是因为社交媒体和移动设备（SoMo）在大数据解决方案中对于数据的提供和呈现是不可或缺的。紧密集成的物联网设备尤其需要使用这一层进行通信。基于云的后端基础设施是这一层的一部分。

第二层：存储

内容及其存储构成了该企业架构的第二层。大数据技术允许在分布式集群中存储大量数据。第二层处理大数据存储的 3V，即容量（Volume）、速度（Velocity）、种类（Variety），也就是大容量、高速和多样的数据。数据通常存储在原生 Hadoop 和复杂的 NoSQL 数据库中。

在这一层中做出的一个重要架构决策是正确组合现有结构化数据和新进入的大数据。访问速度和内容质量受到此存储层的决策影响。技术决策涉及平衡、速度和质量，有时可能会有相反的优先级。例如，数据镜像可以实现冗余并提高可靠性，但它可能会对访问速度产生负面影响。

第一层提到的云基础设施，为第二层的云上数据存储提供了基础。分析（第三层的部分）在此处获取内容及数据的安全存储。

数据存储需要满足数据完整性。一组移动用户和设备同时发生的多个实时数据更新可能对数据完整性和之后的分析造成挑战。移动用户连接的"随机性"和不断变化的分析需求，取决于场景（特定位置和时间），这增加了数据存储方法的复杂性。当用户改变他们的位置时，源头的位置特定信息（例如位置本身）就会改变。

基于位置特定信息的应用和分析不仅需要处理由多次更新引起的冲突，而且还要能首先识别冲突，即使数据来源于两个不同的位置。数据输入的零散性以及将它们与现有数据集成的需求是这一层面临的主要挑战。处理这类问题的一种方法是生成一个数据库结构，该结构基于应用执行时数据的渐进式存储和检索。这可以确保数据以增量方式存储，并且可以从连接断开的位置恢复处理。

增量存储提高了数据的集成性和可靠性。

第二层对应 TOGAF 框架的"数据链路实例化"层。

第三层：服务及算法

包含服务和算法的大数据分析层很复杂，包含多个层级或抽象分析。之所以如此，是因为分析层必须将前一层建立的多个来源的数据汇总在一起，并提供给需要这些数据和分析的应用使用。

数据源本身是结构化数据和非结构化或半结构化大数据的混合体。既要避免数据重复和不一致，又要考虑数据的复制、安全和隐私，给数据分析增加了难度。因此，分析层由"预制"分析组成，"预测"用户的需求并抢占分析的某些部分。这些分析模式在数据层之上形成了一个抽象层，可用于自助分析。

例如，寻找潜在新型冠状病毒感染病例的医生需要将第三方提供的关于全球病例及其发展路径的半结构化数据与最近一个月或一个季度报告的病例的本地（可能是内部）结构化数据结合起来。对先前报告病例的现有结构化数据的预制趋势图为该医生（进行自助分析）提供了未来几周预期潜在病例数量的指示。假设图 2.3 中的大数据分析层缺少预制部分，意味着医生必须从头启动一个具有详细要求和设计的分析项目。由于数据变化和缺乏预制分析，这种解决方案的集成过程也将相当复杂。

此级别的服务有助于建立图 2.3 中的第三个大数据分析架构层。运营服务和共享服务（尤其是数据管理）是服务层的主要组成部分。这些接口通过创建和使用通用的标准化协议套件来适配不同类型的设备、应用程序和数据库。

这一层的主要任务是将分析应用的各种服务或部分整合。最终，顶层（客户）能够从精心构建的服务套件中受益，因为他们可以基于可用的预制服务创建和配置自己的服务。

第四层：流程

大数据分析支持的业务流程、系统和应用如图 2.3 的第四层所示。第四层包括业务流程和协作 Web 服务模型，其中嵌入了分析能力。推动者、解决方案提供商和应用程序开发人员在这一层工作。在上一层大数据分析的帮助下，这一层中创建和配置产品营销、新服务设计和计费应用等。第四层对应 TOGAF 框架的第七层（应用）。

该层的一个重要作用是实现大数据分析面向整体流程的应用。这一层阻止企业在现有业务流程结束时"附加"设备。相反，这一层创建并逐步执行模型以确保将分析嵌入流程的每个活动中。

接口为其他不同的应用提供了一种通用机制，以便轻松地进行交互。之前的数据存储和分析层也需要接口。应用层的接口能够与网络和其他应用的中间件进行连接和交互，这些都是系统整体部署所需的。

连接不是一个单一的同质化过程。对于支持移动的业务流程，需要在应用程序执行的各个步骤中进行连接—断开—重新连接。这种连接是获取某些信息或验证交易的部分所必需的。应用层处理过程中要实现关键点的连接需求。

基于大数据的分析应用需要嵌入移动性。因此，这些新的应用设计必须考虑不同类型的用户、他们的位置以及他们对"自助服务"的需求。例如，在医院环境中，除了考虑网络、数据库和分析算法，这些基于大数据的应用还必须为患者和各种工作人员提供不同级别的访问，例如医生、管理员和护士。系统必须满足医生在不同地点访问数据的需求，无论他们是在诊所、医院、上门拜访患者还是在家中。这些应用的架构和设计需要考虑用户的实际"工作流程"。现有的和新数据存储之间的接口以及医院管理的实际应用必须考虑访问与临床活动相关的数据，例如患者病史、检查报告、体检细节、处方及笔记和检测的结果，以及大量非结构化和半结构化数据，例如公共卫生记录、人群中疾病的传播情况以及基于患者人口统计的趋势。分析应用需要将这些详细信息实时提供给医生和患者，同时考虑交易的安全性和用户的隐私。

第五层：可视化

图 2.3 所示企业架构的第五层是展示层。第五层包括展示的所有方面，包括设备、用户界面和导航。对应 TOGAF 框架，第五层和第六层共同组成展示层。该层中的设备包括手机、掌上电脑（PDA）以及可穿戴物联网设备、支持全球定位系统（GPS）的导航系统、智能按钮、机器传感器以及笔记本电脑和台式机。

设备及其用户界面是这一层的主要考虑因素。用户界面（UI）挑战不仅是图形设计障碍，还需要考虑每个支持视觉效果的业务流程的使用环境。UI 设计确定了展示的目的、使用界面的用户类型和决策过程。

视觉效果是整体演示策略的一部分，在使用智能手持设备的情况下，还包括记录和播放音频提示以及机器传感器（例如振动功能）的能力。康斯坦丁（Constantine）和洛克伍德（Lockwood）讨论的可用性原则适用于这些展示设计和可视化。展示层还需要考虑社会层面的可用性和隐私性。展示层中的技术设计使用 API（应用程序编程接口）来显示和接收来自移动用户界面的信息，并将该信息连接到移动应用和底层内容管理系统。

安全架构（所有层）

本节讨论分为两部分：数字业务的安全性和数字技术带来的安全性增强。服务、分析和应用的安全性类似于所有其他应用的安全模式。然而，数字技术带来的安全性在维度上是不同的。安全性，特别是在大数据的移动应用中包含多种技术，包括身份验证、密码学、安全通信和安全移动支付方法。这一点尤其重要，因为通过无线和移动网络进行的通信比通过有线网络更容易受到攻击。

大数据使用中面临的安全挑战包括机密性、完整性和可用性的损失。安全架构适用于企业架构的所有层，如图 2.3 所示。五层中的每一层都有自己的安全要求。例如，在开发和使用大数据解决方案时，需要同时考虑网络和应用安全措施。基于 Hadoop 的大数据技术尚未成熟，因此缺乏关系数据库中可用的安全功能。例如，Hadoop 提供了对其庞大数据存储的单点访问。因此，一旦访问点被破坏，其余数据也会被破坏。生产中大数据应用的安全性和合规性要求是任何架构工作中的最高优先级。

数据安全包括机器传感器（IoT）、网络连接、设备及其云连接。这些设备连接到网络、提供传感器信息并执行业务流程。目前，物联网设备没有足够的安全标准和协议。此外，访问和升级这些物联网设备的安全性的能力是有限的。虽然物联网和大数据之间日益增长的联系带来了安全风险，但也有可能为网络提供有价值的安全见解。

在安全问题发生之前对其进行监控和检测对于数字业务非常重要。大数据通过在支持大数据的应用中使用分析能力增强了安全性。大数据应用的一些安全方面如下：

- 能够对大量数据集进行整体监控和分析（而不是对数据进行部分监控）。

- 能够分析各种数据类型，尤其是非结构化数据（例如，移动设备、机器传感器、视觉和机器生成的数据）。
- 更快的处理速度可以实时监控和处理通常与国际洗钱相关的流数据。
- 服务器日志数据分析也需要被经常使用。服务器日志是与网络操作有关的记录。Hadoop 提供了一个平台，可以处理由网络操作生成的大量日志。日志数据分析可以帮助分析师取证是否发生了违规行为、违规行为的来源以及可能的原因。

面向服务的架构

本章前面介绍了 SOA 的概念。SOA 是一种业务驱动的企业架构实践，在对其进行应用之前需要清楚地了解它如何创建流程并与流程交互。

- 它让从业者思考以下问题：SOA 将走向何方？SOA 对首席信息官（CIO）和其他业务以及信息技术从业者的真正好处或承诺是什么？
- 它帮助业务和信息技术专业人员在开始他们的初始 SOA 计划时审查他们目前遇到的挑战、问题和风险。
- 从首席信息官（CIO）以及业务和信息技术领导者的角度（包括相关标准的演变和成熟度），清晰地展示了 SOA、BPM 和企业架构之间的联系。
- 它帮助业务和技术团队揭示 SOA 目前的一些愿景，以及近期计划中的一些愿景（在这个快速变化的技术领域，长期的计划可能过于投机）。
- 它提供了对 SOA 之外的下一代企业计划的新进展的现实检验。
- 这是一种主流方法。SOA 已经成为每个复杂企业的框架。业务驱动服务赋能的实用性成为其关键交付点。
- 它包含网络技术及其实际优势。SOA 和门户的结合使组织能够更快地实施数字化转型计划，因为它通过社交网络创建了一个服务用户社区。
- SOA 和数字化转型的最终推动力是协作企业。随着技术的发展、标准的成熟以及已建立的架构的普及和使用，SOA 将引导企业有效地实现共识驱动、协作和以客户为导向的业务目标。

组织、行为和文化问题给在企业（主要是大中型公司）中成功部署业务驱动的 SOA 带来了挑战。这些问题通常是相互关联的，可以塑造企业采用和适应 SOA 进行信息共享的能力。在整合"孤岛"或不同部门的过程中会出现组织问题；在从业人员及其业务职能共享大量信息技术资源的协作工作中能够观察到行为问题；文化问题主要与使用工具、标准以及组织或企业政策的合规性有关。从企业架构的角度来看，业务和信息技术从业人员必须首先认识到他们业务快速变化的性质。一旦明确了业务驱动因素，他们就可以专注于当前和未来的业务流程和功能，从而为 SOA 计划提供依据。随后，跨职能组织必须解决上述问题，以及确定的和优先考虑的候选业务流程和职能。

SOA 利用服务进行信息共享，主要目标是指导业务和信息技术团队做出明智的决策，以支持数字化转型计划。在这里，我们为创建业务驱动的服务和建立 SOA 架构方法奠定了基础。SOA 背后的实际概念以及采用 SOA 框架时涉及的各个业务阶段都得到了清晰的阐述。最后，我们讨论了构建业务驱动服务的综合架构方法以及 SOA 路线图。

SOA 中的"服务"

业务和信息技术社区早已熟悉"服务"的概念。客户端—服务器计算中的"客户端"和"服务器"模型是这个问题的逻辑起点。在过去的两三年中，客户端—服务器的概念经历了多层级、面向对象和基于组件的开发阶段，转变为面向服务的计算。

面向服务是在企业级集成业务应用的可行选项，它使从业者能够在不依赖技术决策的情况下首先专注于业务，以便在多个应用程序之间共享信息。在 SOA 模型中，服务提供者创建一组服务并将它们发布到注册表中，消费者可以从一个或多个提供者中选择一个服务，只要他们能够发现和识别这些服务。

服务代理从提供者那里注册服务，并帮助消费者定位和绑定所需的服务。

在业务优先的方法中，从业者可以利用服务的三个基本特性：模块化、粒度和松耦合。模块化或"即插即用"的能力使消费者可以轻松地使用或复用服务。服务的粒度有助于从业者利用业务功能的抽象性。松耦合将服务彼此分离，并使从业者能够专注于服务接口。这种方法最终为实现诸如复用和敏捷性等目标增加了价值。

"服务"是为他人执行一系列工作或职责的行为。该定义涉及在两个或多个实体之间交换或共享信息，这些实体可以是人或由人来操纵信息的业务系统。具有相似商业利益的人或从事相似实践领域的专业人士的社区之间可以交换服务。

在商业世界中，共享信息并不是什么新鲜事。协作和创新是全球劳动力在信息共享中最常用的概念。大多数与这些概念相关的活动都影响了服务和应用的创建。因此，SOA为企业在通过服务共享或交换信息的同时进行发现和交互活动提供了前景。

服务环境

有许多不同的服务类型会在数字化转型中发挥作用。每种服务类型都有助于企业的数字化工作。服务通常会融入业务流程。模块化服务在业务流程中实现"即插即用"，实现"适应性"和"响应性"，使业务变得敏捷。

掌握SOA领域的基本概念对数字化转型最有帮助。对于基本概念的掌握必须包含先进的基于互联网的技术和方法，这些技术和方法与信息共享相关并且基于SOA的各个方面或与之相关。例如，语义网络/语义企业架构、软件即服务、云计算、机器学习和智能代理。这些技术概念与SOA的关系值得关注，所有这些概念都可以极大地支持当今的企业集成和信息共享战略。

图2.4显示了一个基于企业架构对敏捷性和稳定性建模的整体数字化转型

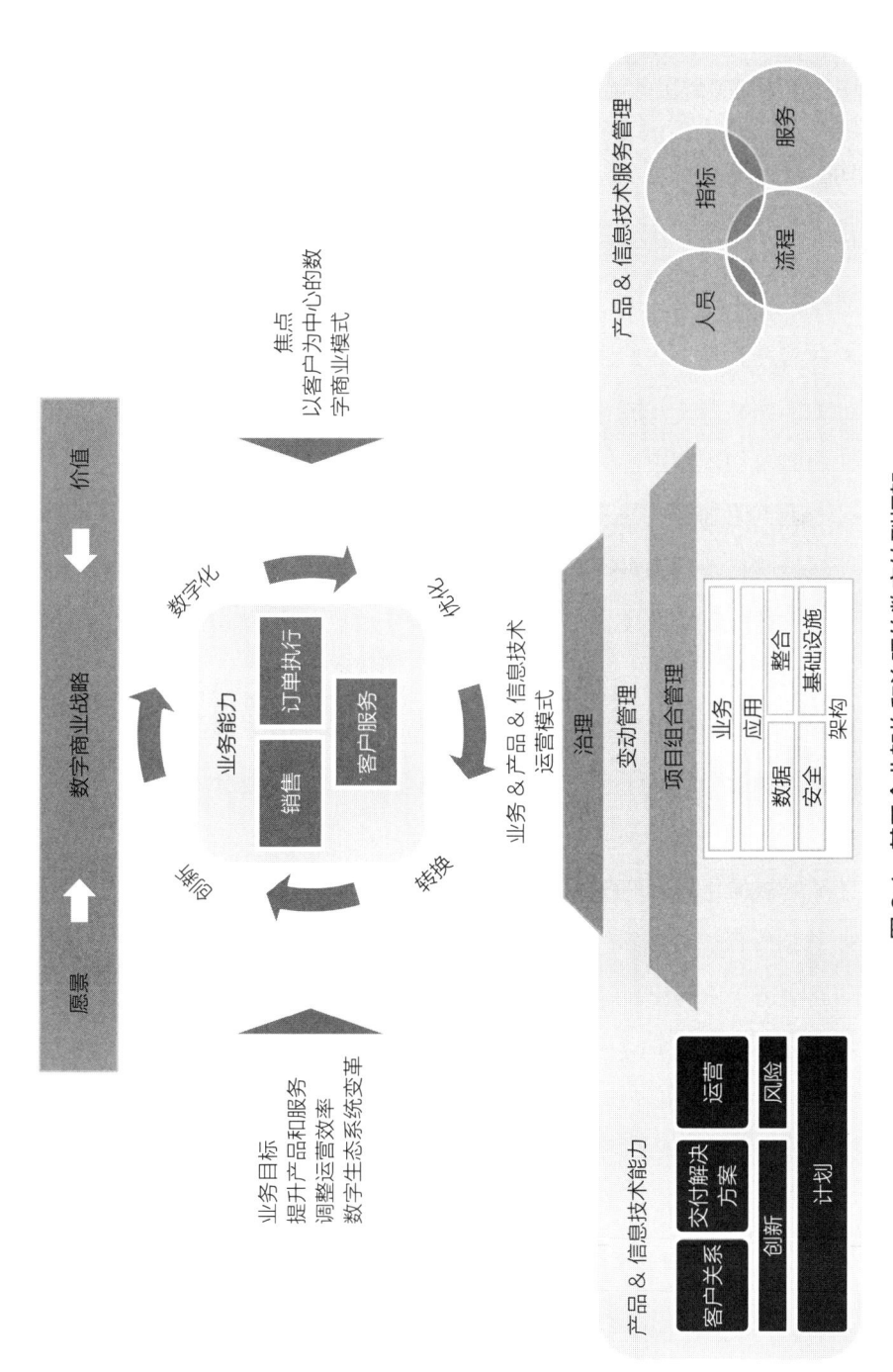

图 2.4 基于企业架构和治理的数字转型框架

框架。服务是业务流程敏捷性中不可或缺的一部分。这里讨论了一些在数字化转型中很重要的关键服务类型。

共享服务

服务提供需要一系列框架支持,但适应性和响应性需要先嵌入项目中,进而嵌入服务中:

- 供应商管理——使用部门内的标准供应商管理框架,但必须进行更改以支持新服务。随着项目期间服务需求的发展(从软件开发到云托管再到应用程序支持),企业与供应商采取了一种迭代和分阶段的方法。一系列附加服务的分层协议逐渐得到应用。这些协议必须在政府整体采购指南范围内进行管理,包括支出金额限制和对认可供应商的支出金额。一旦协商成功,运营集成和服务水平将根据服务需求与供应商分阶段实施。
- 项目管理——需要与整个项目管理办公室保持一致,对结果和可交付成果进行全面审计。需要采用最小工作组的每日站立会议。
- 财务管理——必须遵循政府采购政策,几乎没有灵活性。服务的财务管理被简化为无须内部成本回收或服务收费。
- 数据管理——与部门标准和政策保持一致,在与利益相关者(包括外部各方)协商后制定一系列协议、政策和内部标准。

在建立一项新服务时,必须以最简便的方法建立一些框架,以便开始服务,并且必须在服务开始后制定迭代改进和正式批准的规定。由于缺乏法规遵从性,这种方法虽然有效,但需要审核修订。

运营服务

如图 2.4 所示的运营服务是支持软件开发和服务建立所必需的。虽然大部分软件开发都是使用敏捷方法进行管理的,但服务和 ICT 的许多其他部分需要设定交付周期和明确的交付物。应用应采用迭代发布的方式，进行持续的需求审查和测试直到最后阶段。该服务所需的框架包括：

- 流程（六西格玛）——业务流程的开发和管理，包括信息技术运营以及未来软件开发管理和发布协调。

- 需求——通过更好地引出需求来协助敏捷软件开发。

- 应用管理——应用的生命周期管理，包括数据订阅和接口。

- 测试管理——包括在敏捷软件开发中的持续测试、回归测试的扩展使用。用于测试的工具、流程和程序从现有实践中采用。用于保证服务和质量的数据测试以及持续的绩效管理是迭代开发的。

- 请求管理——用于跟踪工作、改进和缺陷的请求。企业需要修改现有做法来支持该服务。

- 开发（敏捷）——如前所述。

- 基础设施——该部门部分实施了事件、问题和变更管理，并针对新服务进行了修改，与供应商一起修订服务、服务台工作流程以及发布管理的临时流程。随着基础设施服务的逐渐成熟，优先级足以启动服务并对其进行迭代改进。

- 变更管理——用于技能和发展容量和能力以进行敏捷软件开发，以及用于管理信息通信技术领域（ICT）服务和使用数据分析服务。

客户服务

这是数据分析服务的最后一个部分，与（内部客户的）客户管理相关，以发展服务并推动部门内数据分析的采用。该方法是使用部门现有的内容来启动服务，并根据需要开发框架、容量和能力：

- 客户管理——管理部门内以及与供应商的信息通信技术领域关系。

- 市场管理——就服务和利益对主要内部利益相关者进行教育，以便他们可以在预算周期中提出需求。

- 产品管理——确定了对产品拥护者的需求，但这取决于开始后服务的增长量。
- 客户管理——持续的关系管理和服务提供是起点。

客户服务依赖于人们对支持和开发服务的适应性和响应能力。

迄今为止我们讨论的技术架构元素包括数据存储、服务、应用程序和用户演示。这些由企业内部和第三方在云端获取的数据组成。这些数据源也物理分布在大数据环境中的多个节点和服务器上。大数据服务和工具可用于将这些元素组合在一起进行处理。Hadoop 可以作为一个几乎无线扩展的数据库使用，但以有意义的方式使用这些数据需要支持工具和应用程序。数据移动和接口对于大数据分析至关重要。使用原生 Hadoop 工具可能并不总是可以进行这种数据操作和移动。对于需要从结构化和非结构化源集成的数据尤其如此。可视化工具最有助于实现后端数据操作，否则需要使用大量技术技能。

知识工作者服务

复杂的知识工作者服务不能仅使用一种方法来实现。以下框架（方法）用于数据分析服务（不包括共享和支持服务）的开发、管理和提供所有业务领域所需的人力资源和设施管理。

服务同步

服务是同步的基础。数据、服务、应用和用户层是基于技术架构的。服务层是在同步这些不同元素中起主要作用的层级。

同步技术元素增加了大数据领域的挑战，因为底层分布式架构必须处理快速变化的数据。数据同步需要牢记解决方案的操作（非功能）参数。这是因为如果服务同步仅限于数据的同步，将无法处理大数据应用所需的关键性能参数。

同步必须进一步处理在数据同步时需要继续运行的操作流程。这意味着不仅要同步数据,还要同步流程和演示。敏捷流程有助于将开发和运营结合在一起,以确保分析和应用的发布与现有应用同步。

当涉及展示层时,也需要同步。结构化和非结构化数据的分析输出以结构化形式呈现。分析和演示都需要同步。

到目前为止讨论的这些架构层的同步不仅是一个技术问题,还包括一个正常运作的组织的其他方面,例如人员和流程。

表 2.1 中显示的层级是同步的,以确保流程、应用和人员协同工作。以下是在同步构成企业技术层的元素时要考虑的一些因素:

- 数据的来源和可用性——包括跨企业系统的数据所有权以及收集数据的过程。
- 将会受到大数据分析影响的业务流程以及如何管理变革(例如,培训员工开始使用新流程)。
- 数据的物理存储位置以及同步时数据的合规性。
- 数据多长时间更新?只有在决策过程中要求数据是最新的时,才需要进行同步工作。一旦数据不是最新的,就需要启动删除它的过程。
- 同步数据是应该单独存储(以避免再次进行同步操作),还是应该在处理完成后将其返回到原始的不同来源?

表 2.1 企业架构层、技术及其对数字化转型的影响

层级	数字技术	数字化转型的影响
数据	HDFS(分布式文件系统);NoSQL	使用工具移动、存储、分析和转换数据
服务	分析算法模型(以及 Python 和 R)	插件 API;使用敏捷方法持续地测试和推广服务
应用	CRM(客户关系管理)、SCM(供应链管理)和内部软件包;基于 HDFS、NoSQL 的应用和关联编程	面向业务的结构化和非结构化数据移动、转换和集成流程;接口的迭代开发
展示	客户,员工,合作伙伴	客户、员工和服务提供商之间的面对面协作;根据用户需求定制的演示界面

服务导向和业务

使用架构方法推出 SOA 计划（特别是在整个企业中构建业务服务）是数字化转型不可或缺的。这种方法是现在构建数据驱动服务的基础。

要建立所提出的架构方法，需要从最简单的问题开始：SOA 对当今的业务和信息技术从业者意味着什么？关于应对这一问题的潜在方法，有两种不同的思想流派。一个主要与业务视角有关，另一个与信息技术视角有关。

这些观点往往是截然不同的，彼此独立。然而，值得一提的是，这两种思想流派可以共同影响业务和信息技术从业者，尤其是在引入协作时。

在战略层面，协作还体现出创新和流程执行的协同作用，为公司提供解决方案。

从业务角度来看，SOA 通常是通过网络与其他业务用户、合作伙伴或同事共享信息。如今，互联网帮助企业建立全球性的工作场所。它使专业人士能创建实践社区。SOA 提供了通过网络共享业务信息的一致方式。他们必须通过使用互联网才能成为该网络的一部分。

服务必须使企业对其业务用户透明，允许他们无缝搜索、发现、识别和连接与其应用程序或使用相关的服务。如有必要，业务用户还必须能够吸收多种服务来形成另一种服务（即复合服务）。随着语义网络和软件代理的出现，从业者可以进一步拓宽发现或识别服务的概念。语义网络和软件代理可以增加服务的功能，并允许业务用户在其公司边界外更轻松地搜索、共享和集成信息。

在信息技术方面，SOA 旨在为用户提供业务流程的可见性或透明度。为了使服务变得有用和可复用，信息技术从业者必须赋予他们的业务用户安全访问和操作服务的能力。这意味着需要采用多种现代集成技术来促进功能实现，例如搜索实例、关联信息访问以及与业务用户相关的安全机制。

企业应用集成（Enterprise Application Integration，EAI）的范围从中间件到

对象请求代理，再到企业信息总线，再到用于服务的企业服务总线（Enterprise Service Bus，ESB）。这些技术主要侧重于连接分布式、多层、异构且通常是不同的应用程序或系统。通过 ESB 的概念和基于参考架构的框架，SOA 集成了服务或其接口。然而，在战略层面上，SOA 仍然关乎启用和授权业务以及提高整个企业的运营效率和卓越性。

对于许多从业者来说，创建服务背后的业务目标包括其组织的多个财务因素、参数和约束。毫无疑问，许多行业杂志以及互联网都描述了从 SOA 获得与业务相关的好处的主要难点。然而，成功的一个重要步骤是让从业者首先在可视化模型中识别和优先考虑他们的潜在商业服务候选人。经理们必须在他们的团队中灌输这种业务至上的方法，然后可以使用一组 SOA 技术、标准和最佳实践案例来转换这些服务。本书中介绍的面向服务的关键组成部分的架构方法可以影响业务和信息技术协作。

目前，支持 SOA 计划的标准、框架和参考模型正在改进，治理流程仍在不断成熟。因此，从业者可以使用各种工具来帮助他们评估 SOA 计划的健康状况并实现预期目标。

采用 SOA 的商业价值在于为企业提供敏捷性的、改进的性能和提高的生产力。对于某些组织，SOA 的好处可能在于服务重新配置的灵活性（随着业务的转变）。例如，考虑必要的改变，以推动银行业务人员在几天内轻松访问信息，而非让技术专家花上几周时间去做同样的事。

SOA 从业务功能构建"服务"，从信息技术资产构建"架构"。因此，为业务驱动的 SOA 创建了一个案例，强调了业务和信息技术一致的重要性。服务还可以代表支持业务功能的信息技术功能。换句话说，源自信息技术功能的服务必须支持或启用业务服务。许多技术服务主要由信息技术（特别是应用程序开发和基础设施）组织在内部使用。通常，组织的系统开发和工程团队在本地管理这些服务。

业务驱动的 SOA

SOA 世界的发展速度比预期的要快，大部分都跨越了炒作期，并实现了预期的商业价值。一些从业者可能仍会争辩说，大多数早期 SOA 采用者要么已经成功地通过他们的举措达到成熟的谷底，要么必须沮丧到足以重新考虑他们的策略并可能改变方向。与任何其他计划一样，SOA 项目的成功很大程度上取决于从业者投入的努力、承诺以及资源和时间投入。

从业务驱动的角度来看，SOA 对业务和信息技术从业者同等重要，在业务驱动的 SOA 中构建、管理、改进和治理服务的责任必须由信息技术和业务平等分担领导。一旦明确地理解了在业务中提供和使用服务的原则和指导方针，就可以继续进行业务和信息技术协调所需的工作。过去，企业架构和业务流程管理计划帮助从业者定义业务和信息技术协调的基本规则。SOA 可以通过使服务成为业务解决方案交付的一部分来增强对齐过程。随后，从业者可以使用 SOA 计划成功地在整个企业中共享信息。SOA 可以使公司变得敏捷，并帮助他们适应当今和未来业务环境的转型变化。

SOA 作为一种业务驱动的概念，承诺使大多数业务运营高效且具有成本效益。在这十年中，它们已经发展成为一致的信息交换或数据共享的最有效的架构方法之一。SOA 有助于集成各种业务组件或应用程序，只要它们是网络的一部分，并且可以定位和连接。许多行业领导者、分析师和软件供应商表示，SOA 帮助他们为构建允许企业设计企业内部和企业间信息交换的协作环境制定完美的业务案例。对业务目标的重大影响遵循业务驱动服务的三个特征：

1. 服务粒度及形成其他服务的能力——这与抽象服务有关，以便它提供特定的业务功能并易于管理。服务的粒度促进了其他服务的组合。

2. 服务耦合及其与其他服务的互操作性——这有助于将一项服务与另一项服务分离。许多公司使用 ESB 来增强松散耦合服务的互操作性。

3. 服务可重用性及其对多种环境的可移植性——这可能是直接影响底线的

第二章
数字化转型中的企业架构和服务导向

最重要因素。为了有效地支持用户,从业者必须关注服务接口的质量。

许多人认为面向服务是构建企业范围内的创新和协作战略的关键因素。业务和信息技术领导者应指导他们的团队利用应用程序转换和部署为业务 Web 服务,并使用面向服务的架构。这是基于与互联网技术的快速发展以及大多数公司采用新兴网络服务标准的能力相关的事实和因素。

许多组织努力在战术层面(自下而上)实现现有业务职能的现代化和合理化,同时在战略层面(自上而下)接受新的转型业务变革。这些不同的努力是"中间"举措。

这些从内而外的(同步现代化和合理化)工作的主要目标是寻找更好的方法,通过战略合作伙伴关系或业务关系实现企业目标,从而在一个(或跨)多个业务和信息技术组织内部实现信息访问和共享,以及在运营层面交付业务成果。

酌情在企业层面应对新的转型业务变化和相关挑战,有远见的领导者建议专注于相关的创新和协作。

创新对于识别可以转变为服务的业务功能所需的变化至关重要。协作是在服务提供商和消费者之间建立 SLA(Service-level Agreement,服务等级协议)或合约的基石。创新和合作都不能独立地发生,任何项都需要从业人员齐心协力,在其组织内共享信息。因此,SOA 可以为信息共享提供最一致的架构方法,并能够促进企业架构中的创新和协作。在业务驱动的 SOA 中,通过识别可以转换为服务的候选业务流程和功能来尽早开始创新。合作可以正式建立连接利益相关者和服务用户的基础。表 2.2 强调了业务驱动的 SOA 的关键特征及其对业务的影响。

对于大多数相同的受访者来说,创新和协作与业务驱动的 SOA 的采用计划之间存在相关性。大多数受访者列举了以下工作,以证明考虑业务驱动的 SOA 同时会促进企业之间更好地实现信息共享(此处列出项没有具体的偏好或优先级)。

- 加速部署新的业务应用、功能或服务产品。
- 简化大多数关键任务业务流程。
- 降低部署和支持新业务功能的总体成本。
- 从现有的各种系统资源中提高投资回报率。
- 修改业务流程及其效率,最终提高生产力。
- 提高整个企业的敏捷性或灵活性。

表 2.2 业务驱动的 SOA

特征	描述
质量	业务驱动的 SOA 中的服务,可以为业务提供最有效的解决方案。从抽象到设计,最后到部署,都可以保持服务的质量。业务焦点驱动抽象级别,进而驱动粒度以及服务与其他服务的耦合
可靠性	商业世界中的一种服务,包含或支持一个或多个业务功能,这些功能通常对企业的使命至关重要。它允许跨企业或超越信息技术边界的信息共享。这是一个以高度可靠的方式向消费者提供业务驱动的服务
可复用性	可在整个企业的一个或多个业务功能中重用的服务,重用的主要方法是创建一个接口,该接口可以服务于多个服务或业务应用程序,以及服务等级协议,通过合约约束服务提供商及消费者
易用性	通常是转变业务功能的服务。提高服务的易用性和互操作性至关重要。对于商业组织来说,易用性增强了服务的可重用性。通常,易用性也鼓励从业者修改或改进服务的质量,并使其对企业可用

数字业务的敏捷性

"敏捷性"可以有不同的含义,但在数字化转型的上下文中,它增强了组织更快地做出更准确决策的能力。这反过来又会导致客户价值的增加。决策的准确性和速度是业务敏捷性的关键特征。通常,从软件开发的角度来看,"敏捷"是一种产生解决方案的方法。Scrum(轻量级项目管理框架)和 XP(极限编程)就是这种敏捷方法的例子。企业架构师将敏捷性视为通过人员、流程和

第二章
数字化转型中的企业架构和服务导向

技术提供业务价值的机会。敏捷性也是组织应对变化的能力，数字化转型为组织的人员、流程和技术带来了重大变化。敏捷组织处于持续的迭代和增量模式，因此，在处理数字化转型方面处于更好的位置。

变革与组织响应之间的时间差决定了组织的"敏感性"。响应时间间隔越短，灵敏度越高。减少交易差距和提高敏感性是组织中任何举措的目的。

敏捷性是数字化转型带来的商业价值。敏捷性也是产生大数据解决方案的一种方式，被描述为一种文化和一种心态。因此，敏捷性可以为这次关于数字化转型的讨论提供很多东西。

敏捷性在所有组织职能中都非常重要。数字化转型进一步增强了业务流程的敏捷性（详见第七章）。企业架构及其伴随的敏捷技术在实施数字化转型时提供了理想的组合。

软件系统支持基于数据及其分析的业务流程决策。因此，业务敏捷性取决于数据科学。企业将其业务流程与数据分析集成，优化其运营和供应链，并通过数据科学改进其合规性和报告。业务敏捷性是一个战略方向，需要投入资源和资金。

技术塑造了信息系统和服务的未来。反过来，系统和服务增强了业务能力和流程，最终使业务变得敏捷。

企业架构中的敏捷性能够将新的、传入的、高速的、非结构化的数据和现有的、刚性的、结构化的数据结合在一起以执行分析。大数据空间中的分析需要迭代，本质上包括开发分析的短暂、快速爆发式地向用户"展示"的算法和数据库逻辑，用户的反馈会立即被整合到解决方案开发中。"信任"和"勇气"在这个高度迭代的敏捷生命周期中发挥了两种重要的敏捷价值观——需要依赖跨职能团队的投入和努力（信任）和扔掉许多不同分析原型的自由（勇气）。

作为基础结构，企业架构提供的价值不仅仅是作为每个技术元素的单个架构的聚合。企业架构是一种结合企业长期需求的机制，同时要考虑它所在的技术和业务生态系统在不断变化。这使组织能够逐步建立其长期能力，同时降低风险。

企业架构本身的敏捷性与企业架构产生的敏捷性一样重要。敏捷宣言是软件开发敏捷性的基础，内容如下：

我们正在通过开发软件并帮助他人开发软件来发现更好的方法。通过这项工作，我们开始重视：

- 个体和互动高于流程和工具。
- 工作软件高于详尽的文档。
- 客户合作高于合同谈判。
- 响应变化高于遵循计划。

也就是说，虽然右边的项目有价值，但我们更重视左边的项目。

敏捷宣言被重新概念化以适用于企业架构，如下所示：

我们正在通过实践和帮助他人来发现更好的管理企业变革的方法。通过这项工作，我们开始重视：

- 感知者和决策者高于流程和工具。
- 企业一致性高于详尽的文档。
- 推动业务和信息技术协作高于合同谈判。
- 抓住机会高于遵循计划。

也就是说，虽然右边的项目有价值，但我们更重视左边的项目。宣言本身得到了敏捷宣言网站上列出的十二条敏捷原则的支持。相应的敏捷企业架构的这些原则可以理解如下：

1. 通过尽早和持续地交付架构的展示和诊断内容使客户满意。
2. 欣然面对不断变化的业务条件，即使是在变革期间。
3. 架构评估以频繁和及时的方式进行（时间周期为几天而不是几周或几个月）。
4. 企业架构师、业务人员和开发人员之间密切的日常合作。

5. 架构应由积极进取的个人维护，他们应该是实践型的。

6. 面对面交谈是最好的交流方式（同地办公），但也可根据需要采用多种形式的电子交流方式。

7. 业务敏捷性是衡量进步的主要标准。

8. 分布式开发，能够保持恒定的节奏。

9. 持续关注卓越的业务和技术以及良好的设计。

10. 简单化是必要的，尽可能减少不必要的工作。

11. 最好的架构、需求和设计来自自组织团队。

12. 团队定期反思如何变得更有效率，并做出相应调整。

上述企业架构宣言和原则构成了贯穿数字化转型过程的迭代和增量技术方法的基础。这种基于敏捷的新技术引入和业务流程的变化减少了扩展基础设施的限制。迭代允许架构师以更敏捷的方式考虑解决方案交付，而不是以线性或"大爆炸"的方式来交付解决方案。

例如，考虑数据的集中化是过去处理数据常进行的一种操作。企业架构中的迭代方法基于分布式结构的可用性，该结构具有专用于大数据的探索性版本。这样一个探索性平台促进了开发大数据解决方案的敏捷实验。事实上，面向敏捷业务的大数据框架督促企业架构致力于敏捷性。之所以如此，是因为尽管大数据持续为业务决策提供重要见解，但利用这些机会的时间正在缩短。将数据点处理为可操作的洞见的可用时间已从几天缩短到几分钟。数据点"当前"的业务环境非常有限，敏捷是使用企业架构开发和使用大数据解决方案的唯一方法。

企业架构正在从提供技术和系统的稳定性转变为敏捷且能够成功实现业务成果的重大技术变革。正如科尔（Cole）所说："因此，仅仅拥有企业架构计划并不一定足以正确利用大数据。尚未关注敏捷性的企业架构不会像那些已经关注敏捷性的企业架构那样取得成功。"

云上的数字技术承诺以低成本"无限"地存储数据。处理这些数据也有新的机会。如果仔细引入，大数据可以带来业务敏捷性，其特点是精益流程、分散决策和高运营效率。

在没有敏捷性基本原则的情况下使用大数据会增加开发可能对最终用户没有价值的分析和视觉效果的风险。例如，在银行领域设置利率不仅需要复杂的分析引擎，还需要根据从用户那里收到的反馈对该引擎进行持续微调。在没有敏捷性的情况下，这样的解决方案可能并不总是能够提供银行决策者所需的持续更新。

数字化转型专注于从采集到可视化的数据。这既可以是机器传感器数据、日志、扫描仪和系统生成的数据，又可以由用户或众包生成。数据的来源、存储和分析结果被嵌入决策过程。来自不同的来源和不同的格式的数据被存储、分层、清理和转换。敏捷分析的作用远不止顺序数据的分层和处理。敏捷旨在使用数字技术收集数据并进行迭代、探索性分析。这种敏捷"原型设计"的目的是以实验模式将现有的结构化和传入的大数据结合在一起。这种原型设计为数字化转型提供了一种迭代和增量的方法。

数据来源包括组织内部和外部生成的数据。此外，它可以是非结构化数据。允许分析提取、转换和加载（ETL）数据的大数据操作工具的使用意味着将分析嵌入业务流程中。了解分析输出和业务成果之间关系的关键用户由此可以不断更新决策。

企业架构为处理进出技术平台的数据提供了基础，以产生有效的分析。业务流程中的分析集成涉及跨存储库的大量数据移动，其处理具有挑战性。这种集成不仅需要管理数据，还需要管理其上下文（基于元数据）。敏捷的迭代和增量方面在处理中集成这些数据和元数据时最为方便。

企业架构减少了新技术与现有系统和应用程序（通常使用结构化/关系数据存储）之间的摩擦。敏捷，以其复合格式，作为一种工作方式、一种文化，也最有助于减少摩擦。敏捷的迭代性和可见性为尝试新型应用程序和分析见解提供了机会。

云上技术平台的可扩展性在数字化转型中发挥着重要作用。例如，避免了容量规划的挑战。这种释放的资源可用于在云上实现业务流程的敏捷性。企业架构进一步促进了服务的集成，从而能够为客户创建和呈现统一的视图。例如，社交媒体和移动输入集成产生的新分析可以创建创新的定价模型、新产品和动态变化的业务流程。

最后，从运营的角度来看，开发运维一体化（DevOps）也很重要。它们使开发解决方案的敏捷性能够以快速和自动化的方式实施。因此，开发运维一体化构成了业务敏捷性的基础。

数字化转型中的变革管理

业务价值是数字化转型的期望结果。数字技术的影响在整个组织中产生了巨大的变化。因此，关于数字化转型的讨论需要平衡业务价值和风险，需要在业务流程发生变化时对其进行管理。数字技术只有在伴随着变革管理时才能提高业务敏捷性。

快速、迭代、跨职能和协作团队的敏捷实践以及足够的文档和持续测试对数字化转型工作最有帮助。企业架构师还可以应用敏捷实践来开发他们的架构并同步其元素。

复合敏捷方法和策略（CAMS）将敏捷作为一种平衡的实践，专注于未来的架构和当前解决方案的可见交付。数字技术可以使用敏捷来实现，它允许设计的灵活性以及支持现有应用程序和服务的维护和升级。

以旧的思维方式使用这些数字功能产生的风险是真实的。例如，如果使用云技术提供更多存储空间，则可能会失去开发共享和协作解决方案的机会。

以下是在将企业架构用于数字化转型时从变更管理角度考虑的一些因素：

- 架构思维方式的转变——从开发面向未来的宏伟设计转变为技术解决方案的简短、尖锐的迭代。

- 确保用户可以立即看到数字解决方案,并将他们的反馈纳入改进设计。
- 确保将企业架构置于正式的变更管理流程之下,这将确保以整体的方式对企业架构本身的变更加以考虑,从而减少一项变更对企业其余部分的负面影响。
- 每天都将对企业架构的所有更改传达给业务和技术利益相关者(例如,在每日站会中)。如前一点所述,这对于处理不可预见的变化影响至关重要。更重要的是,这种日常沟通机制为"购买"采用计划提供了一个极好的媒介。
- 允许使用来自组织的许多不同孤岛的数据,因为这些技术使数据以协作的方式得到使用(尤其是在云上)。这种对来自广泛组织数据的协作使用为精益敏捷业务流程创造了机会。
- 通过提供基于"信任"和"可见性"敏捷价值观的迭代和增量变更管理机制,处理因企业架构变更导致的决策分散化而引起的问题。
- 以安全的方式放宽控制,以实现与政府提供的开放数据的交互。这为最终改变组织业务流程的分析提供了重要机会。
- 实现与现有系统的持续集成,从而减少系统、应用和流程摩擦。
- 使架构治理能够控制组织范围内的大数据解决方案的开发,从而促进跨职能和分散的决策制定。

> **讨论主题**
>
> ❶ 详细讨论:为什么稳健的数字化转型的基础是企业架构?
> ❷ 什么是 EA、BPM、SOA 的交集?为什么从数字化转型的角度来看这很重要?
> ❸ 本章讨论的企业架构的哪些关键要素构成了数字化转型的基础?
> ❹ 什么是 SOA?为什么在进行数字化转型时要牢记 SOA?

❺ 探索 TOGAF 和 Zachman 框架。讨论为什么仅仅遵循这些框架对于数字化转型来说是不够的？

❻ 企业架构技术栈的五层各是什么？在数字化转型的背景下讨论它们。

❼ 什么是"服务同步"？这对业务敏捷性有何帮助？

❽ 在转型组织的背景下探索服务领域。

❾ 你是否认为 SOA 是数字化转型之旅的重要推动力？

03

第三章

数字业务的战略规划

本章概要

　　本章讨论了规划在数字化转型中的重要性和相关性。战略规划很重要，因为数字化转型需要具备整体性才能使整个组织受益。如果只有组织的一部分及其相关流程被数字化，是不可能有成功的数字化转型的。然而，在运营期间进行组织整体变革是一项非常复杂的工作。企业架构是数字化转型不可或缺的一部分，它对评估一个业务流程对另一个的影响提供了支持。为客户提供更大的价值是数字化转型最重要的战略目标之一。在转型初期让关键业务和技术的利益相关者参与进来对于战略规划至关重要。本章回顾了规划阶段涉及的主要活动，以及如何利用已有的和新的信息技术投资。还介绍了如何识别可能因数字化转型带来的挑战并将其纳入业务战略。本章也会考虑如何为数字业务发起人提供成本效益分析和投资计划。

规划数据驱动的数字业务

数字业务作为战略资产的价值是基于数据的。数字业务的战略规划围绕数据以及如何使用它来提供客户价值。运用数据验证和创建新的业务模型来推动客户价值是战略的一部分。数字业务战略会在每个决策中嵌入数据驱动的分析，包括新产品的开发和流程优化的决策。

数字化转型战略是多学科结合的，它将数据与流程、人员集成在一起。这种数据驱动的策略在基于企业架构的同时，适当考虑了治理、安全性、存储和使用等方面的问题。数字化转型策略还考虑了重新设计业务流程以提高协作性。

数字业务的战略规划能为公司实现其愿景和目标。此类计划还侧重于将业务功能与所有服务和支持功能保持一致，尤其是信息技术。企业架构为功能和能力的同步提供了必要动力。数字业务的战略计划、目标、目的和期望会定期与组织的能力和项目计划同步。企业架构领导、协调、贡献和促进数字业务能力的同步。战略规划确定目标，制定路线图，并制定实施变革的蓝图。它会支撑信息技术功能的变革和升级，以过渡到数字业务。

战略规划使信息技术与企业的业务功能保持一致，有助于降低数字化转型的风险。制订战略计划的任务和活动清单以及有效实践对于任何着手进行数字化转型的企业都有帮助。

战略规划也与定性和定量的措施相关。度量和测量使企业能够接受数字化转型。企业必须尽早参与企业架构生命周期，并且关键利益相关者必须积极参与整个企业架构价值的交付。信息技术和业务的互动、创新和协作的结合对交付正确的业务结果具有重要影响。

"敏捷"作为一种业务特征具有巨大的价值。数字化转型的敏捷性目标包含在战略规划工作中。只有通过业务敏捷性才能实现以客户为中心和运营连续性之间的平衡。反过来，该策略依赖于知识管理和项目管理的敏捷方法。由于企业架构是数字化转型的支柱,因此数字业务的战略规划需要基于敏捷、创新的数字企业架构(Agile, Innovative, Digital Enterprise Architecture, AIDEA)。AIDEA 要求将数字化数据集成到整个业务中,一直到业务边缘甚至更远。AIDEA 的标志是能够在战略层面以及实时客户互动和交易中做出明智的业务决策,并通过以下战略规划矩阵提供信息(见图 3.1)。

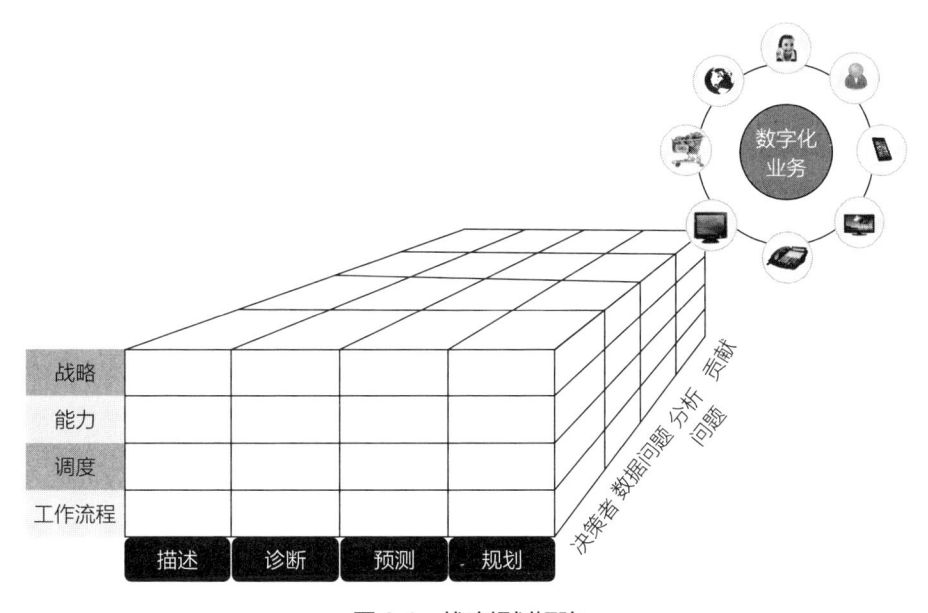

图 3.1 战略规划矩阵

- 在竖轴上,从分析中受益的四类主要决策有:
- 战略——追求面向业务目标的决策。
- 能力——投资特定能力的决定。
- 调度——关于如何以及何时部署能力的决策。
- 工作流程——在执行工作时做出的实时决策。
- 在横轴上:
- 描述——发生了什么?
- 诊断——为什么会发生?

- 预测——接下来会发生什么？
- 规划——应该做什么？
- 在竖轴上，对业务功能领域分析支持的主要关注点有：
- 谁（什么角色）参与了该业务领域的决策？
- 基础数据中可能存在哪些问题？
- 分析的算法和实施中可能存在哪些问题？
- 该业务领域对其他业务领域用于决策的数据有何贡献？

该分析矩阵为如何考虑基于企业架构的数字业务战略规划提供了基本参考，也为希望成功开展数字化转型工作的公司提供了指引。

数字业务战略

数字业务战略始于数字化转型目标的愿景和定义。数字化转型的主要目标是围绕客户提供价值。数字业务战略包括一组决策，这些决策是能够改变组织结构和影响组织长期竞争地位的行为。监测战略执行的指标（例如满意度、忠诚度和成本）有助于控制它并确保其与项目持续保持一致。战略执行计划需要使客户、基础设施和资源保持一致。战略也需要不断调整来实现业务成果。

数字业务战略需要牢记特定市场或行业的背景。例如零售杂货行业，此类组织数字化的战略将包括商店选址、商店翻新、广告、促销和员工发展投资相关的决策。社会、法律和政治环境及其模式将成为长期决策的输入。这些决策会影响组织开发数字业务的能力。组织的愿景和期望与其提供给客户的产品和服务息息相关。数字业务战略还将确保其产品和服务不会相互竞争。

数字化转型涉及组织的技术文化、业务流程、系统和数据，会直接影响客户。数字业务战略包括各种组织职能的数字化。此外，它还为优化业务运营提供了指导。

具体策略包括：

- 识别进行数字化转型的机会和相关风险。
- 分析在提供和增加客户价值方面的关键投资。
- 数字化营销和销售能力。
- 通过数据分析和人工智能优化业务流程（运营）。
- 确保所有业务功能及其数字报告的治理、风险和合规性。
- 利用数字技术创新产品和服务，包括改进现有产品和服务。
- 全面应用网络安全的原则和实践。

这些策略要求企业将其数据的使用、理解和信任扩展到每个业务功能。

对数字业务战略规划的投入

图 3.2 显示了数字业务战略规划中需要考虑的输入：

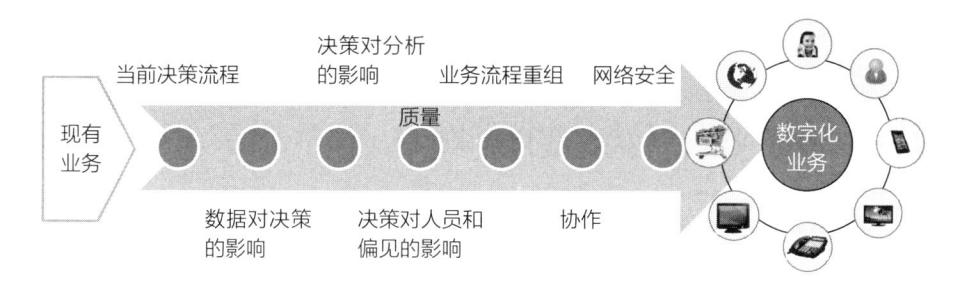

图 3.2　数字业务战略规划的投入

- 当前的决策过程——理解这一点很重要，因为它可能在向客户提供价值方面存在差距。对整体决策过程的任何更改都需要基于当前流程。此外，需要评估基于数据驱动的决策进行变更的相关风险。
- 数据对决策的影响——包括数据的来源、存储和操作。来自业务合作伙伴、第三方和政府来源的数据，以及内部生成并存储在云上的数据，都将影响新数字组织的决策，因此也需要被纳入战略规划过程。
- 分析对决策的影响——尤其是这种影响将改变（提高）决策的准确性

和花费的时间。

- 人员和偏见对决策的影响——战略需要考虑数字业务对人员的影响以及他们的决策方式。与人为偏见和敏感性相关的变化需要进行细致的规划，因为这些可能是数字化转型期间最重要和最难改变的部分。
- 业务流程再造——在组织仍在运营期间进行的数字化转型需要大量和全面的战略规划。之所以如此，是因为在对一个流程进行数字化时，对另一个流程和组织职能的影响可能是巨大的。
- 协作影响——特别是数字化转型将使企业在电子平台上获得比以往更多的协同能力。战略规划需要适当考虑协作业务伙伴提供和使用的服务、管理这些服务的政策以及交付给客户的价值影响。
- 网络安全——在数字化转型中是一项重要的战略考虑，因为电子平台的变化使组织面临更多网络犯罪和其他相关风险的可能性。数据、分析和数字业务资产需要额外的保护，这些都需要纳入战略规划。

数字化转型战略——关注客户体验

图 3.3 展示了一种综合全面的方法，用于为数字化转型之路制定一致且简洁的路线图。数字化转型主要侧重于提供改进的客户体验。一般来说，这意味着吸引客户，提供所需的业务服务，并更好、更及时地响应客户需求。

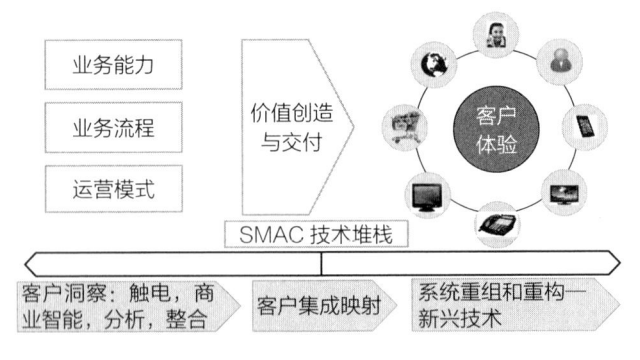

图 3.3 数字转型战略——重点是客户体验

开启数字化转型之旅的企业必须认识到与满足客户要求相关的挑战、问题和风险。数字之旅始于考虑以下三个领域的变化：

第一，业务能力——一组满足目标客户关键业务需求的业务能力。通常，业务能力和其中的差距与业务的价值观、目的和目标直接相关。

第二，业务流程——这些业务流程为各种业务能力提供了一个渠道，以向目标客户提供所需的结果。在大多数情况下，企业会考虑对其流程进行现代化改造，以提高或增强其实现业务价值的能力。现代化方式包括自动化、整合和集成不同或孤立的业务流程。

第三，运营模式——数字化转型通常需要对企业运营方式做出重大改变。运营模式从"由内而外"转变为"由外而内"。这意味着组织需要改变其业务流程以确保运营模型符合客户需求，而不是创建或提供业务价值，使目标客户必须改变他们的要求才能获得业务提供的东西。

制定数字战略的客观性

组织的数字业务战略是以正式的方式创建和维护的。高级决策者识别和定义组织目标，然后根据组织目标的规模将其分散在整个组织结构中。与个人性格及其偏见相关的风险可能会在战略制定中产生影响。决策者可能会根据自己的信念和理解影响策略。

我们需要一种真正的咨询和客观的方法来制定数字业务战略。可见性、协作、讨论和对业务运营环境的客观现实的理解有利于制定数字业务战略。业务、公司和部门级别的跨职能团队不断地迭代定义和管理这些策略。每个战略成果都能映射到业务能力和期望的业务成果。

数字业务战略的要素

数字业务战略具有以下要素：

- 愿景和抱负。

- 定义结果的目标。
- 实施计划。
- 测量和指标。
- 反馈回路。

组织的愿景和目标为数字化成果奠定了基础。结果作为数字化转型的一部分被定义、测量和实施。组织定义企业愿景，但实现该愿景所需的行动会被分配给业务部门。战略被分解为具有相应实施计划的项目。每个部门进一步计划如何实现关键绩效指标（KPI）和相关的成功衡量标准。

项目实施涉及实现目标所需的行动和管理这些行动的方法。与实施相关的战略风险应得到管理。实施会引出许多项目。项目成功的一个重要标准是它们与结果的紧密程度。

战略将项目与能力、目标联系起来

图 3.4 显示了数字业务战略如何包含愿景、目标、能力和项目。组织的战略实施计划侧重于与能力相关的项目。多个部门的战略实施伴随着项目采取的行动。战略用于定义组织的愿景和目标，而行动和项目用于实现目标。

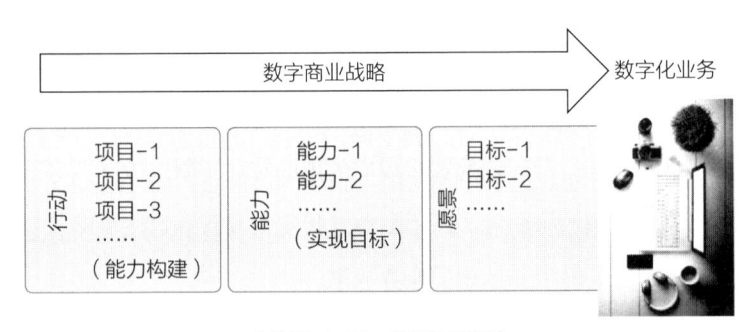

图 3.4 战略将项目与能力和目标联系起来

一个项目的成功就等于一个数字化转型的成功。制定战略和启动相应的实施项目之间的时间差会导致摩擦。这主要是因为快速变化的商业环境。战略需要不断地与这种情况保持一致，以减少摩擦并让业务取得成功。

业务能力

业务能力是技能、工具、流程和资源的组合。"业务能力"是一个通用术语，由管理实践、资源、情报和协调分配任务的流程组成。业务能力也可以被认为是为特定目的而组成的人员、流程以及技术的集合。业务能力将组织的多个维度结合在一起，以实现对公司核心职能的高质量响应。

业务能力的具体定义因组织而异。

以下是数字化转型中要考虑的业务能力的一些关键方面：

- 业务能力是多种属性的组合。这些属性或维度是根据组织定制的，但能力的定义在整个组织中是相同的。每个属性都可以从多个视角看待。
- 业务能力为了解组织的技术重点提供了一种极好的方式。根据要求的绩效评估当前的绩效水平（包括差距、风险、低效率和机会）有助于了解需要技术投资的地方。
- 管理组织的应用能力以使战略目的和结果与能力建设计划保持一致。
- 能力管理统筹资源分配以满足各种竞争维度。
- 项目增强或开发新的业务能力。关键要求是对组织资源分配进行基于能力的治理，并对资源分配进行企业范围内的优先级排序。
- 业务能力能够帮助组织以务实和及时的方式实现其目标。组织的思维方式从以技术为导向、以解决方案为导向转变为以业务成果为导向。
- 是否有能力帮助组织摆脱来自外部利益相关者的不同或脱节的建议。此外，是否可以停掉跨不同部门的独立项目，并在构建业务能力方面采用"大局"方法。

该实践中最具挑战性的一个方面是对能力进行分别的定义。定义它们需要投入大量时间和资源。企业在开始数字化转型之旅时，现有流程和策略框架有助于定义业务能力。对组织内的能力和流程了解得越多，过渡就越容易。在某些情况下，成熟度评估也已经到位，可以更进一步地提升能力。

数字业务价值源于融合了物理、电子、移动和协作领域的模型。数据能改变一切，包括能力和流程。数据本身作为一种战略资产为新的收入来源开辟了机会。

能够在关键节点为决策提供洞察的开发能力是战略规划的关键目标。

数字化转型将数据的使用扩展到信息技术之外，使其对组织的其他部门可见。除非数据可以改进业务绩效决策，否则它无法提供价值。此外，运营优化的决策是基于数据驱动的分析的。数字化战略需要付出额外的努力来保护业务数据，以确保合规性。

通过收购进行的合并会导致技术孤岛。数字化战略规划必须应对数据集成的关键挑战。

集成化的数据能够带来合理的分析和准确的见解。企业架构能够支撑产生用于分析的完整且准确的数据。

数字业务战略需要基于一致的客户观点、更强的质量和治理以及技术和业务利益相关者之间的更紧密的协作。这样才能打破孤岛，并形成统一的数字化转型方法。

结构化和非结构化数据是大数据的一部分，它们可以存储在本地或云上。数据的归集和使用需要模型驱动的跟踪。服务、应用和流程也需要利用数据及其分析结果。

数字化转型策略都是数据驱动的策略。协作和共享数据的策略会产生统一的客户视图。与其他应用和流程的集成也是基于协作的业务战略。企业在数字化转型期间能战略性地开发以下能力：

- 创建统一的数据视图。
- 使人员、流程和技术与新能力保持一致。

- 开发数据资产模型。
- 管理和治理变革。
- 以电子方式实施政策和规则。
- 网络安全。

业务战略和企业架构

企业架构在数字业务转型中发挥着至关重要的作用。企业架构对数字业务的影响范围涉及信息技术调整、大数据分析、物联网（IoT），以及云、治理、风险和控制。

企业架构对数字业务的直接和积极贡献如下：

- 确定实现战略目标的能力。
- 计划和执行业务转型。
- 提供企业范围的技术见解。
- 支持多个项目以发展组织能力。
- 开发可行的愿景。
- 自动化物联网传感器以收集业务数据。
- 将数据和流程与决策相结合。
- 将信息技术设备（物联网）与现有系统相结合。
- 针对云进行优化。

数字化转型依赖于数据和集成数据驱动的决策来实现目标的能力。

图 3.5 是将数字战略（在本例中基于大数据）映射到企业架构的示例。该图是 Zachman 框架的变体。

这些行并不是 Zachman 中描述的正常运转企业的精准复制。相反，范围、业务模型、系统模型、技术模型、实施细节和组织部分都被基于敏捷业务大数据框架的一些行等效替换。这些行是：

敏捷业务大数据框架	什么（数据加工）	为什么（目的）	什么时间（开始时间）	哪里（地点）	如何（过程）	谁（人）
业务背景	预算；竞争	投资回报率；风险管理；价值	1~3个月	业务范围内	优劣分析法；去中心化	投资方，客户体验，首席惊喜官，数据科学家
概念探索	可行性；最佳粒度水平	建立关键绩效指标-机会；价值	2~4个月	全球（位置独立）	概念；企业架构更新	数据科学家、架构师
过程分析模型	业务流程管理；口碑预测	嵌入分析；决策；粒度设置	3~6个月	依靠合作伙伴	业务流程和符号；统计建模	流程建模师、数据分析师
技术	分布式文件系统；非关系型的数据库SMAC	分配处理3V	3~12个月	云定位	原型（迭代）；敏捷	数据架构师；开发者
实施（敏捷）	大数据解决方案（代码，数据）	代码质量，数据	6~8个月	联合定位	公认反洗钱师业务（迭代）	指导，质量分析师，开发者

图 3.5 数字战略映射到企业架构（在大数据背景下的初始、高级迭代）

- 业务环境梳理——这里讨论了大数据的业务目标、战略和服务要求，以及它们与现有业务战略的一致性。这是结果驱动战略的重点。大数据是从外向内看的，完成这一过程建议用 1~3 个月的时间。涉及人员主要是投资者、首席执行官、数据科学家以及等同的相关人员。

- 概念探索——建立大数据产品和服务所需的研究和分析机制。例如，在技术和管理上将实时数据链接到客户关系管理（CRM）系统。这种探索得到了复合敏捷的良好支持，因为它是迭代进行的，并且与所有利益相关者密切合作。这个阶段会设定关键绩效多指标，并进行概念验证。

- 流程建模和分析——对业务规则、流程和处理规则进行分析，然后使用业务流程管理（BPM）对该分析进行建模。这些模型基于概念探索输出，但反过来也有助于更深入地探索业务和技术概念。该过程需要

3~6 个月的时间。流程建模师和数据分析师是关键驱动力。

- 技术（Hadoop、NoSQL）——Hadoop 的分布式数据架构和能够通过 NoSQL 数据库处理缺乏结构和框架的大型数据存储，和大数据一起构成了企业架构的这一层。这一层必须考虑与现有（大部分）结构化数据的对接和集成。云为数据提供了主要位置。企业架构的这一层可以分离数据的存储方式和使用方式，可以减少改变大数据技术架构带来的影响。数据架构师和开发人员是这个过程的主要角色。

- 实施（敏捷）——使用敏捷方法开发解决方案，创建最少数量的可行产品发布是这一层的一部分。前几层的技术集成在这里会得到进一步实现。

架构和数字战略

企业架构

企业架构定义了一个组织的结构和运营模式，目的是确定该组织如何更有效地实现当前和未来的目标。企业架构将这些目标转化为信息技术能力的蓝图，其优势在于改进决策、适应不断变化的需求或市场条件的能力、消除低效或冗余流程并优化资产使用。

数据架构

数据架构涉及模型、策略、规则或标准，以及它们用于管理收集哪些数据并且如何在组织及各种系统中存储、排列、集成和使用这些数据。数据架构从数据建模开始，能从任何地方（在你的墙内或云上）创建任何数据（结构化或非结构化）的统一视图。这种企业数据的集成、可视化使利益相关者能够从数据架构形成的独特的视角查看关键业务信息，无论数据来源于何处。

业务流程架构

业务流程架构代表业务的元素以及它们交互的过程，通过协调人员、流程、数据、技术和应用以实现组织目标。它提供了一个组织如何运作的真实画面，包括创建、改进、协调或消除流程来提高企业整体绩效和赢利能力的机会。

企业架构团队看到业务需求后，可以根据真实的业务场景做出技术决策。

- 业务架构团队通过提供业务目标和约束条件来支持企业架构团队。
- 数据架构团队了解如何在客户需求的背景中使用数据，以及如何使数据适应技术路线图。
- 流程团队可以看到可用的数据源及其质量，并可以相应地改进流程。
- 网络安全团队能确保数字化转型工作的每一项可交付成果都可以得到持续保护。

资源和数字战略

知识型客户

如今的客户知识渊博。"知识型客户"以电子方式与业务联系，以定制他们的需求。据估计，每个人每秒能够创建 1.7 兆字节的新数据。知识型客户生产并需要数据。知识型客户使用物联网来收集、分析和共享他们甚至可能不知道的信息，并使用这些数据做出购买决策，要求更好的和个性化的服务，并与世界各地建立联系。知识型客户也会与其他客户合作，来检查、评估和寻求优化、个性化的服务。

知识型工作者服务

知识型工作者服务是一种电子化的支持服务（e-support），它允许客户和员工通过网络访问信息来执行日常任务，而无须与企业代表进行任何直接交互。这些服务是"即插即用"的，由知识型工作者定制，可以满足客户的个性化服务需求。

大数据

大数据是大容量、高速度、多品种的信息资产。这些大数据需要高性价比的创新形式的信息处理方式。大数据分析可以提供更强的洞察力，来实现流程自动化和改进决策。因此，大数据是所有业务决策中不可或缺的一部分。数据驱动的企业在大数据上蓬勃发展，显而易见的是，数据越多，其对业务决策的影响就越大。

传感器

传感器是通过网络互连的物联网设备，用于感知、记录、分析和共享数据和信息。物联网之所以重要，是因为能够以数字方式表示的物体会比物体本身更强大。

分析

数据分析能够识别历史模式和趋势。分析还有助于缩小决策的影响范围并评估业务绩效。它能够提升所有层级的业务决策。

机器学习

大数据的复杂性和大体量使得计算不仅需要提供答案，还需要正确的提问，这就是机器学习（ML）在数字业务中发挥作用的地方。机器学习算法被用于在大数据中寻找只有机器才能找到的隐藏信息。

社交媒体

业务在社交媒体上的表现和受欢迎程度是数字化转型的一个重要标准。各种数字、音频和视频渠道为企业提供了一个可以通过分析社交媒体网站访问者之间的流量和聊天来发现他们所处位置的机会。

移动应用

移动应用为客户提供了一种不受时间和地点限制的与企业联系的最简单方式。

让数字化战略发挥作用

图 3.6 概括性地展示了数字化战略的运作方式。它首先会创建一个价值图——数字化转型的愿景和目标由此衍生。该策略为企业架构提供输入。企业架构和项目管理办公室有助于企业了解现有的业务能力和项目，积极参与业务并确保将数字化转型视为一项业务计划。为企业设定正确的期望是企业架构的责任，但是，如果从一开始就涉及业务，那么期望就是在协作中设定的，并且项目需要建立在一个可操作的计划的基础上，才能交付能力。数字化转型计划会不断优先考虑能力并不断与项目保持一致。

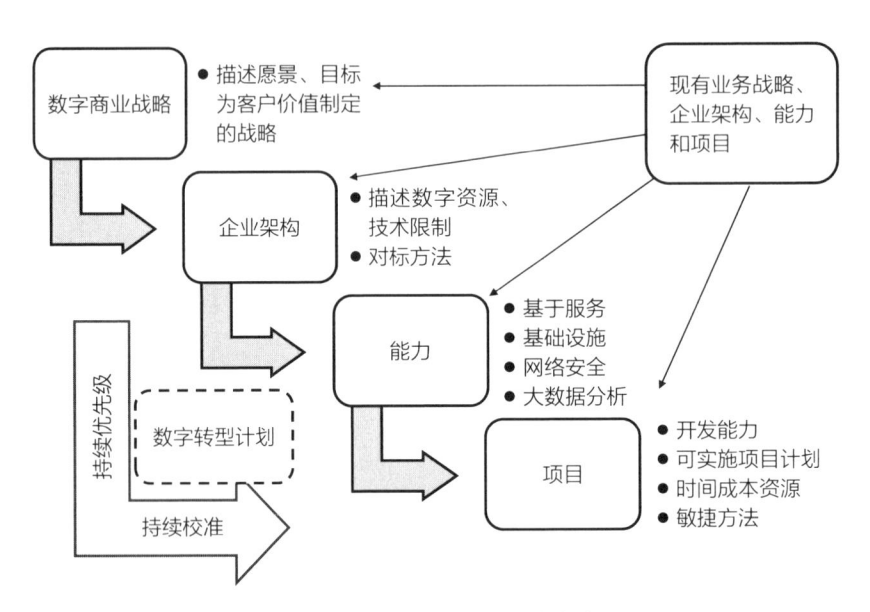

图 3.6　数字化战略的运作方式

数字业务战略与规划

将特定数字业务的愿景、目标、目的和要求相互整合是战略和规划的一部分。目标需要与架构的应用、数据和基础设施层相关且相适应。虽然新兴技术为企业架构带来了无数挑战、问题和困扰，但最具破坏性的因素可能是安全性的考虑。因此，重要的是首先根据云、大数据和物联网实施过程中的风险、问题和关注点确定安全要求的优先级。评估和分析现有业务战略有助于新数字业务战略的制定。数字化是整个企业不可或缺的一部分。数字业务战略必须考虑一种适用于整个企业的最佳方法以及应对巨大变革的计划。需要注意的是，数字业务战略可能会在转型过程中发生变化。

企业架构的资源和约束

企业架构确定了一组正确的标准、工具、技术和架构的最佳实践，可以在实施云、大数据和物联网的整个生命周期中加以利用。这些标准、技术和最佳实践方案都在迅速发展。利用开源技术有时具有高性价比，但也取决于具体情况。通常，公司能以较少的初始投资成功地管理学习曲线，并为他们的数字化转型创建一个有效的通道。在许多情况下，从使用开源技术过渡到使用标准化的技术和经过验证的流程往往会对数字化转型产生一定影响，但在一些专家的帮助下，企业已经可以将影响保持在最低限度内。

能力和服务

如前所述，能力是技能、工具、流程和资源的组合。能力构成了组织企业架构的支柱。能力由组织通过服务提供。能力将人员、流程和技术结合在一起，以提供特定的服务。提供服务（主要是电子服务）的能力构成了大多数现代数字业务的支柱。这些服务不仅为最终用户提供价值，也能支持知识型工作者。

当组织开始数字化转型之旅时，谨慎的做法是寻找现有的定义、理解和功能以及相应服务的可实施选项。企业架构包含此类定义和选项的丰富知识库，有助于以一致的方式定义业务功能。因此，现有的企业架构和政策框架是组织数字化转型之旅中的宝贵资产。

项目实施

项目主要是将技术落地以创造能力。在实际实施之前，项目使用"假设"场景来探索各种解决方案选项。精心实施的项目可以提升能力并提供高性价比以及卓越的运营效果。项目负责人准备、描述、比较和选择理想的选项来开发能力，同时也会考虑业务环境。在实施云、大数据或物联网技术时，数据是最重要的元素，项目实施需要考虑现有技术、业务和设备。认真审视当前技术和能力的组织可以更好地定义预期结果，以实现预期的成功。

识别和分析整个组织的新想法是成功组织战略规划过程的第一步。

在投资组合管理和项目管理办公室（PMO）评估初始概念的同时，企业架构团队评估优先级最高的想法并编制业务案例以判断是否要落地每个想法。

团队会检查新想法是否与现有项目相矛盾或是其扩展。它会检查风险、时间安排、对公司目标的影响，以及组织的原则和控制如何约束这些变化。

它制订过渡计划并提出描述变更影响的替代解决方案，包括对成本、风险、资源因素等的估计。

业务案例在项目管理办公室、信息技术、投资组合管理和业务团队之间共享，以帮助他们就是否实施该想法做出明智的决定。

审查委员会可以定期评估返回的业务案例，并根据成本、财务回报、战略相关性、利益相关者的意见和潜在风险等一系列客观和主观因素对其进行优先级排序。

企业架构团队编译和分析以下方面的结构化信息：

- 组织的内部能力、他们支持的目标和长期战略，以及支持目标和战略的资源。
- 高优先级计划及其影响的能力和资源。可以就新举措对现有项目的影响以及它们是否符合当前战略进行初步分析。
- 构建目标状态架构,为组织的每项能力提供详细信息。

讨论主题

❶ 在制定数字业务战略时要考虑哪些关键要素?请举例说明。
❷ 企业架构可以如何帮助制定数字战略以及在制定数字策略时应如何映射?
❸ 愿景、目标、能力和项目有什么区别?
❹ 数字战略的来源是什么?它们如何帮助构建数字化转型的战略规划?
❺ 企业架构如何映射到数字业务战略(见图 3.5)?
❻ 你如何实现对数字化转型业务能力的评判?

04

第四章

数字业务协同

本章概要

　　数字业务以数字方式与客户、合作伙伴、员工和监管机构协同。本章将识别、建立和发掘基于企业间数字交互的协作数字业务的概念。协作企业架构是本章的主要内容。这里讨论的是协作背景下架构的演变、协作元素的更多细节、实际的矩阵建模以及部署协作企业架构及其路线图的实际步骤。新兴的技术趋势为多个组织间的数字业务协作提供了基础,包括云计算、社交计算、移动计算、机器学习和大数据分析。本章将讨论它们是如何影响协作的数字业务企业的,也会对数字协作为企业创造的机会进行概述。

数字业务是一项协作业务

协作并不是一个新概念。组织无论大小，都会通过各种运营单位（业务、工程或技术）相互交互以提供服务。基于纸质合同的物理协作不是数字化业务协作的方式。数字技术（尤其是"服务"）使企业能够自动连接、交换数据和信息、执行合同并为客户增加整体价值。数字协作的工具和技术同样能支持在同一组织内管理分散在全球的劳动力。协作的重点是整合和扩展企业运营或服务交付的选项，使其超出单个企业的边界。

数字业务使用电子媒介与客户、合作伙伴、员工和监管机构进行协作。因此，每一个数字业务本质上都是一个协作业务。协作技术使数字企业能够探索更多机会，以提供额外的客户价值。企业架构在启用和执行电子协作方面发挥着至关重要的作用。协作数字业务是一个复杂且具有挑战性的实体，因为它的边界是模糊的并且在不断变化。协作企业架构可以处理协作数字业务的复杂性和动态性。除了业务间的协作之外，甚至知识型客户和知识型工作者之间也可以通过数字方式进行联系。协作式企业架构在实现客户和员工之间的安全协作方面也提供了重大优势。

组织协作的典型方式有三种：实体、数字和移动。

实体协作

这是企业相互关联的传统方式。这是人与人、面对面、手动的协作过程。实体协作被理解为共同工作。这种合作可能是长期的和制度化的，限制了敏捷的可能性。之所以如此，是因为实体协作需要建立合作组织、建立联盟并签订正式协议。法律合同的执行会成为合作的瓶颈。实体协作可能缓慢且耗时，从而使企业失去市场机会。无论何时形成实体协作，这些合作组织中的利益相关者和参与者都必须快速了解并建立工作关系。实体协作中的社会文化问题最为关键。敏捷性在此类协作中会受到限制，因为每个组织都需要保持完整和独立的可操作性。但是，了解实体组织的结构和动态能为他们利用数字和移动通信技术进行协作奠定基础。

数字协作

数字协作的运用基于互联网的技术来实现供应商、客户和中间商之间自动和持续的信息交换。无论是对个人还是团体而言，数字协作都需要实现合作者沟通和信息共享需求的工具的支持。数字协作虽然是基于工具的，但在协作工作建立和生命周期中仍面临合作伙伴组织之间映射信任的挑战。基于 Web 服务的解决方案架构为组织提供了通过门户进行协作的机会。信息系统相互连接和通信的增强能力为敏捷企业带来了协作机会。数字协作也开辟了敏捷的可能性，因为它们使组织能够复用信息技术基础设施和数据库。

移动协作

这是数字协作的延伸，具有不受地点和时间影响的附加特性。这些基于移动的特性，使多方能够使用移动/无线设备和网络相互连接和协作。移动协作支持动态的协作，使参与协同的各方之间能够实时共享信息和知识，这带来了灵活性并能支持在多方之间建立临时关系，以联合起来共同实现以客户为中心的短期目标。由于不受地点和时间影响，与实体和数字组织相关的基础设施进一步减少，移动协作中的敏捷性得到了最大程度的提升。

协作数字业务的复杂性

企业以消费者为导向，分布广泛，为医疗保健、金融服务和能源等不同行业的数百万用户提供服务。生产商品和提供服务的过程与无数底层技术、应用和数据仓库密切相关。

将企业架构应用于协作业务会出现各种复杂性。研究这些复杂性对于协作数字企业的成功至关重要。复杂性的出现不仅是由于应用的多样性，也因为协作业务服务于动态变化的业务流程。广泛分布在物理服务器（或云上）的多个协作应用程序、固定和移动设备上的许多不同输入/输出点，以及动态变化的数据，包括文本、音频、视频和图形……所有这些都会导致服务混乱，让企业难以做出明智的决策。以下是增加企业间合作复杂性的因素。

业务流程

当他们跨越多个组织的边界进行协作时，业务流程会变得很复杂。评估和分析协作业务流程或工作流，修改业务交互、信息交换组件以及了解相关业务应用之间的依赖关系是必需的，并且是协作企业架构的一部分。流程管理还包括收集用户访问日志和用户满意度调查等指标，以及跟踪协作活动的数量。

企业信息技术治理

企业信息技术治理促进了标准化技术和工具的使用，并有助于在部署、维护或支持协作企业时整合最佳实践方案。由于跨职能的知识型客户需求和决策过程中知识型工作者的赋能，这项工作变得更为复杂。

协作技术

众多可用的技术为部署协作式企业架构带来了另一项重大挑战。随着Web服务的发展和成熟，协作技术也变得复杂起来。从简单的即时消息和聊天会话到实时音频和视频会议，从视频流到电子学习和在线实践社区，复杂性在不断增加。市场上同类最佳和集成技术工具的可用性反映了协作领域的持续进步，这也使部署协作企业架构变得更加容易。

通信网络

宽带技术克服了网络带宽限制，因此，大多数组织都具备处理企业级协作的能力。协作企业架构必须为这些通信网络的集成提供框架和流程。使用一组最佳实践方案、开放标准和流程改进模型有助于减轻这种复杂性。

为了理解这些信息技术资产，企业将他们的应用清单、数据库清单、热力图和解决方案的影响放在企业架构的保护伞下。数字化转型战略为协作式企业架构做出了规定，包括对技术的理解和使用网络服务为协作式企业赋能的路线图。这种企业架构为持续不断地将新兴技术融入业务时做出明智决策奠定了基础。企业架构为企业内的多个系统和多个功能组提供信息，以确保它们与业务保持一致。协作式企业架构采用组织间多个系统和组的模式，利用技术能力去实现具有共同目标的一组业务，以提升客户价值。例如，物联网、社会工程、云分析、大数据信息学/机器学习和移动应用都可以由多个组织在协作数字业务流程中使用协作的企业架构。

企业架构的衡量、比较和对比技术投资的机制有助于突出数字化转型的风险。这种机制还有助于使无数业务和技术元素与业务的战略目标及愿景保持一致。因此，企业架构提供了一个技术基础，可以为数字企业的业务决策提供长期和战略性的投入。

从企业架构的角度来看，数字化转型是一项需要精心策划、以创新和协作的方法来执行的商业活动。这也是一个持续的，也许是无休止的活动。运营中断已被确定为许多正在走数字化转型之路企业面临的主要风险因素。技术的不断变革导致企业不断地转型。因此，在某种程度上，数字化转型是组织意义上的"敏捷"。由于这种业务敏捷性是以客户为中心的，因此企业会考虑在其领域内与其他企业合作以增强用户体验。

不断发展的技术趋势和企业架构

企业架构有助于将业务愿景和流程与运营能力保持一致。图 4.1 展示了企业架构的影响，每个范式及其转变都有与之相关的影响。一方面，中小型组织

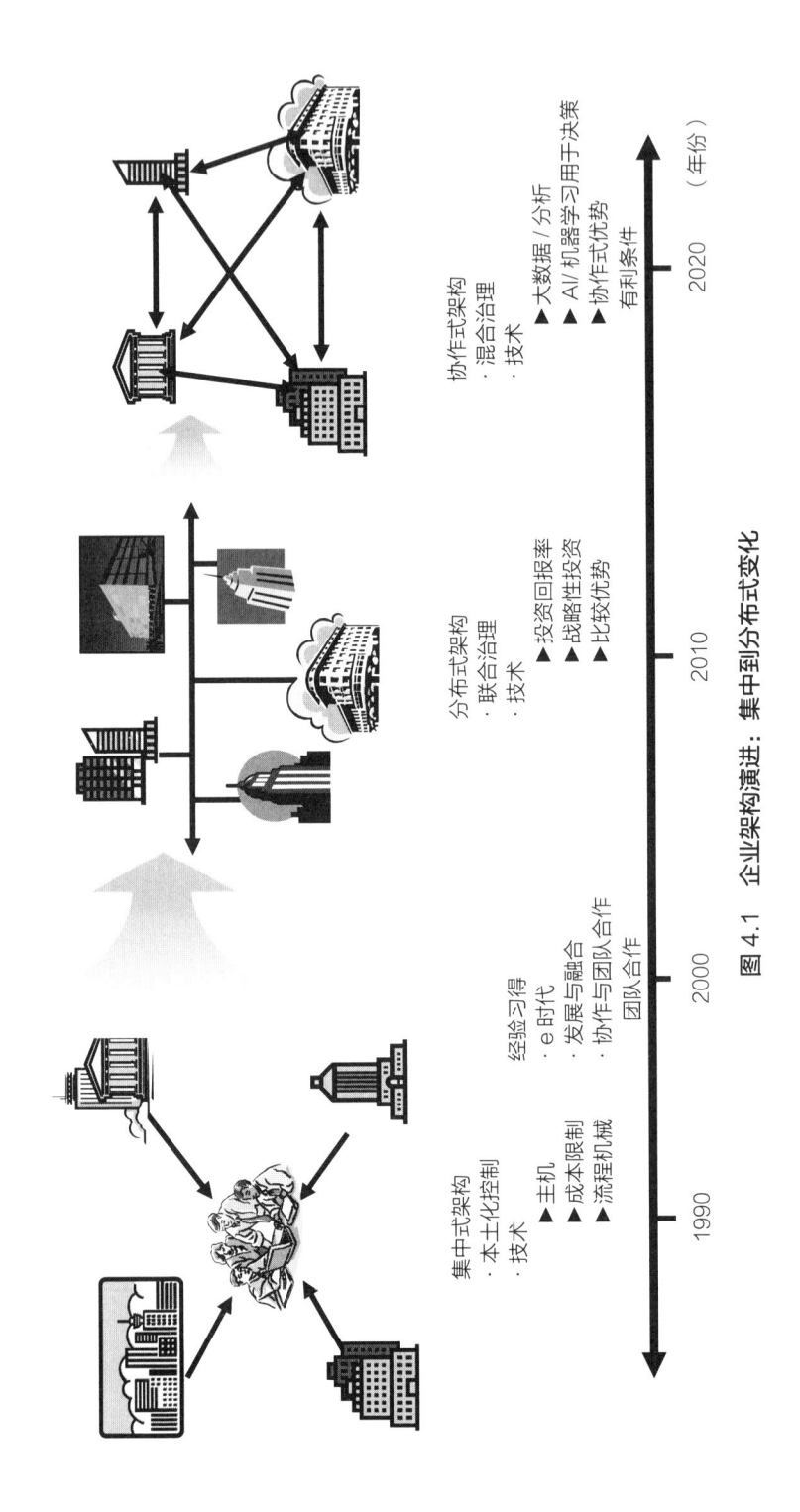

价值重塑
面向数字化转型的企业架构

图 4.1 企业架构演进：集中到分布式变化

集中式架构
- 本土化控制
技术
▲ 主机
▲ 成本限制
▲ 流程机械

经验习得
- e 时代
- 发展与融合
- 协作与团队合作
团队合作

分布式架构
- 联合治理
技术
▲ 投资回报率
▲ 战略性投资
▲ 比较优势

协作式架构
- 混合治理
技术
▲ 大数据／分析
▲ AI／机器学习用于决策
▲ 协作式优势
有利条件

1990　2000　2010　2020　（年份）

092

会被收购或与其他组织合并，以避免潜在的破坏。另一方面，大型和复杂的组织通过简化和联合架构来解决中断问题，同时会集成或整合大部分分散的"孤岛"系统。

门户、Web服务和应用是将业务应用组件转换为Web服务以及使用Web服务技术来部署协作企业架构的过渡工具。因此，现有业务服务的性能和质量可以得到改善，已有资源的技能或专业知识也可以得到加强。

一方面，协作企业架构通过从门户、Web服务和应用中受益。虽然组织可以使用企业门户来集成内部和外部业务应用程序，但它也可以使用Web服务来扩展其能力，使其能够通过通信网络为整个用户社区的访问业务服务。企业门户集成了一组分布式、以网络为中心、联合本地控制的门户和业务应用，为协作企业提供特定功能。这消除了集中式的以数据为中心的解决方案所带来的问题。

另一方面，Web服务使用面向服务的方法来扩展企业在网络上的信息交换能力。业务应用创建一个协作企业（在面向服务的范式中充当请求者或提供者），它们能通过网络无缝集成，并且可以互相定位和连接。通过利用门户和Web服务的优势，组织可以显著降低部署协作企业架构计划相关的风险。但这需要组织特别注意整合协作企业架构的特定关键元素的策略，更重要的是，要注意这些组件的相互依赖性和可解释性。

协作企业架构的策略包含框架、模式、政府和行业法规，以及最佳实践方案、公司政策和以前采用的标准。这些战略选择使协作企业足够敏捷和灵活，以适应和管理企业信息技术环境中的变化。此外，战略必须考虑现有异构或不同操作平台和环境中关键元素的集成和可移植性，并利用门户和网络服务可以复用专家资源的特点来提供额外的优势。当在部署协作企业架构时复用现有技能的能力是构建策略的决定因素时，尤其如此。

团队合作作为协作的一部分是整合企业所必需的。因此，不断发展的业务需求和公司战略共同构成了开发协作企业架构的强大业务案例。

有效的业务协作还需要有效的信息技术协作。商业决策者的参与是必需的，这种参与对于授权信息技术和确保业务部门积极参与战略数字化转型至关重要。业务部门发起人在确定信息技术在交付协作业务解决方案时必须参与或提供支持的级别方面发挥着至关重要的作用。

公司治理模型更加以业务为中心，允许业务部门独立响应不断变化的需求。这在很大程度上是因为当今大多数业务部门（在物理和逻辑意义上）都分散在全球范围内，并且组织会使用全球资源来利用当前的经济。他们建立联合环境，将社会经济和技术文化与每个部门实现业务目标的方式结合起来。

分布式企业的治理侧重于建立联合环境，以促进最佳实践方案、行业标准以及现有技术和全球专家资源的融合。联合环境可以促进协作，同时利用联合的各个组件的自主管理，建立一个真正的运营业务单元的联合体。

外包开发和生产是该行业的其他重点。运营外包模式反映了当今大多数企业真正的分布式特性。外包后，从业者在为整个组织解决问题时会遇到更多的复杂性和挑战，包括连接人员（员工、合作伙伴、顾问或同事）、流程，以及用于执行交易或制定业务决策的应用。外包以一种微妙的方式强化了协作的需求，因为许多解决方案提供商通常不会与企业位于同一地点。而且就离岸开发而言，它们在文化上也可能存在分歧。

协作的好处主要在于整合所有公司实体中的所有组织单位。在许多情况下，一个组织的部门各自为政，创造了一个没有充分互动的异构环境。系统则与此不同，它需要大量的业务流程自动化或重新设计。理想情况下，在评估自身战略以构建和授权协作式企业架构时，企业必须彻底审查业务驱动因素和技术要求。

能够被广泛接受的企业架构框架和集成流程为部署协作式企业架构提供了路线图。这些框架主要基于以下内容：

- 一组组织或公司的业务参考模型。

- 受行业标准化机构或监管机构影响的标准、政策、程序和法规。
- 整个行业的从业者被灌输的最佳实践方案和文化。

例如，一方面，一个组织可以利用企业架构框架，遵守萨班斯-奥克斯利法案（SOX）的规定，在建立协作企业时允许与合作伙伴、员工和顾客互动，并融入自己的文化。另一方面，主要与美国联邦政府机构合作的组织可能会将其协作企业架构视为大型项目或任务的一部分，并基于联邦企业架构（FEA）框架、SOX法规和联邦信息处理等框架标准（FIPS）与合作伙伴和客户协作。无论以哪种方式，大多数组织主要都是为实现数字业务目标而开发协作企业。

建立协作企业的动力来源是多方面的。

首先，它重新建立了在分布式世界中与合作伙伴和客户开展业务的基础，强制执行一组基本规则，例如服务水平协议（SLA）或贸易伙伴协议（TPA）。

其次，它能让企业架构和基础架构能够灵活地处理不断增长的业务需求，并在全球范围内与潜在的合作伙伴、客户或供应商建立联系。

最后，合作企业还为建立实践社区奠定了基础，并建立可重复使用的知识库，无须"重造轮子"[1]。

哈兹拉（Hazra）还讨论了协作能力作为企业业务流程和运营活动固有的、无处不在的一些方面。

合作意味着参与一个互惠互利的合资企业。它意味着在涉及单个或多个计划的两个或多个参与方之间建立联系、沟通、协调并做出承诺。根据既定的角色和职责，公司的组织或业务部门在协作工作中承担领导性的角色。该实体将各种协议制度化，例如与其他相关方的服务等级协议、分包和采购协议。从技术角度来看，协作方法包括共享适当的信息、技术和技巧，并通过媒介来交换信息，例如应用数据、决策数据或与事务处理相关的数据。

---

[1] 常用于软件开发领域，指重复创造一个已经存在的方法。——编者注

协作环境为两个或多个实体进行协作建立了操作渠道，无论它们位于单个组织内还是在地理相隔的不同组织中。一般来说，协作环境是提供各种公共服务、一组信息交换或交付机制的逻辑概念。该环境为协作、知识管理、内容管理、用户体验和关系管理以及安全性等各种组件提供连接或接口。企业门户是协作环境的一个例子。

协作企业涉及人与人之间使用流程、策略、最佳实践方案和协作环境的相互交互。它还包括一套为整个企业的从业者所接受的技术和技巧。考虑到参与者的文化（即社会经济和组织）多样性，协作企业的人为因素强调交互的复杂性。在典型的协作参与中，交互可能包括人对系统、系统对系统或系统对人的形式。协作企业的系统组件包括在特定企业内部或外部的业务应用、业务流程、框架和参考模型的集成，以便为参与者提供适当的访问途径。

协作企业架构

协作企业架构结合了一组原则、架构模式、框架和最佳实践方案，用于建立协作企业。与任何其他企业架构一样，它代表着企业的战略目标。协作企业架构支持通用环境，并能将各种业务应用组件与一组通用架构服务连接起来。它通常使用集成器、连接器、适配器和代理连接前端、后端或外部系统。从技术角度来看，协作企业架构与其他企业架构的不同之处在于它具有利用门户和 Web 服务进行部署的敏捷性和灵活性。门户可以通过分布式或联合的方式进行自主控制，也可以将 Web 服务视为协作企业中面向服务的基础。从业务角度来看，协作式企业架构涉及业务流程的集成，这些流程使业务能够进行决策。它们与其他企业架构的不同之处在于，业务用户和发起人会更积极地参与到流程中——从定义架构策略到集成、部署和使用典型的协作企业的实践。

从企业架构师的角度来看，定义协作企业架构听起来可能像是在概念上定义和改进任何其他企业架构。构建协作式企业架构需要将业务应用组件与以下内容进行集成：

- 面向服务的基础设施。
- 具有技术基础的业务流程和工作流。
- 一组标准框架、参考模型和最佳实践方案。

从业务角度来看，协作企业架构需要业务部门更直接的参与。事实上，业务部门或合作伙伴组织必须在定义和使用协作企业架构方面发挥关键作用。与构建传统企业架构不同，在这种情况下，信息技术团队必须让业务部门参与整个计划的技术选择和实施决策。

内部业务部门也是部署协作企业架构的主要催化剂。因此，成功地驱动业务部门是成功部署协作企业架构的关键因素。在大多数组织中，业务部门承担了收集对企业架构有重要意义的业务需求的主要责任。在许多情况下，收集需求涉及了解当前的业务流程和工作流程，以便定义协作企业架构应该如何工作以及它如何支持企业防火墙内外的用户正在进行的活动。

各种组织的最佳实践、政策和程序会被收集为业务需求的一部分。在与外部业务应用协作或交互时，服务等级协议等构成了外部员工、合作伙伴和供应商之间交互的基础。

定义协作企业架构意味着解决以下问题：

谁是协作企业的用户？必须集成哪些应用才能支持当前和未来的业务运营？

如图 4.2 所示，不同的用户可能有特定的需求，而协作可能会以不同的方式服务这些用户。协作还可能涉及为不同用户授予对某些业务应用不同级别的访问控制。此外，管理各种业务应用或访问这些应用的用户涉及知识管理、内容管理、用户体验和关系管理以及安全性的相关要求。

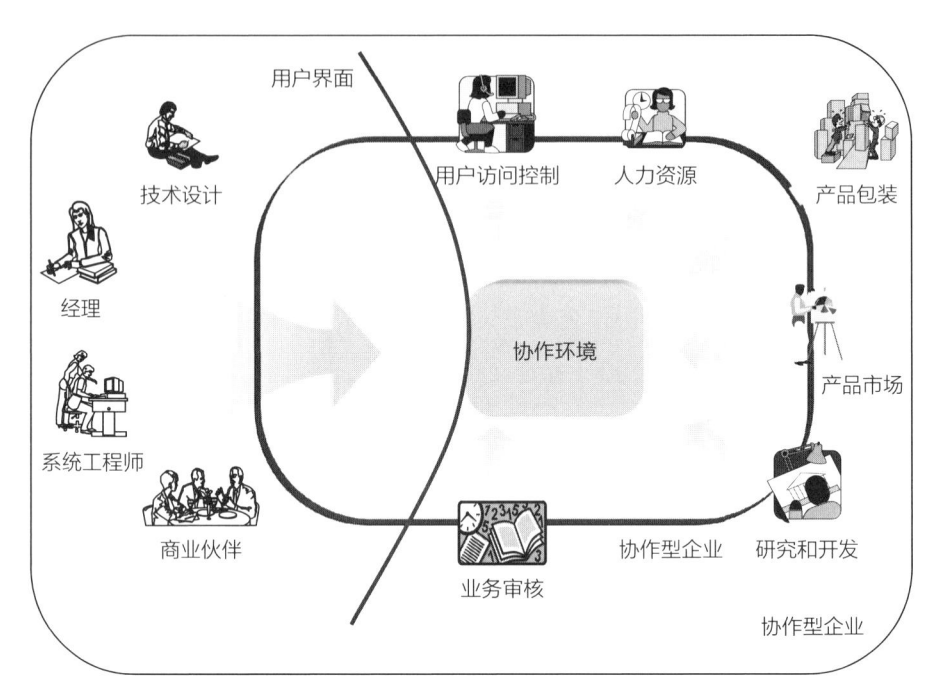

图 4.2 协作式在企业中用户和应用的体现

协作企业架构的关键要素

图 4.3 说明了应用和用户之间的协作关系。知识管理、内容管理、用户体验和关系管理以及安全性构成了协作式企业架构的五个关键要素。一方面，这些核心组件与环境管理和存储库一起构成了协作环境。环境管理提供基本服务来支持环境的运行。另一方面，存储库在环境运行期间存储和维护相关信息（包括元数据）。

除了这些组件之外，协作企业架构还包括另外两组重要的元素：

1. 企业应用集成商、适配器、代理和连接器。
2. 商业智能、运营参考模型和集成平台。

这些元素将协作环境与业务基础设施连接起来，以构建协作企业。在整合协作企业架构的关键要素时，必须执行两项活动：

第四章
数字业务协同

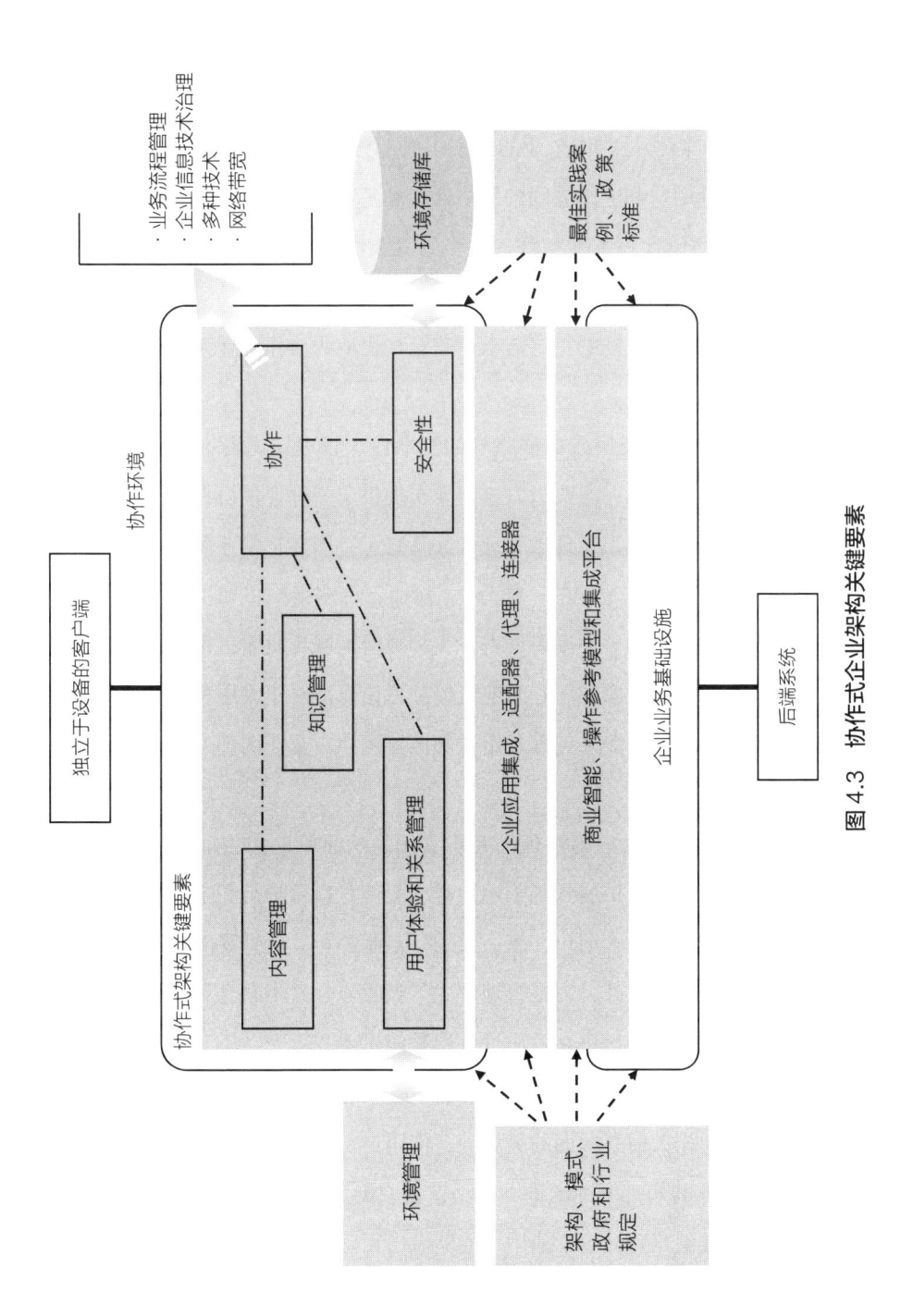

图 4.3 协作式企业架构关键要素

1. 规范架构原则以采用广泛接受的框架和模式并遵守政府和行业法规。

2. 整合现有企业中建立的最佳实践方案、政策和标准。

如前所述，协作是协作企业的核心组成部分之一。从简单的通信角度看，协作解决了各种用户和应用之间的网络连接和基本交互。然而，随着联通性和互动范围扩大到包含一系列实践，协作的复杂性也会增加。企业需要一个安全的环境来保护数据完整性、确保应用效率以及验证用户可访问性。根据企业遵守相关政府或行业法规的特定需求，安全性也成为协作企业架构的关键组成部分。

同样，根据信息交换或数据共享的复杂性，管理知识资本也成为业务需求中不可避免的部分。在实践中，这些要求提供了一种评估协作企业架构的方法。大多数组织利用知识管理来管理和共享知识（即在正常业务运营期间将数据或信息作为企业协作过程的一部分）。然而，许多组织将知识管理视为一种决策实践。例如，根据一项读者调查，大多数美国联邦政府机构利用知识管理来收集信息并与其他国家和国际政府机构共享信息。对于大中型企业，知识管理提供了一组有效的功能来搜索、定位和区分用户在企业内部或企业之间协作时可以共享的信息。

在过去的几年里，内容管理已经将其用途从简单地作为一种操纵结构化和非结构化数据的手段扩展到基于用户需求对信息进行分类和定制化的一种手段。定制化使企业与个人用户共享一致的、定制的相关信息视图，为协作增加了另一个实用维度。此外，内容管理解决了吸收或合并由联合和分布式企业开发的信息要求，这些信息将在协作过程中被使用或查看。

用户体验和关系管理为协作企业提供了多样性。用户体验与协作企业在为用户提供访问相关信息方面的灵活性，使用户可以在他们的物理位置使用他们选择的设备（例如，手持设备、移动设备或浏览器）访问信息。毫无疑问，在正确的时间提供正确的信息使用户能够做出正确的业务决策，可以在协作中提供良好的用户体验。此外，关系管理涉及正式协议（例如服务等级协议等），企业应当遵守这些协议，遵守作为公司标准制定的政策和程序。在许多组织中，关系管理是以项目组合或业务单元级别处理的，多个计划被视为一个项目组合。鉴于协作目的，关系管理有助于将最佳实践方案、模式、标准和行业法规制度化，以促进建立协作企业。安全性为人机交互增加了一个新维度，并显著影响了协作效果。它在保护信息和相关应用以及确定信息传递和用户身份管理方面发挥着决定性的作用。作为协作企业架构的关键组件，安全性还支持协作以外的其他组件。

协作企业架构的策略

业务用户和项目发起人有权参与制定企业架构策略以及建立协作企业架构的类似活动。在协作式企业架构的战略规划中，从业者通常会考虑协作以及传统企业架构的优势（见图 4.4）。

协作式企业架构由不可或缺的三个不同视角驱动，即技术、业务流程和企业信息系统。

技术驱动的企业架构的前提是技术进步。它为从业者提供了一条从传统企业架构过渡到协作企业架构的可行路径。业务流程驱动的企业架构专注于从业务角度确定运营工作流的价值。但随着信息技术行业的不断发展，技术和业务流程驱动方法的结合已成为必然。

即使在美国联邦政府机构的场景下，联邦企业架构（FEA）也使业务流程管理（BPM）能够将联邦信息系统与源自不同联邦计划及其技术选择的多个企业架构集成起来。总体而言，协作企业架构强调企业的人员、流程和技术，并结合了上述三个方面。

人员的方面涉及用户体验、组织文化和关系管理，以及人与可用技术的交互。流程方面识别并随后确定架构上重要的业务流程的优先级，以便定义协作范围。技术方面揭示了现有和未来技术投资之间的差距，以及计划的成本效

```
开放式系统互联:  美国国防部架构框  美国联邦企业架
OSI 模型❶       架: DoDAF❷ 视图   构: FEA 架构❸
```

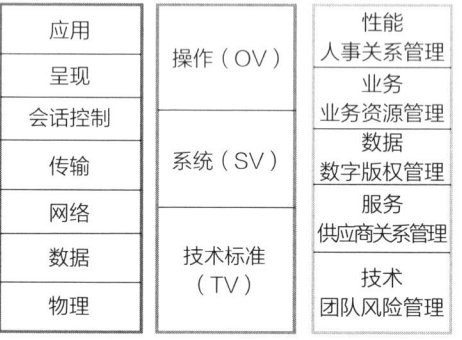

OSI	DoDAF	FEA
应用	操作（OV）	性能 人事关系管理
呈现		业务 业务资源管理
会话控制	系统（SV）	
传输		数据 数字版权管理
网络		服务 供应商关系管理
数据	技术标准 （TV）	
物理		技术 团队风险管理

一体化进程必须关注:
· 最佳实践案例
· 行业标准
流程改进

如今存在于大多数企业的要素:
· 多个操作平台
· 合理的网络带宽
数据操作选项

架构 + 一体化进程 => 协作路径

图 4.4　从行业视角看企业架构协作

益，包括交付、支持和维护活动。

开发协作式企业架构的公司战略包含三个关键部分:

1. 使信息技术战略与现有或新的业务目标保持一致。

2. 准备一个可以让企业为变革做好准备的蓝图。

3. 建立一个新的企业信息技术治理结构，该结构需要足够灵活，来实施和影响协作企业架构的部署。

这些活动通常相互依赖。因此，有必要评估相互依赖关系以确定需要如何以及在何种程度上执行这些任务。此外，与中小型组织相比，大型组织的这些任务的复杂性增加得更快。对于许多企业而言，这些复杂性主要取决于组织的战略业务目标和驱动因素如何与企业技术投资和资源技能相关联。服务于战

---

❶ 开放式通信系统互联，是计算机网络通信协议的参考模型，由国际标准化组织于1980年创建。——编者注

❷ 一个系统体系结构框架，定义了一种表示企业体系结构的方式。——编者注

❸ 美国管理和预算办公室开发的一套框架，主要思路是采用企业架构，将整个联邦政府的所有机构的复杂关系当作一个大型的组织系统。——编者注

略业务驱动因素的信息技术需求和约束可能会随着时间而改变。

在尝试创建一个有助于识别构建协作企业架构的关键部分的决策模型时，动态矩阵模型（见图 4.5）是最有帮助的。如图 4.5 所示，该模型允许在信息技术风险因素或业务驱动优先级发生变化时出现"假设"情景。使用动态矩阵模型，业务和信息技术团队可以随时通过权衡协作计划的风险和资源可用性来确定必须执行活动的优先级。例如，图 4.5 所示的假设组织与新技术相关的风险很低。同时，在评估时，它们紧跟行业趋势、获得竞争优势、降低成本、合规、满足特定用户需求等业务驱动力的优先级分别为高、高、中、中、低。在有足够可用资源的情况下，为推进协作企业架构计划而建议的信息技术协调行动分别是是、是和否，来实现列出的业务驱动因素。由于定期权衡和衡量优先事项和风险因素，考虑到人员可用性和相关风险，相关建议可能会发生变化。

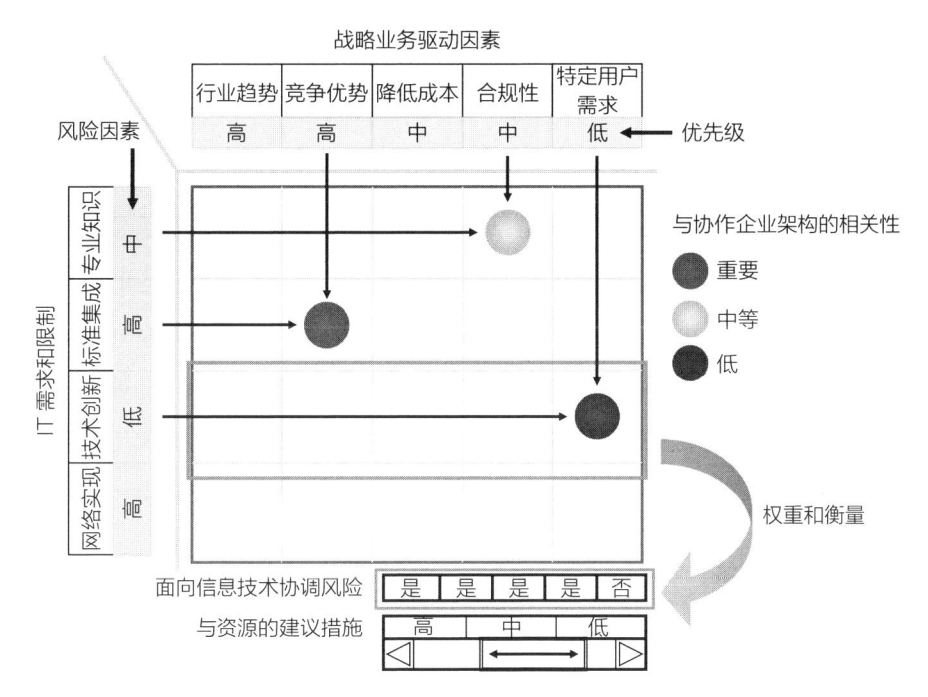

图 4.5　用有源矩阵来跟踪业务和 IT 的依赖关系

要使信息技术战略与现有或新的业务目标保持一致，企业首先要制定开发协作式企业架构的业务案例。理想情况下，适当的业务和信息技术负责人（即利益相关者）以及财务赞助商应该已经建立了公司战略，确定了关键的成功因素，并分析了要通过协作企业架构交付的共同业务价值。业务案例必须包含以下内容：

- 对协作式企业架构如何影响当前系统和/或业务流程的评估。
- 协作式企业架构部署的成本效益分析。
- 一套定义明确的风险管理策略，以产生利益相关者的支持并承诺减轻可能的风险。

在实践中，在部署协作企业架构时使信息技术战略与业务目标保持一致可能是迭代和增量进行的。这种方法使从业者更可行地从现有技术基础过渡到新技术基础，以降低对技术的初始投资，并在分配适合部署协作企业架构所需技能资源方面提供更大的灵活性。它还可以帮助信息技术主管为业务发起人建立切合实际的期望。此外，信息技术可以向其业务伙伴展示投资回报率。评估用户体验和衡量每个融资阶段的绩效，可以增强有关信息技术能力的信心水平和业务案例。这种一致性为建立共识驱动的团队打开了大门，建立这一团队从企业信息技术治理委员会或指导委员会（通常由业务发起人和高级信息技术领导者组成）开始。治理委员会有责任批准或拒绝为实现一致性而进行的任何活动，这类决定主要基于活动与协作蓝图或一组企业采用的最佳实践案例的一致性。许多公认的思想领袖，例如约翰·扎克曼（John Zachman）、史蒂文·施裴沃和伯纳德·波尔等，都提出了为企业信息技术组织制定蓝图的实用概念。

即使客户的业务需求迅速变化，通过让个人或团队以主动而非被动的方式向客户提供业务解决方案，协作企业也能提供有效性和效率。

蓝图为整个协作企业提供了一套系统性的方法：

1. 使用标准符号和可视模型或图表捕获业务流程。
2. 将业务流程转变为技术选择。

3. 实施业务解决方案。

精心构思的蓝图能直接影响战略业务目标并确定竞争优势。

此外，蓝图通过开发使用标准符号和模型的全景图来保持业务用户的积极参与。它还有助于逐步完善与不同阶段、业务环境和多个用户或利益相关者的需求相关的内容。蓝图允许所有相关方根据需要交互和访问彼此的业务应用，以促进互利合作。具有多个视图的蓝图允许不同的用户将他们的需求捕获的过程以及他们对协作企业架构的影响可视化。

为部署协作式企业架构，准备蓝图在很大程度上是构建敏捷企业架构计划的一部分。在绘制协作企业架构的蓝图时，重点在于：

1. 为接口定义适当的抽象级别。

2. 呈现各种用户和 / 或业务应用之间的复杂交互或信息交换。

此外，了解抽象级别（或粒度）和探索整个企业系统之间的关系（在当前存在的传统企业架构的情况下）同样重要。必须强调的是，为协作企业架构准备蓝图需要付出大量努力，主要是因为这三个因素的复杂性：

1. 理解协作的本质是确保竞争优势的一种手段。

2. 确保内部、客户和合作伙伴业务部门或组织的持续积极参与。

3. 为客户、合作伙伴和同事等建立适当的工作环境，以此作为协作企业架构的关键价值主张。

蓝图在构建协作式企业架构的整个生命周期中提供了各种基本优势，其中最重要的是建立从现有架构过渡到协作式架构的路线图。该路线图概述了信息技术团队满足业务需求的流程，让企业能够在过渡期间监控活动的进度。

建立部署协作式企业架构战略的另一个步骤是定义和采用企业信息技术治理模型，该模型侧重于它可以为公司带来多少价值，无论是财务上还是其他方面。大多数着手建立协作企业架构的组织也面临着在业务和信息技术之间建立和管理以共识为驱动的伙伴关系的挑战。许多组织通过关注业务和信息技术的关系并正式整合所有企业的最佳实践案例，重振信息技术治理。

在构建协作式企业架构时，治理团队在两个主要领域做出了巨大贡献：

1.在角色、职责和责任方面以共识驱动的方法进行风险管理，同时确保信息技术适应其文化的变化。

2.通过用户体验指标和履行措施来衡量部署进度的战略方向。通常，组织越大，与建立业务—信息技术合作伙伴关系相关的风险就越大。

在许多情况下，由治理团队来协商业务和信息技术职能部门之间的正式协议。通常，路线图会提供参与规则的输入，这些规则会成为正式的合同协议。该协议进一步阐明了必要的活动、里程碑和可交付成果，以及每个团队的参与程度。该战略的一个重要部分是重组信息技术运营，因为业务与信息技术的合作关系主要影响该职能。这意味着评估信息技术活动如何支持关键业务服务和运营要求，同时确保变更能够支持企业的目标和目的。评估过程需要信息技术和业务组织之间的沟通，以协作方法为基础确定业务需求的优先级。支持持续业务运营所需的工作水平决定了协作水平和业务团队在协作企业架构部署的初始生命周期中的参与程度。对全局的清晰理解提供了一种整体方法来平衡复杂性并约束整个企业的目标。建立全景图决定了为了实现这些目标需要付出的努力程度。对于许多组织而言，这种方法意味着：

- 对正在进行的项目或行动进行全面评估。
- 梳理企业内当前使用的技术、工具、技术和标准的综合清单。
- 对业务领域知识和主题专业知识的细致评估。

从协作的角度看，通过投资正在进行的项目或计划，对企业至关重要的业务应用组件或服务可以被认为在架构上对协作企业架构具备重要意义（当然，是在非常高的水平上）。这有助于识别出可能不在协作企业架构计划生命周期的关键路径中，但需要在过渡期间得到支持的已运行的应用服务。当前技术基础的清单展现了企业异质性的综合视图，以及其与行业标准之间的差异和符合行业标准的水平。这提供了一种确定现有技术投资回报率的方法。企业可以通过与协作需求直接相关的业务领域中的现有知识资本，深入了解信息技术组织在支持正在进行的业务和继续自身运营方面的能力。简而言之，优先级的操作确定了资源需求以及基于企业架构的开发对当前运行机制的支持程度。

接下来将讨论可以帮助企业改变其门户和网络服务来构建协作企业架构策略的建立。

协作企业架构要面对的挑战和问题

协作企业架构有需要面对的挑战、问题和风险。之所以如此，是因为他们遇到的大多数常见问题主要与企业范围内的应用集成技术有关。其中一些组织使用了多种技术，例如适配器、代理、连接器和面向中间件的集成器技术，以及 Web 集成技术。

协作企业架构要面对的挑战、问题和风险可以分为以下几类：

- 组织文化。
- 架构基础和原则。
- 构建协作环境的关键要素。
- 协作的实践概念。
- 认识现有的业务流程。
- 优先考虑被定义为服务的业务流程。
- 为运行中的业务提供持续的信息技术支持。

显然，这些类别可能有重叠的部分。希望它们在承担不同角色和职责时仍能反映出从业者面临的具体挑战。

从组织文化的角度来看，最重要的挑战是从构建战略到使协作企业运行，分配、参与、部署协作企业架构的各方的角色和职责。因此，具体任务需要从定义有效的信息技术治理方案开始，以便将适当的决策权、责任和责任归属于适当的高管和管理团队。治理为加强业务和信息技术的关系奠定了基调，同时将一组最佳实践案例、标准和原则制度化，并根据投资回报率确定信息技术投资的优先级。与组织文化相关的主要问题如下：

- 信息技术组织如何才能最好地将业务优先级与信息技术投资保持一致？
- 应该制定什么样的服务等级协议或合同协议，使业务和信息技术遵守信息技术治理制定的最佳实践方案、标准和原则？
- 谁应该监控业务—信息技术合约协议的执行？这些合约中的项目必须执行怎样的最低级别，以避免治理委员会对违规行为发出警告或惩罚性行动？
- 业务和信息技术团队应如何共同评估新技术？是否应让高级管理层参与评估以确保此类技术的商业价值？
- 谁应该获得治理结构和高级管理层的批准来投资采用新评估的技术（主要基于当今大多数组织中存在的投资组合或项目管理办公室及其角色和职责）？他们应该什么时候获得批准？
- 谁负责为企业做好准备并选择和优先考虑在架构上被认为能够与协作企业架构集成的业务应用？
- 一旦部署协作式企业架构的策略到位，谁来衡量企业生产力所需的或已实现的改进？

此外，组织的挑战还包括从现有技术基础转移并淘汰遗留的技术应用，以利用更先进的技术。这可能包括提高现有人员的技能、适应一套新的最佳实践方案以及为协作式企业架构纳入新的指导原则。

架构基础和原则方面的常见挑战从业务建模背景以及用于集成业务应用的流程和工具的选择延伸到协作企业架构的部署（见图4.6）。在遵循图4.6所示的非正式活动流程时，从业者面临多重挑战。该图仅涵盖了这些挑战中的一小部分。

如图4.6所示，在架构开发活动流程的各个阶段提出的挑战通常与业务流程、技术转换、应用集成、部署和协作相关联。在业务流程背景中，主要挑战集中在收集可以定义协作企业架构计划范围的需求上。如果相关用户及其业务

第四章
数字业务协同

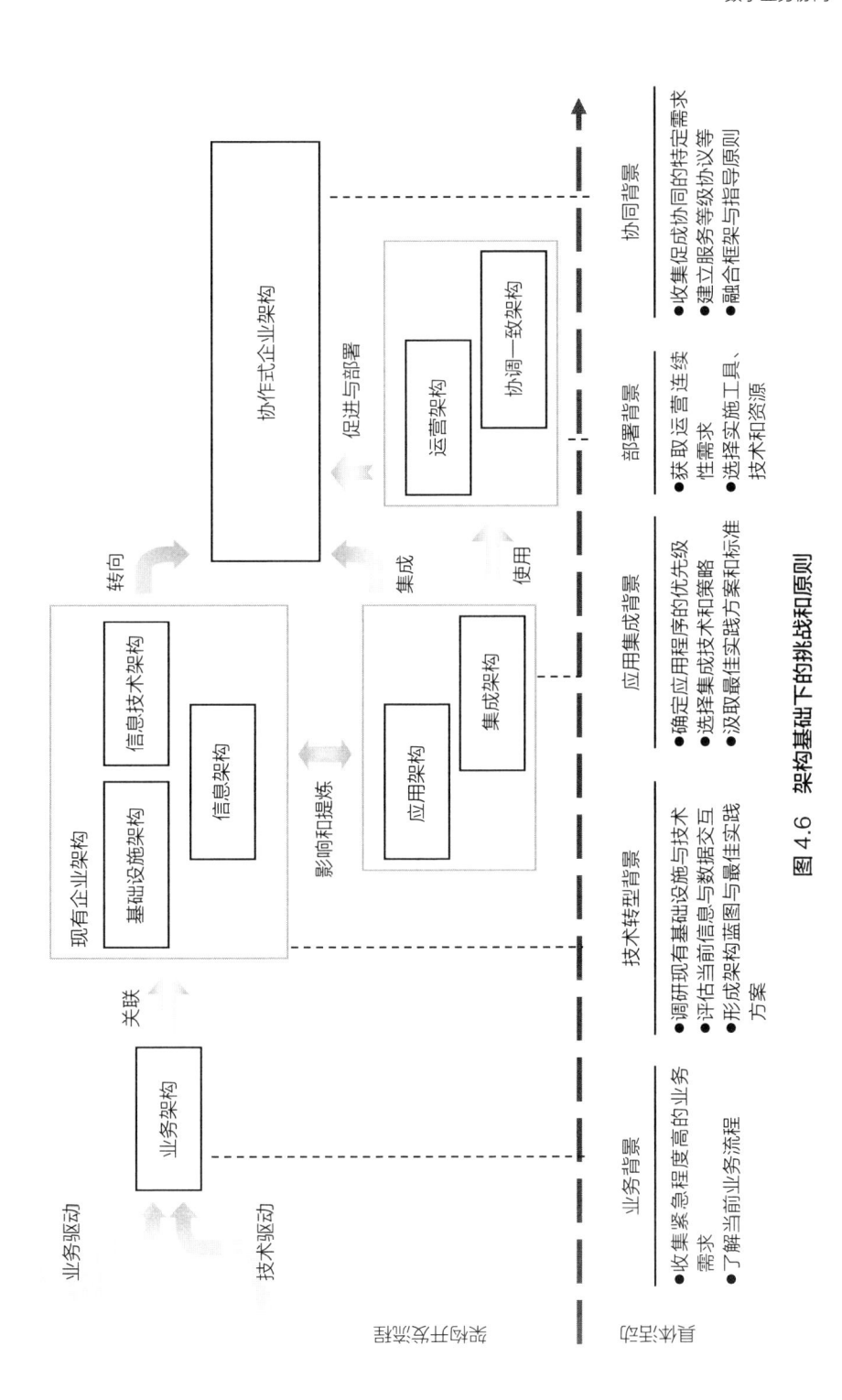

图 4.6 架构基础下的挑战和原则

应用在计划的早期被引入，当前的业务流程便能为定义潜在的协作企业提供参考点。在技术转型的背景下，主要问题围绕着研究当前技术和数据交换机制开展，将其作为差距分析的一部分，并为该计划定义架构蓝图和最佳实践方案。应用集成的挑战在于确定合适的候选应用或服务，将其作为协作企业架构的一部分进行过渡。在部署背景下，主要的挑战可能是获取适当的业务运营连续性要求以及选择正确的工具和实施语言。从协作的角度看，收集建立服务等级协议等的特定要求是最基本的挑战。

表 4.1 总结了与协作企业架构的五个要素相关的最常见的挑战和问题。表 4.2 显示了与协作相关的挑战和问题的附加列表。这些与协作的四个组成部分相关联：连接、沟通、协调和承诺。挑战的复杂性通常根据企业系统的规模、异质性和差异而有所不同。

表 4.1 协作企业架构面临的挑战和问题

关键要素	挑战和问题
协作	跨集成和扩展企业的数据共享和信息交换 1. 事件通知/消息 根据需要为特定事件的发生交付警报、消息、更新或通知； 允许通过网络在用户之间传递同步和异步消息。 2. 实践社区 建立消息传递（通过电子邮件、即时消息和通过手机或掌上电脑的文本消息）、讨论（聊天会话或白板）和视频会议设备； 允许在具有共同目标或兴趣的多个用户（合作伙伴、供应商、客户或同事）之间共享或交换信息。 3. 决策或分担责任和责任酌情协调或监测各种活动和决策；承诺在正确的时间提供正确的信息（保持问责制和责任）。 4. 建立和管理企业范围的信息技术治理 通过适当地让业务和信息技术用户参与进来，促进协作式企业架构的实用性； 定义成功实现业务目标的治理章程； 允许适当程度的访问，以简化决策过程

第四章
数字业务协同

续表

关键要素	挑战和问题
知识管理	组织和管理信息以支持无缝协作 1. 分类 基于用户访问模式组织、编目和索引业务应用程序处理信息，同时提高用户生产力。 2. 存储库和数据存储 利用先进的技术和工具为当前、中期或未来的协作企业计划收集结构化数据、非结构化数据和元数据。 3. 报告 为有特定需求和呈现风格的用户生成个性化报告；创建动态的或临时的用户指标报告（例如，安全日志记录），以推进管理者和执行者的决策过程，从而提高协作的质量。 4. 日志信息的使用 根据已建立的服务水平协议或贸易伙伴协议，创建并维护与关键业务应用程序相关的用户访问的信息日志
内容管理	为分布式和联邦环境中的协作准备和管理数据、策略及文档内容 1. 生成和吸收内容 合并由不同用户（内部或外部资源）或门户生成的静态或动态内容，以便在协作环境中共享，合并由不同来源开发和发布的内容，以适应协作企业中的其他用户。 2. 个性化和定制视图 使用户能够根据特定的需求、选择或感兴趣的级别查看信息； 提供修改信息视图的灵活性。 3. 以一致的外观和感觉交付信息 在多个客户端设备中分发数据，同时保持一致的表达
用户体验与关系管理	为协作企业的所有用户提供简洁的体验和满足感 1. 数据和业务应用程序组件和服务易于访问和导航 促进从不同的用户访问设备（PDA、无线或浏览器）和基于不同的舒适程度（在家或在路上）访问和导航相关信息的过程（使用远程或现场协作设施进行信息交换）。 2. 支持多种用户界面 允许用户利用可用的或现有的技术来建立协作，同时过渡到使用先进技术的协作企业。 3. 评估协同需求以提高协同企业的服务质量 提供在线（或其他方式）帮助、更新或重要警告，以及技术支持以促进协作（包括创建新用户账户和维护可访问性）； 为协作活动提供持续改进的服务

续表

关键要素	挑战和问题
安全	安全协作以维护权利、隐私和机密性 1. 单点登录功能 基于策略、程序、协议或配置文件，规范对适当业务应用程序或服务的访问。 2. 身份管理 通过匹配或验证加密密码、数字证书和公钥或私钥来验证用户身份，以便参与协作企业计划。 3. 访问授权和验证 为用户定义访问特定信息以执行特定活动（更新或不更新任何信息）或控制特定任务的特殊权限。 4. 记录用户指标 维护用户访问日志（访问的业务应用程序或服务的使用、时间和数量），以确定访问违规、拒绝和违反策略的情况，或用于审计跟踪。 5. 用户账户管理 创建、管理和支持用户账户和访问权限；支持活动，如组建用户组或实践社区
连接	管理协同企业系统的差异和异构性 1. 业务流程管理（BPM） 有效地自动化协作中涉及的相关业务流程，并建立和维护它们与协作企业架构的连接，提高现有技术和资源的投资回报率。 2. 转换 评估将已识别和高优先级的组件转换为服务（Web 或其他）的可行性，以降低变更成本或总拥有成本
沟通	数据驱动与业务应用组件及服务的流程级集成 1. 技术或服务供应商选择 选择支持提供应用程序编程接口（API）技术的供应商，以降低复杂性并增加集成的灵活性。 2. 数据交换机制 建立一致和集成的信息交付流程。 3. 网络访问管理 使用标准协议（如 TCP/IP 上的 HTTP）简化业务流程的网络访问变更流程
协调	信息共享的可靠性 1. 信息可靠性 通过安全的协作环境在业务应用组件或服务之间提供有保证和可靠的消息传递。 2. 业务流程管理 规范内部或外部的业务流程管理活动（再造或自动化），以提高协作企业的服务质量

续表

关键要素	挑战和问题
承诺	互动水平的提高 1. 最佳实践和标准 强制使用基于标准的集成和连接，以提高灵活性以及与业务合作伙伴或内部盟友的动态关系； 管理企业范围内对最佳实践方案、模式、标准和法规以及架构指导方针的采用和适应。 2. 组织文化 消除文化变化的障碍，以扩展协作企业的能力，并通过统一视图可视化模型来加强业务—信息技术关系

部署协作企业架构

在进行部署工作之前，从业者必须了解协作企业架构的原则（正如可以预料的那样，许多组织已经遵循了这些原则）。最广泛接受的原则如下：

- 服务和组件导向——该导向倾向于重用现有的业务组件和服务，并将其转变为基于 Web 服务和门户的协作企业架构。

- 松耦合——在协作计划中，业务应用组件和服务之间的松耦合允许企业为需要协作的业务用户制定角色和职责，并定义参与规则。

- 参与规则——各种用户（内部或外部）之间的既定规则（包括服务等级协议等）确定了对协作企业架构有重大影响的业务协议和技术要求。

- 技术和工具选择——企业通常将其技术选择（包括平台、操作环境或编程语言）推迟到部署生命周期的后期阶段，以便它可以专注于定义业务流程和建立业务—信息技术关系。

- 开放标准、最佳实践方案和企业信息技术文化——企业通过纳入这些标准来提高计划团队的生产力，并使企业足够敏捷以适应技术进步以及满足未来的业务需求。

为了充分获得这些原则的优势，业务部门必须从需求收集阶段到部署的增量阶段全程参与。在企业级别，业务团队必须积极参与诸如选择技术合作伙伴、评估最佳产品或只是定制构建业务应用等工作内容。这种参与加强了业务和信息技术之间的关系，允许从业者建立一个单一的、标准化的进度衡量标准，以跟踪各方的责任和问责机制，也关系到协作企业架构的各种项目的依赖关系和接口。

图 4.7 展示了当今许多组织用来构建协作企业架构的方法，同时遵循了前面提到的五个原则。模型驱动架构（Model Driven Architecture，MDA）方法支持面向服务和组件，并且跨越了协作企业架构的全生命周期。开放标准、最佳实践方案和现有信息技术文化构成了支持架构部署生命周期的组织基础，而框架和参考模型，以及对工具、技术、技能和基础设施支持能力的先验选择，则奠定了这一基础。

图 4.7 部署协同企业架构中最常用的方法

与构建企业架构的传统方法相比,部署协作企业架构是向前迈出的重要一步。它的意义在于赋能协作企业架构的三个关键点:

1. 利用 Web 服务技术的服务导向和正在进行的门户计划的企业集成能力。

2. 通过在整个企业中应用基于组件的方法获得成熟度和前景带来的好处。

3. 基于业务发起人和用户早期参与确定企业的协作需求,在业务和信息技术之间建立互惠互利的关系。

J2EE 和 .NET❶ 框架用于证实面向服务的体系结构在按使用付费的数字业务中的相关性。

Web 服务主要通过两个基本原则为协作企业赋能:

1. 以业务为中心(即使内部和外部业务用户成为整个 Web 服务生命周期的决策过程的中心)。

2. 强调企业系统与业务合作伙伴、客户和供应商之间基于服务的协作(即使用服务等级协议等作为合同协议来提供或接收按使用付费的服务)。

门户网站和协作企业架构

门户(针对员工、客户或企业)、门户技术、工具和平台是企业应用集成(Enterprise Application Integration,EAI)的一部分。软件供应商和系统集成领导者提供集成的门户套件。其他组织在吸收遗留业务应用、服务和异构或不同门户的联合方面提供利基专业知识,以构建整体业务解决方案。

门户的使用已经从专注于一组特定用户(例如与客户交互的客户门户和处理人力资源相关问题的员工门户)发展为提供企业资产(包括内部业务应用程序)的一致视图的企业门户和服务。门户还为员工、客户、供应商和合作伙伴提供访问和操作适当交易流程应用或服务的网关。

---

❶ 微软开发的技术平台,为敏捷商务构建互联互通的应用系统。——编者注

门户计划与协作企业架构的协同作用源于其五个关键要素的重要性：协作、知识管理、内容管理、用户体验和关系管理以及安全性（见图 4.3）。从架构的角度来看，关键的依赖关系以及与其他四个元素的协作接口使企业门户成为协作企业架构部署不可或缺的一部分。许多人在将现有门户计划合并到协作企业架构计划时会考虑门户功能具备的以下优势：

- 保护和控制整个企业的关键信息和数据交换的访问以保持协作的安全性。
- 确保关键业务流程或服务的故障转移、崩溃或灾难恢复的可靠性，确保满足用户期望。
- 持续支持 24/7 用户访问或交互，建立和培养渐进式用户体验和关系管理。
- 适应不断变化的业务目标或客户和合作伙伴需要交互式信息交换和处理的目标的可扩展性。
- 响应用户需求的性能，提高企业的整体生产力和效率。
- 允许用户浏览作为知识管理存储库的一部分收集的有组织和/或相关信息的搜索功能。
- 个性化和定制，向个人或用户社区提供相关信息，促进他们做出决策或采取行动的能力。
- 合作形成一个共享、交流和交换特定信息并与其他相关方互动的实践社区。

工具有助于实现门户应用并创建集成解决方案或服务。标准化工具用于将 Web 服务与解决方案结合起来。企业门户和 Web 服务可以通过以下方式共同帮助构建协作企业架构：

1. 通过联合门户提供分布式和分散（在政治上或地理上）企业系统的一致视图。

2. 将业务应用和服务（组织防火墙内部或外部）与企业范围的服务集成总

线连接起来。联合门户致力于连接多个组织及其现有门户，以促进与企业一致视图的协作，而服务集成总线提供执行事务处理以进行内容路由或信息交换的功能。

组件可以代表软件和系统（业务应用程序）单元以及业务服务。可视化建模工具支持具有最新建模符号和视图的组件概念。通常，基于组件的方法通过允许系统的不同部分在增量和迭代的基础上独立构建或发展来强制解耦合。它还支持"即插即用"模块化、变更可管理性、内置技术独立性以及组件可复用的服务。随着基于组件的方法在过去十年中日趋成熟，信息技术社区已广泛接受它作为构建、集成和部署企业系统的主流方法。因此，它对构建协作企业架构具有一定的影响。

基于模型驱动架构（MDA）的协作企业架构实用步骤和模型

购买、构建或租赁特定组件或服务集成来协作企业架构的决策很重要（见图4.8）。从业务角度看，MDA为业务和信息技术团队之间的业务建模和信息共享奠定了共同基础。它还鼓励以客户为中心和以客户为导向的安排，以促进这些团队之间的协作。从技术角度看，MDA确保技术的投资回报率，并承诺采用和适应新兴技术的可扩展性。最重要的是，MDA和基于组件的方法一起可以使从业者能够构建基于开放标准、模块化和"即插即用"业务组件和服务的协作企业架构。

一旦设计了协作式企业架构组件和相关接口，计划团队就会努力寻找和集成架构的各个部分。在部署阶段，可能会执行以下活动：①在构建—购买与按使用付费的组件和服务之间做出决定；②生成过渡模块及其移除计划；③将现有组件和服务与新组件和服务集成。

这三个阶段还提供了一种有组织的方式来为企业范围的团队分配角色和职责，并回答诸如"谁对协作企业负有哪些责任以及在多大程度上负责？"等问题。随着协作企业架构的逐渐构建，业务和信息技术团队之间的职责和责任

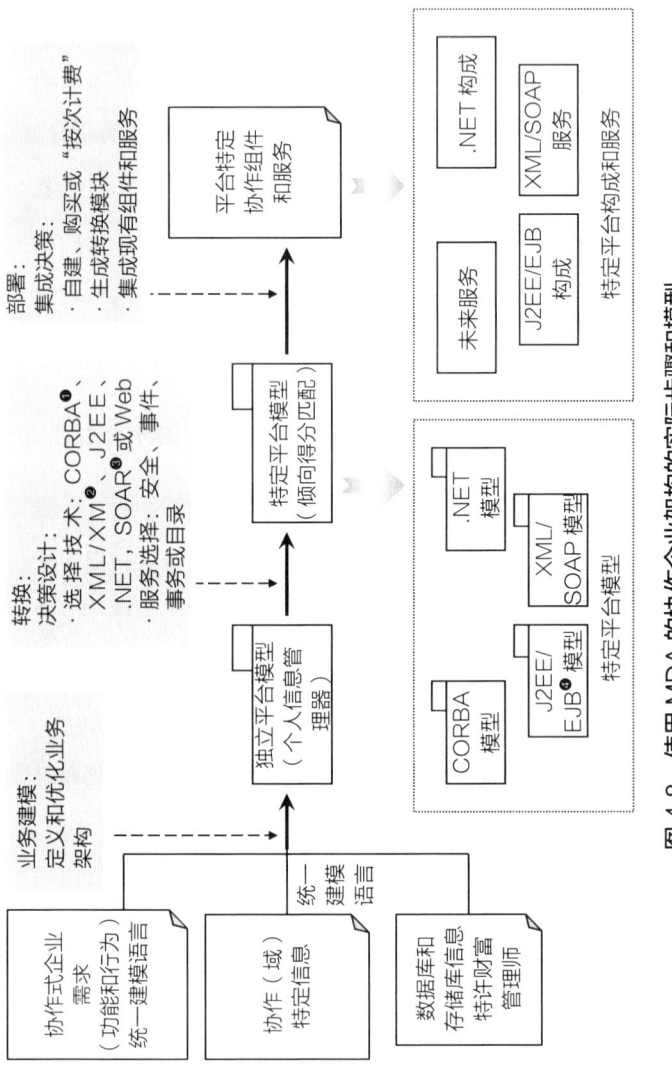

价值重塑
面向数字化转型的企业架构

图 4.8 使用 MDA 的协作企业架构的实际步骤和模型

❶ 是公共对象请求代理体系结构，是对象管理组织制定的一种标准的面对对象应用程序体系规范。——编者注

❷ 可扩展标记语言。——编者注

❸ SOAP 评估记录是目前国内外公认的评估记录方法。——编者注

❹ 弹性负载均衡器。——编者注

118

通常以下列方式交互：

- 在业务建模期间，业务用户是所有者（负责）和参与者（负责）提供他们的需求并帮助信息技术团队将业务模型可视化。
- 在转型过程中，信息技术团队负责将业务需求转化为技术规范；他们征求业务用户参与关键决策的过程。
- 在部署阶段，业务用户和信息技术团队协调协作企业的集成，然后业务团队接管最终交付，同时信息技术团队提供持续支持。

一般而言，通过连接基于组件方法的、服务导向的以及业务应用程序组件和服务的过渡整合，为业务和信息技术团队之间建立共识驱动的协作铺平了道路。在纪律严明的组织中，业务和信息技术团队共享一组公司目标和愿景。业务和信息技术之间的协议以及灵活的路线图和绩效衡量指标为协作企业架构提供了重要的推动力。为了衡量协作的进度，绩效指标通常以记分卡的形式呈现，包括三个主要领域：业务目标指标、技术管理指标和资源规划指标。定期进行进度审查以跟踪、验证和更新此类绩效指标可能会暴露业务或信息技术经理和领导者所经历的许多问题、风险和担忧。在某些组织中，高级管理人员和治理委员会成员经常提供他们在处理类似情况方面的专业知识和经验，使信息技术和业务部门之间能够达成共识。一般而言，以共识为导向的合作会促进更强有力的沟通、更坚定的承诺和更积极的责任感。总体而言，它促进了协作企业架构的部署。

绘制协作企业架构部署的路线图

为了成功部署协作企业架构，业务部门和信息技术领导、高级管理人员和数字化转型发起人绘制了一个路线图，以充分利用现有门户和 Web 服务。务实的路线图从关注许多著名的系统开发或集成生命周期流程演变为着眼于细化架构和改进流程框架，以缓解影响大多数业务和信息技术行业的财务限制。

该路线图封装了大多数行业标准的软件集成流程和框架，以便在多个阶段逐步交付协作企业解决方案。因此，使用此路线图的一个基本优势在于它能够确保将现有业务应用程序组件和服务过渡更改为协作企业架构。

该路线图的主要业务成功因素包括：

- 关注当前业务流程——这一重点使团队能够识别、分析和优先考虑那些准备充分、关键且在架构上具有重要意义的业务组件和服务，以将其转换为协作式企业架构。
- 企业范围内易于集成——这种方法使团队构建了"即插即用"的模块化组件或服务，从而实现多个阶段的过渡。
- 利用现有技术和专家知识——利用现有资源有助于将各种技术的投资回报率可视化，降低拥有成本，并评估协作企业对公司目标的总体影响。
- 企业的敏捷性——这一特性保留了可扩展性、可用性、性能改进、生产力、服务质量以及运营支持和维护功能。
- 在客户使用 Web 服务技术部署协作企业架构的背景下。

在继续详细讨论这些活动或步骤之前，重要的是提供路线图的摘要视图以供参考。如图 4.9 所示，路线图由基于组件和服务的集成方法的四个基本阶段组成：发现、差距分析、方案设计和解决方案集成。根据 MDA[1] 方法的概念，它还可以分为三个系统工程阶段：业务建模、转换和部署。图 4.9 还显示了在标准化生命周期中每个阶段的适当工作量（Level of Effort，LOE）路线图。

---

[1] 一种游戏设计和研究的框架之一。——编者注

第四章
数字业务协同

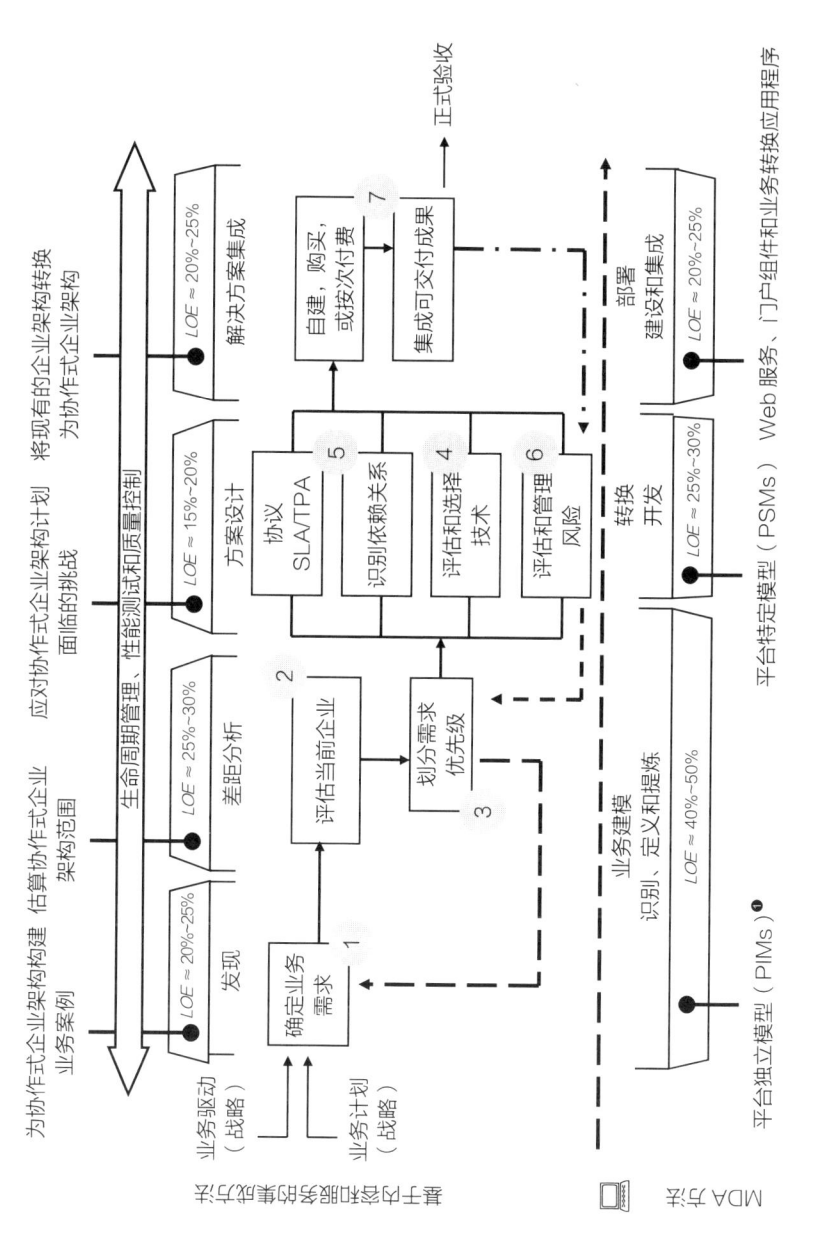

图 4.9 协作式企业架构部署路线图

❶ PIMs 分析又称战略与绩效分析，也叫 PIMs 的数据库分析方法，是数据库技术在竞争分析中的运用。——编者注

121

这些步骤与应用基于组件和模型驱动学科的统一方法的常用系统集成过程是一致的。在探索阶段，推进团队准备部署协作企业架构的业务案例，并通过识别客户、供应商、合作伙伴和同事来建立客户关注点。在此阶段还定义了要转换为门户组件或 Web 服务的业务应用程序组件和服务。

在差距分析中，团队评估已识别的业务需求，并根据它们的重要性确定优先级。他们还使用有源矩阵建模（见图 4.5）对信息技术要求和约束进行权衡。此阶段还包括建立现有技术投资清单，以确定计划的规模和范围。

方案设计主要侧重于管理和解决与协作企业架构计划相关的挑战、问题、风险和顾虑。在大多数情况下，会定期评估业务风险以调整资源分配计划并减轻基于技术的设计限制。原型设计工作旨在最大限度地降低优先业务风险。

解决方案集成阶段涉及在将门户组件和 Web 服务元素与协作企业架构集成之前设计、开发和/或购买它们。在最后阶段，团队的目标是交付业务价值。

使用路线图后，业务和信息技术团队可以在多个重复阶段推出过渡性协作企业架构。适当的反馈可以帮助推进团队在使用路线图时改进或修正之前完成的可交付成果。持续生命周期管理（检查、排查、审查和批准流程）、性能测量（用户指标）和质量保证计划活动与路线图中的其他步骤同时进行。路线图中有七个主要步骤最常用于帮助企业过渡到协作企业架构：

- 第 1 步——确定协作企业架构的业务需求并验证它们对企业的影响。这允许信息技术团队与业务用户、赞助商建立合作伙伴关系，并准备业务案例以获得财务赞助。
- 第 2 步——评估当前企业的现有工具、技术、技能、标准、最佳实践案例和组织文化。此步骤准备了一个信息技术组织能力和技能清单矩阵，并为差距分析奠定基础。
- 第 3 步——使用主动建模的概念对第 1 步中确定的业务需求进行优先级排序，并将其优先级与技术要求和约束进行权衡，以突出它们在向协作企业架构过渡和集成中的重要性。

- 第 4 步——评估和选择适当的技术，并在必要时根据相关业务需求进行原型设计。此步骤通常需要综合评估以确定基于门户或 Web 服务的协作企业架构的案例。

- 第 5 步——重振业务—信息技术关系并积极参与业务，以确定该计划如何依赖于其他战术项目。这一持续的步骤加强了所有相关方之间的关系。在此步骤中，通常会进行经验教训会议，以探索门户网站和 Web 服务功能的劣势和优势。

- 第 6 步——评估、管理和解决业务挑战、问题和风险。此步骤提供了重新审视和重新评估业务用户需求的机会，并允许团队评估如何充分利用门户和 Web 服务，同时解决它们可能对企业造成的任何相关风险问题。

- 第 7 步——通过将门户组件和 Web 服务集成为自建、购买或按使用付费解决方案的一部分来部署协作企业架构。此步骤需要详细说明扩展企业的需求，并与参与协作企业架构的最终部署的合作伙伴签订协议。

一些领先的软件行业供应商提供集成的门户套件，同时支持 XML 和 Web 服务技术。其中大多数提供拖拽工具来帮助构建接口和测试功能，它们可用于部署协作企业架构。企业过渡到具有门户和 Web 服务的协作企业架构，需要利用现有技术、业务应用组件和企业文化，同时，对商业工具和 / 或技术及其供应商进行深入调查也非常重要，有助于确定未来支持和成长计划的可行性，以适应业务需求的变化。

战壕观察

关于评估技术和供应商的最紧迫问题是：

- 评估技术的标准是什么，或者如何创建一套评估标准？
- 对供应商的期望是什么？他们该如何被检查？

- 如何创建与多个供应商和合作伙伴互动的采购模型？
- 如何与选定的解决方案提供商和供应商创建服务等级协议？
- 所选技术如何与企业范围内的内部资源和集成过程相关联？
- 项目或项目组合管理如何将标准和最佳实践与选定的技术结合起来？

简化的技术评估模型如图 4.10 所示。

在准备工具和技术选择时，这些步骤侧重于外部信息技术供应商。对于大型组织而言，评估过程可能更加精细和复杂，可能需要长达一年的时间才能完成。对于中小型企业，评估过程可能会持续三周到三个月不等。迭代次数与评估标准的复杂性相匹配，评估所需的时间与所涉及的资源数量、有资格进行评估的供应商数量以及评估标准的复杂性成正比。如图 4.10 所示，对于大多数组织而言，技术评估包括前面提到的七个步骤中的四个：

- 第 2 步——评估当前企业以确定技术评估的范围（第 3 步通过提供优先要求和适用的更新来促进这一点）。
- 第 4 步——评估和选择一组技术，以便可以根据其相关技术能力和支持优势确定较少数量的供应商。
- 第 5 步——与先前选定的供应商签订协议以启动基于技术的联盟或合作伙伴关系。
- 第 6 步——通过制定适当的风险缓解策略和协商可能影响企业范围内计划进展的各种风险因素来评估和管理风险。

评估的开始和结束在第 1 步和第 7 步中进行了介绍。它们提供了一个简化的技术评估模型，并且在某些方面与许多从业者目前使用的评估模型非常相似。该模型的两个最有趣的部分是：①在评估的早期就让业务发起人参与进来；②它定义和完善了评估标准时的迭代和重复性。通过尽早让业务发起人和用户参与进来，评估标准可以与业务协作需求密切相关，因此可以及早暴露供应商的优势和劣势，以便业务发起人及时考虑。

这种方法还可以提高整个企业对协作企业架构的认识，并在内部和外部

第四章 数字业务协同

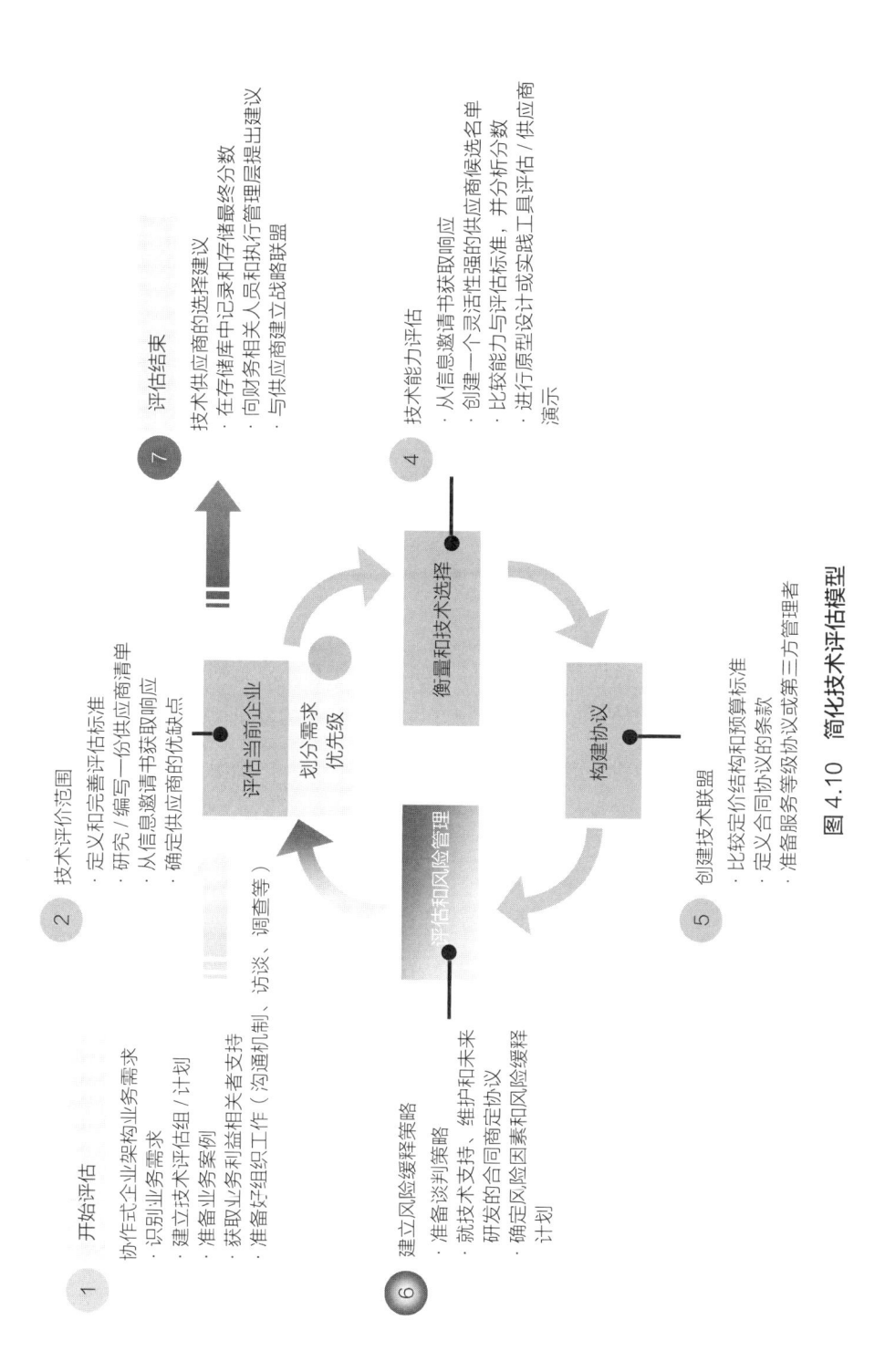

1 开始评估
- 协作式企业架构构业务需求
- 识别业务需求
- 建立技术评估组/计划
- 准备业务案例
- 获取业务利益相关者支持
- 准备好组织工作（沟通机制、访谈、调查等）

2 技术评价范围
- 定义和完善评估标准
- 研究/编写一份供应商清单
- 从信息邀请书获取响应
- 确定供应商的优缺点

3 评估当前企业 划分需求优先级

4 衡量和技术选择 技术能力评估
- 从信息邀请书获取响应
- 创建一个灵活性强的供应商候选名单
- 比较能力与评估标准，并分析分数
- 进行原型设计或实践工具评估/供应商演示

5 构建协议 创建技术联盟
- 比较定价结果和预算标准
- 定义合同协议的条款
- 准备服务等级协议或第三方管理者

6 评估和风险管理 建立风险缓释策略
- 准备谈判策略
- 就技术支持、维护和未来研发的合同商定协议
- 确定风险因素和风险缓释计划

7 评估结束
技术供应商的选择建议
- 在存储库中记录和存储最终分数
- 向财务相关人员执行标准的管理层提出建议
- 与供应商建立战略联盟

图 4.10 简化技术评估模型

125

培养业务与信息技术的关系。

评估标准以业务为中心，其评估模型中涉及的步骤包括业务挑战，它同时也是提供技术解决方案的综合评价的一部分。一些评估标准包括一般信息，例如供应商的过去业绩、当前客户群、定价结构、财务可行性、分配的研发预算、技术升级计划以及他们在合作领域的地位。一些用于特定工具的标准包括与其他产品集成的难易程度、互操作性以及开发人员和最终用户的易用性（视情况而定）。没有直接的方法能够定义技术评估标准。在将门户和 Web 服务转换为协作企业架构时，唯一需要注意的是协作已经被认为是现有门户的重要组成部分。同样，服务等级协议和第三方管理者已被认为是共同开展业务的一部分，同时与面向服务的架构相结合。由于许多组织认为 Web 服务有助于提高企业的敏捷性、生产力和竞争力，因此必须在战略层面考虑从内部或外部采购它们。在这方面，采购可以被视为构建、购买或按使用付费决策过程的工具。在当今的商业环境中，许多组织定义的采购模型是在绩效基础上衡量供应商遵守开放行业标准和支持相关法规的能力。因此，服务等级协议和第三方管理者只是采购生命周期的两个部分，必须不断评估和维护，以确保成功交付协作企业架构。大多数组织无意中在其采购方法中遵循以下七个步骤：

1. 关注当前有助于直接实现企业级业务目标的业务流程。

2. 进行差距分析以准备当前的技术和技能清单。

3. 进行行业研究，以识别技术合作伙伴和供应商参与协作企业架构计划的市场趋势。

4. 评估和选择满足业务需求的技术、流程和解决方案合作伙伴。

5. 准备服务等级协议，承诺采购合作伙伴遵守特定的约定规则。

6. 在采购流程的早期识别和管理相关风险，并在必要时找到替代解决方案或服务，以消除关键风险和业务发起人的担忧。

7. 建立一个灵活且适当参与的治理模型，以全面传播公司愿景、原则和最佳实践方案驱动的指导方针。

在实践中，这些步骤可以被认为是技术评估和选择采购选项的基本要素。但是，在为特定企业建立最合适的采购策略时可能需要考虑权衡。

企业在采购过程中会遇到的两个常见问题是：①将现有技术和集成流程与采购选项联系起来；②将选定的技术与已经建立的信息技术文化、最佳实践方案和标准相结合。过渡路线图解决了第一个问题。随着时间的推移，淘汰遗留系统和技术的同类最佳或集成解决方案选项成为这种方法的一部分。解决第二个问题需要高层领导和企业治理的参与。一旦领导者制定并批准了政策，投资组合管理办公室就会执行并控制贯彻标准、最佳实践和合规性的进度。

管理用户期望

协作企业架构的成功部署主要取决于人为因素，例如信任、依赖、信心、可靠性和承诺。当两个组织一起开展业务实现最佳协作时，它们必须建立信任关系。信任的概念对从业者来说并不新鲜。然而，建立信任需要时间和耐心。建立信任的最佳原则是逐步共享或交换信息。建立信任并不一定会转化为书面合同。在大多数情况下，它纯粹基于口头理解。出于内部目的，企业可以在业务部门和信息技术之间建立共识驱动的合作伙伴关系，以检查信任。合作协议的条款可以作为正式合同被正式接受，并附有灵活的路线图，以及使用一组交互式绩效评估指标或记分卡进行定期绩效衡量。对于内部同行、贸易伙伴或供应商（服务提供商或解决方案提供商），信任等同于许多活动，包括以下内容：

- 约定后的口头承诺；
- 能够在预算范围内按时交付；
- 在出现问题时赢得客户的信任；
- 保护公司数据的机密性。

没有任何流程可以让组织用于衡量信任。因此，是否建立信任在很大程度上依赖于通过衡量用户体验来创建性能指标，以检验在涉及部署协作企业架构的两个或多个组织之间建立信任伙伴关系的成功率。

在组织之间建立信心或信任的步骤包括：

1. 发起小规模合作倡议；

2. 考虑各方共赢；

3. 建立企业内部同行之间的信任。

为了加强这些定性措施，另外两个相关且实际的措施是：

1. 在协作企业架构部署中采用服务等级协议和第三方管理者；

2. 在创建绩效指标时使用量化指标。

商业社区已经知道在提供 Web 服务时强制执行服务等级协议的技术的典型用途。一些供应商已经在其产品或工具套件中提供了服务等级协议管理。服务等级协议管理的概念可以扩展到对协作企业中的连接、通信、协调和承诺的各种级别的支持。同样，门户网站向适当的用户提供对服务等级协议管理相关信息的基于 Web 的访问。

企业可以使用各种支持 Web 的工具收集与用户体验和期望相关的数据。这些工具提供了一种机制来构建用于评估和建立协作、抽象和交互级别的性能指标。衡量性能和访问以及协作企业架构的使用量或程度的记分卡（类似于信息技术和业务所称的"平衡记分卡"）可以提供有价值的用户体验数据。收集数据后，企业必须对其进行分析以确定成功部署协作企业架构所需的更改。此时，内容管理、知识管理和安全性也成为为协作式企业架构提供最佳解决方案的关键因素。通常，能否有效地管理用户体验取决于衡量协作企业架构的人员、流程和技术部分。

可以显著影响下一代协作企业架构的三个主要因素有：

制定联合门户网站的有效使用

联合门户的有效使用将推动建立以网络为中心的方法来收集和存储企业数据。它将使协作企业架构能够获得分布式计算环境的优势。从业务角度看，它将允许本地业务部门维护和管理自己的门户网站，并在自己的组织级别处理预算限制。高管和业务发起人能够将其感兴趣领域的应用转换为协作企业架构，可视化并消除瓶颈，并作为在企业架构计划中分配传统集中权限、责任和职责的基础。联合门户使组织能够通过一段时间内的增量投资将其现有的企业架构转换为协作式的，并有充足的机会评估投资回报率。这有助于企业从以前的努力中吸取经验教训，有助于灌输基于最佳实践方案、标准和共识驱动的伙伴关系的企业文化。

就网络服务标准达成共识

作为万维网联盟（W3C）、OASIS[1]、网络服务协同组织（WS-I）和其他倡议的一部分，各种 Web 服务的标准化目前正在进行中。好处是这些流程将统一在垂直（商业和政府）市场上的标准。但是，建立标准的漫长过程使许多组织难以采用 Web 服务技术。未来，更有效地利用 Web 服务将变得更加容易。届时，可扩展标记语言、SOAP、网络服务描述语言（WSDL）和 UDDI[2] 等核心 Web 服务标准将在建立协作企业架构中发挥重要作用。

结合网格计算概念中的价值主张

许多从业者将网格计算视为促进各种地理上分散的计算资源的分配、选择和聚合的一种手段。除了联合门户的原则外，网格计算还可以在网络分布式集群环境中划分出业务应用，从而利用多个系统的计算密集型处理能力。协作企业架构将受益于使用网格计算的并行和分布式处理能力，因为它在该领域的从业者中变得越来越流行。

有远见的商业领袖会指导他们的组织利用门户和 Web 服务的优势。此外，

---

[1] 全球首个具有隐私保护功能和可拓展性的去中心化区块链网络。——编者注

[2] 基于可扩展标记语言的跨平台的描述规范。——编者注

通过有效使用务实的路线图和 OMG 的 MDA 建立共识驱动的业务—信息技术合作伙伴关系的方法将继续促进企业在构建协作企业架构方面取得进展。

> **讨论主题**
>
> ❶ 数字商业企业格局为何以及如何发生变化？在合作的背景下进行讨论。
> ❷ 协作企业架构的关键要素是什么？它们如何帮助应对组织在进行数字化转型时发生的变化？
> ❸ 你将如何应用基于企业架构的业务协作策略？
> ❹ 从实际优势和风险的角度讨论协作企业架构的实际步骤和模型。
> ❺ 如果没有协作式企业架构部署路线图，你的组织可能面临哪些潜在挑战？
> ❻ 门户和服务如何实现协作？
> ❼ 指标在促进协作企业架构中的作用是什么？

05

第五章

数字化转型中的云能力

本章概要

　　本章重点介绍云功能在数字化转型中的应用,以及云如何实现分析即服务。本章将云定位于企业架构的一部分,基于企业架构的云分析在数字业务流程中发挥了关键作用。

云与企业架构

企业架构支持将基于云的服务整合到业务流程中。云通常被理解为通过互联网访问和共享的计算资源池。在互联网和云计算发展之前，数据是被单一组织管理，并存储在本地服务器上的。随着互联网和云计算发展所带来的通信便利，本地服务器逐渐实现远程，并开始提供"共享服务"。这标志着云计算的开始，计算活动被从用于访问数据和显示结果的设备转移到集中式共享服务器。

云计算描述了一个系统，在该系统中，用户可以连接到位于其他地方的庞大的计算资源、数据和服务器网络，而不仅仅局限于本地计算机、局域网或数据中心。此外，物联网设备生成大容量、高速度的传感器数据，这些数据可以直接被放入云中。云为大数据提供存储和服务。数字化连接的便利性和云的使用创造了数字化业务机会。云将各种资源呈现为实用程序或服务。数字化企业对此利用的程度，取决于他们的业务如何增长以及他们处理成本的能力。在提取了20多个云计算定义的关键元素和特征后，瓦克罗（Vaquero）等人（2009）将云定义为：

"云计算是大量易于使用和访问的虚拟化资源（例如硬件、开发平台和/或服务）。这些资源可以动态重新配置以适应可变负载（规模），从而实现最佳资源利用。这种资源池通常通过按使用付费的模式，其中基础设施提供商通过定制的服务水平协议提供保证。"

云计算的分布式特性让我们无须知道计算资源的物理位置，这成了企业架构和数字化转型的关键要素。事实上，软件和分析应用程序的部署和计算都可以发生在云上，其计算结果在用户设备上的展示也可以通过云实现。

SMAC-Stack的社交媒体和移动元素负责用户数据的输入和输出。社交媒体和移动基于与用户的交互。SMAC技术具有多功能性和可见性。它们还包含来自不同来源的大量不同类型的数据（例如，结构化、音频、视频、图形）。当社交媒体和移动数据和信息在基于云的基础设施中进行分析时，SMAC 技术对数据进行快速处理并作出决策，通过引入（或撤出）新产品线、推销新服务，指导数字业务发展。数字化转型由基于协作的战略推动，该战略拥抱变化并促进动态决策，简而言之，SMAC 本质上非常接近敏捷。社交媒体和移动设备（例如智能手机）的内存和功能主要用于增强输出的呈现（使用可视化和传感器），而不是进行详细的分析。云还将数据存储的责任从本地机器和设备转移出来，从而更有效地整合数据存储、备份和恢复选项。

在云环境中托管的基于 Web 的应用程序会导致瘦客户端架构。在其他方面，云架构还创建了效用计算，它的行为就像一个网格，可以对处理时间按计量收费。云还代表分布式或并行计算，旨在扩展复杂流程以提高效率。

云架构与大型机计算在概念上非常接近。虽然远非集中式服务器（类似大型机），但云存储、处理和共享来自"通用平台"数据的方式类似大型机存储数据的方式。不过我们也应注意到，伴随云计算的工具和技术的复杂性，数据存储、资源扩展 / 缩减的方式存在差异。

云存储的后端极具"弹性"。这意味着云上提供的容量和服务会根据用户的需求快速增长和缩小，云计算推动了大量冗余的廉价存储。

云领域已经从提供数据存储、共享软件应用程序和支持计算平台逐步演变为最终提供基础设施即服务。在云中共享数据也为共享分析打开了大门，共享者无须通常的技术开销即可使用。云使企业摆脱了本地技术环境和设备的限制，数据、分析、应用程序和处理都可以在与其他协作企业共享的基础上被使用。

连接性是在数字业务中使用云的关键，因为它开辟了许多机会。例如，将计算资源视为公用事业创造了提供计算服务的机会，具体取决于组织的支付需求和能力。数据的可共享性创造了与不同数据提供者合作的机会，从而产生了新型数据分析。

由于云的演变，计算范式的转变涵盖了技术、架构、数据和业务模型。

这种范式变化还包括用户在使用客户端或智能手机访问数据、应用程序和流程时的变化。云还改变了安全的概念，因为数据存储在一个共享的、集中的、远程的、安全的数据中心（云）中，数据的远程存储有可能降低由于本地环境故障或设备丢失而导致的数据丢失风险。

数字业务的云特性

云是资源虚拟化、可配置性、可共享性和可扩展性的基础。因此，云是数据驱动的数字业务的基础。云可以被认为是处理不断扩大的海量数据的有效渠道，尤其是在大数据时代。

云的关键特征可以在数字业务的背景下理解：

1. 云计算允许用户通过互联网访问功能和服务。数字业务提供商可以制定策略，向客户提供可插拔的服务接口。

2. 没有能力独立安装部署的企业也能够获得分析能力。

3. 计算机和存储设备位于一个或多个巨大的异地数据中心。这消除了在大型计算机集群上托管大规模并行处理（Massively Parallel Processing，MPP）功能的压力，并保证稳定和安全。

4. 客户和用户不需要拥有分析硬件。这使得分析服务提供者（供应商）可以使用最新的硬件以及操作和分析应用程序来更新他们的安装程序。

5. 用户可以为他们使用的东西付费，类似于电力、水或电话服务等公用服务的运作方式。

6. 随着网络安全复杂性的提高，云端服务更加安全。

7. 基于对授权人员透明的数据使用和审计跟踪，合规性得到提升。

基于云的架构将数据管理的焦点从企业转移，数据管理的工作被转移到作为云计算专业供应商的第三方。因此，容量规划退居幕后，企业可以继续关注数据的增长（或处理数据缩减），而无须从数据管理的角度过度关注。然而，这并不是说大型企业不需要关心数据的存储位置和访问方式。数据管理的重点转向云，为大数据时代的企业带来了许多机会。这不仅是因为结构化和非结构化大数据的规模和不可预测性，而且还因为大数据分析的核心需求是关联看似不相关的数据和信息套件。

这些信息存储在云上可用，因此，现代数字业务的企业架构需要将云交织在他们的解决方案中。这也是处理来自各种类型用户的需求（分析和相关商业智能）呈指数增长的方式。通常，不同的用户以不同的方式查看数据，并探索数据呈现的不同模式或不同行为。在数据分析和信息学领域具有特定专业知识的专业人员更容易处理这种可视化元素。这些专业人员（又名数据科学家）能够使用支持在云环境中进行数据分析的工具。因此，在云时代，数据存储和伴随的分析曾经被认为是两个独立的实体，它们紧密地交织在一起。

随着连接和存储的日益复杂，人们现在可以在云本身中进行大数据分析。这种现象改变了数字业务的组织和运营方式。表 5.1 列出了关键的云特征、它们的含义以及它们与大数据分析和数字化业务的相关性。在云上成功实施大数据分析需要仔细考虑企业架构以及云在其中的定位方式。

表 5.1　云特性与数字业务

云元素	PA	PB	—
云特征	含义	与大数据分析的关系	与数字化业务的关系
用户中心	用户的单点联系	提供时间和空间的分析	实现服务的大规模个性化
任务中心	用户需求驱动而非 App 驱动	变化较快的分析工具需要更灵活的 App 组件	聚焦用户特殊需求
更大的计算能力	大量互联计算机	大规模处理数据集	驾驭数字化的力量
无处不在的访问	不同格式访问	多格式、多设备下的智能决策	可在设备上传播数字服务和报告

续表

云元素	PA	PB	—
可扩展性	根据用户需求扩展	根据数据规模灵活扩展	将企业从非核心工作能力规划中解放出来
经济性	基于实用程序的模型允许用户只采购他们想要的东西	与可能对按分析付费感兴趣的用户高度相关	支持小型企业的数字化
连接性	支持数据共享	对于基于各种数据套件的大数据分析至关重要	提供跨区域的合作机会
自愈性	能够在多点故障的情况下重新配置	减少商用计算机的使用（Hadoop 的特性）	为数字业务提供稳定性

上述这些特征是数字空间中支持动态可视化、数据虚拟化、数据整合和增强决策的机会。对于许多决策者而言，降低或控制成本是利用云计算的关键业务驱动因素。云并不是要取代信息技术员工或相关资产。

布利特斯坦（Blitstein）讨论了云计算计划中的挑战。建立和管理与云相关的问题、风险和挑战的方法各不相同。云及其架构的策略是整个企业架构的一部分。这促进了云实施，也有利于商业智能和分析计划。

确实需要定义一个云架构来促进业务战略的应用，并通过企业架构的评估来为云实施准备蓝图或路线图。重要的是要理解和解释与大数据分析相关的挑战，以及展示如何用一个好的企业架构更好地应对这些挑战。

使用云的四个阶段及其相应的业务价值

图 5.1 显示了将云用于数字业务的四个特定阶段。它们是：云评估、云迁移、云部署和云赋能。

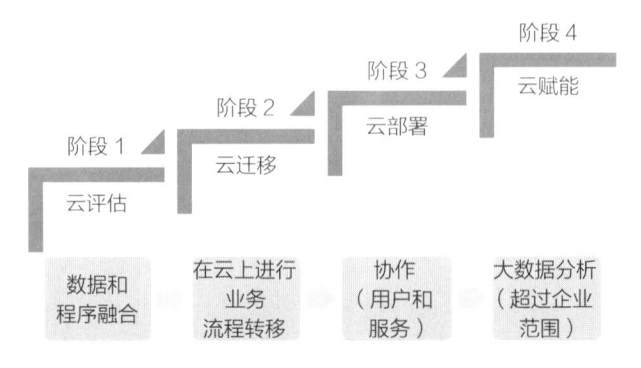

图 5.1 将云用于数字业务的四个阶段和相应的业务价值

云评估

在第一阶段，企业根据其云就绪性和大数据战略进行自我评估。从本质上讲，采用是由战略业务需求驱动的。在此步骤中，企业将采用已知的业务驱动因素来定义云分析的价值主张。此外，企业还需要依靠最佳实践方案来采用业界公认的云计算，此步骤有助于其将重点放在整个战略上，并解决业务用户可能对云作为内部信息技术组织的替代品有先入为主的想法的问题。与业务部门密切合作，制定业务案例，根据其要求有效地利用云，同时遵守联邦"云优先"政策，这一点非常重要。在此步骤中，在分析云计算的价值以支持业务战略的目标和目的时，企业必须保持开放的心态。云评估有两个基本特征：业务战略指导信息技术战略，为云分析提供机会；业务和信息技术战略必须不断保持一致，以支持持续的运营。

云迁移

一旦所有利益相关者都同意采用云的要求，企业就可以启动向云的迁移过程。企业可以在没有云优势的情况下使用一些分析应用程序。在此步骤中，有一个将所有数据和应用程序（包括现有的分析器，如果有的话）转换为云的策略。企业将重点放在扩展业务和信息技术架构的视图、模型和框架上，以将其纳入云计算的价值主张。除了支持联邦企业架构（FEA）和联邦分段架构方法（FSAM）的参考模型和规范外，企业在制定云战略时，还考虑了云计算架构组件的范围、优势和局限性，例如软件即服务、平台即服务和基础架构即服务。此步骤包括确定每个体系结构组件的风险、问题和挑战，这也是制定云策略工作的一部分。作为企业架构组织的一部分，此步骤用来识别关键业务应用程序和相关业务流程，以及开发一组云转换蓝图（在下一步骤中）。企业有必要分析从应用这些蓝图中汲取的经验和教训，以定期审查和修改云策略（如果适当的话）。

云部署

在此阶段，工作是业务团队、项目管理、业务和运营支持组织以及相关团队一起完成的。此步骤的主要目的是继续帮助业务和信息技术团队识别、评估和选择合适的云解决方案或服务提供商，准备和建立服务等级协议，获取一组正确的信息技术资产和资源，用于过渡到基于云的企业和随后的运营支持。因此，企业可以在云上部署所有信息技术资产。

云赋能

此阶段的重点是帮助各种业务组织和信息技术团队在上一阶段的基础上进行云分析。利用战略原则以及云转型蓝图，企业能够基于云进行富有洞察力的决策。云计算战略积极支持以信息、应用程序和技术为中心的解决方案架构开发工作，以实现跨架构领域的透明度。它还建议利用洞察来避免云部署中的潜在风险。

企业架构和云的三个协同领域

企业架构和云之间有三个协同领域。它们是与云相关的企业架构的治理、企业架构的度量和成熟度以及企业架构的实现。

企业架构的治理和云

企业架构在建立和培养云治理方面的治理原则、指南、框架和模型已经被创建。业务和信息技术团队将参与协作完成这项工作。企业采用"云优先"策略有助于从一开始就为利益相关者设定期望。这在大数据分析领域尤为重要，因为如果没有强大的企业架构的治理，大数据分析很容易失控。

企业架构的度量和成熟度

指标和衡量计划在数字化转型计划的早期就开始了。它们从业务驱动因素、业务和信息技术战略以及确定的业务目标和目的开始，定义一组指标，同时创建云计算及在数字化转型中采用云计算的业务案例。这些指标和关联参数是在云架构的整个生命周期中建立的。此类实践使业务发起人能够做出明智的决策，并逐步完善云体系结构、流程、原则和框架。

从战略制定到解决方案部署

这是审议云计算的采用是否已成为客户组织的范式转变的阶段。在执行云架构实践的四个步骤时，重点发生了明显的转变。在前两个步骤中，重点在于确定云的业务需求。后两个步骤则集中于确定实施基于云的解决方案和部署正确的云解决方案所需的更改或转换。

第二章讨论了企业架构中云的部署。云的采用和迁移是数字化转型不可或缺的一部分。云采用由与企业架构的活动和任务一致的四个战略活动组成。这些活动是：

1. 创建云价值主张；

2. 制定云战略；

3. 促进云规划；

第五章
数字化转型中的云能力

4. 支持云部署。

在数字化转型期间，战略规划和解决方案交付领域的这些活动有更详细的描述：

1. **创建云价值主张**——此活动从云计算需求的角度分析其价值。在此步骤中，已知的业务驱动因素被用于定义云计算的价值主张。此外，该活动还运用了云计算行业的最佳实践方案。此步骤有助于企业将重点放在整个数字战略上，并解决业务用户可能先入为主的问题，即云计算可以完全消除组织对内部信息技术组织的依赖的问题。业务部门根据其需求有效地利用云，这一行为同时符合联邦"云优先"政策。在此步骤中，在分析云计算的价值以支持数字业务战略的目标和目的时，企业必须保持开放的心态。业务战略和信息技术战略，两者继续保持一致。

2. **制定云战略**——在第一步之前进行的分析结果用于制定云策略。此步骤的重点是扩展业务和信息技术体系结构的视图、模型和框架，以将其纳入云计算的价值主张。该步骤除了支持参考模块和规范（例如，联邦企业架构和联邦分段架构）之外，云计算架构组件（如软件即服务、平台即服务、基础设计即服务）的范围、优势和局限性也包含在制定云战略中。识别每个架构组件的风险、问题和挑战是制定云战略工作的一部分。总体企业架构可识别关键业务应用程序和相关业务流程，以及开发一组云转型蓝图（在下一步骤中）。企业将从应用这些蓝图中汲取的经验和教训用于定期审查和修改（如果适用）云策略。

3. **促进云规划**——此步骤侧重于帮助各种业务组织和信息技术团队制订计划，为云计算做好准备。战略原则以及云转型蓝图用于为企业制定在其云迁移中遵循的路线图。该计划根据经验进行修订和完善。该步骤创建了一个类似联邦云计算战略中提出的决策框架。它支持以信息、应用程序和技术为中心的解决方案体系结构开发工作。

4. **支持云部署**——业务组合、程序管理以及过渡和运营支持团队密切合作，在整个企业架构部署中部署云。此步骤的主要目的是继续帮助业务和信息技术团队识别、评估和选择正确的云解决方案或服务提供商，准备和建立服务等级协议，并获得一组正确的信息技术资产和资源，以便过渡到基于云的企业并为其提供后续的运营支持。

在基于云的数字流程中嵌入分析

在云中进行分析并将结果嵌入业务流程是数字化转型的关键活动之一。面向云的企业架构决定了基于云的数字流程的价值提升。在将云部署活动建立为一种实践时，卢森（Rosen）（2011）概述了一种理想的方法。

使用云架构的重点是了解企业架构的业务战略、目标和目的，主要目的是捕获可能影响云计算实施的愿景和业务策略，以及与采用云计算概念相关的风险和问题。作为整体数字化转型策略的一部分，以下业务驱动因素也适用于云部署：

- 降低部署和运营成本，尤其是分析软件和应用程序。
- 为业务用户提供及时的情报，使他们能够快速做出决策，从而提高业务用户的效率和生产力。
- 通过提供有关客户、情况或竞争对手的更多信息，提高服务交付的质量。
- 通过适当的安全和威胁管理级别管理信息技术资产。
- 优化用户的响应时间，提高客户满意度。

这里使用了一个有源矩阵（帮助决策者根据收益评估风险的矩阵，如第四章的图4.5所示）。该矩阵基于卢森提出的原始云决策矩阵，并由哈兹拉进一步开发。此外，它还强调了企业效率、整体灵活性或灵活性，以及在整个企业中应用创新和改善协作的潜力等因素。有源矩阵识别的是服务器利用率、服务器虚拟化和现有数据中心的性能，以及对适合于满足整个企业用户的业务需求的需求进行逆向工程。

该矩阵首先标识了一组共享资源和信息技术资产，这些资源和信息技术资产可被视为企业架构的一部分，并专用于建立云体系结构。同样重要的是，它作为业务架构（同样是企业架构的一个子集）一部分的现有业务流程、组件和应用程序，以及重新审视业务战略以确定业务和信息技术的一致性。

其次，该矩阵会创建一组蓝图，这些蓝图表示上一个任务中标识的信息技术策略。这个阶段需要考虑的是安全要求、政府机构政策和法规、设计和开发解决方案体系结构的已知约束，以及从解决方案体系结构的角度评估云使用的潜力。这个任务决定了云实现的价值，评估使用私有云、公有云或混合云的潜力，并分析商业赞助商的成本和收益。

最后，该矩阵将建立原则和准则，并定义企业在体系结构上重要的组件。云架构元素可以直接映射三层：服务层、资源抽象和控制层以及物理资源层。这些在美国国家标准与技术研究院发布的"美国政府云计算技术路线图"中提供的参考模型中进行了描述。此外，这些级别还建立了一个治理框架，可用于执行云体系结构原则和审查在云实施中进行的任何重大投资。

在实践中汲取的教训

汲取的经验教训分为三个主要领域：战略、架构蓝图和云实施。

- 在战略层面，最重要的经验教训是从一开始就将安全目标、目的和要求与体系结构的业务、应用程序、数据和基础结构层相关联且相适应。根据风险、问题和顾虑以及它们对云实施构成的关键成功因素，确定安全要求的优先级也很重要。
- 在架构蓝图层面，主要的挑战在于确定一组正确的标准、工具、技术和最佳实践方案，这些标准、工具、技术和最佳实践方案可以在云采用和实施的生命周期中得到利用。保持开放的心态很重要，因为这些都是在迅速发展的。

- 在云实施层面，所学到的经验教训非常值得注意。使用许多"假设"场景，在推出云实现之前，制订各种备选解决方案。在许多情况下，这些备选解决方案实现了成本效益和卓越运营。企业领导者需要做出明智的决策，并避免对私有云进行大量的初始投资。培养云架构实践并记录从中汲取的经验教训仍在继续。

企业可以利用云计算的优势进行大数据分析并避免相应的陷阱，但如果不能认识到大局又同时低估现有资源的局限性的话，就很难做到这一点。除此之外，企业还应注意云如何改善或阻碍业务的生产力和绩效。

为了有效地利用云计算的优势，企业可以让业务愿景和使命保持一致，以支持"联邦云计算战略"。这是"云优先"策略。为避免云计算实施的陷阱或限制，请将前面讨论的"美国政府云计算技术路线图"的原则和准则纳入云架构实践章程的基本原则中。

使用基于云的架构的挑战

海耶斯（Hayes）（2008）和穆鲁格桑（Murugesan）（2009）讨论了云计算面临的挑战。哈兹拉（2012b）也记录了几个重要的挑战。其中大多数是在为企业建立云架构实践时遇到的。以下是进行云分析时面临的挑战：

可扩展性

在部署要在云中运行的软件（云应用程序）时，可扩展性是一个主要问题。资源需要以这样的方式进行管理，即使用户数量不断增长，操作也能平稳运行——服务器必须每秒响应数百或数千个请求，并且系统还必须协调来自多个来源的信息。例如，一个典型的 Hadoop 集群可以在商品计算上运行，从几个到几千个通信器不等。这增加了云供应商的可扩展性挑战。此外，重要的是要注意，在云分析中，并非所有计算资源都在同一组织的控制之下。

用户界面

基于 Web 浏览器的用户界面带来了另一种挑战。几十年来，操作系统中熟悉的窗口和菜单层已经过微调，以满足用户的需求和期望。与创建由各种预构建组件组装的 Windows 桌面应用程序相比，在 Web 浏览器中复制此功能是一项挑战，并且这项挑战必须在相对原始的 Web 计算开发环境中完成。

将企业计算转移到云

在大数据分析中，将企业应用程序与来自多个供应商的其他数据套件集成的需求非常高。当企业应用程序也位于云平台上时，云分析最有价值。将应用程序迁移到云可能需要应用程序适用于多种语言和操作环境。

开源开发

云计算对收缩包装软件供应商来说是一个竞争挑战。开源运动也可能很难适应新的计算模型，也很难创建 Web 服务来与主要企业（例如谷歌）提供的服务竞争。

控制权和所有权

允许第三方保管个人文档引发了有关数据控制和所有权的棘手问题。此外，从一个云服务提供商迁移到另一个云服务提供商也可能是一个挑战。

隐私和保密

确保数据的隐私和机密性是云用户关注的关键问题。例如，如果政府机构向拥有你数据的第三方发出传票，要求他们交出你的信息，则第三方不太可能对订单提出异议。如果你保留了对数据的实际保管权，至少你可以自己决定是否对订单提出异议。在最坏的情况下，你甚至可能不会被告知你的文档内容已被泄露。尽管存在这种情况，但似乎我们的大部分数字信息很可能在这些问题得到解决之前长久地存在于云中。

> **讨论主题**
>
> ❶ 云在数字化转型中的重要特征是什么？
> ❷ 在数字化转型的背景下，为什么云应该被视为企业架构不可或缺的一部分？
> ❸ 数字企业采用云的关键阶段是什么？
> ❹ 讨论在基于云的业务流程中嵌入分析的方法。
> ❺ 为了克服在数字业务中使用基于云的架构的挑战，你将制定哪些策略？
> ❻ 治理在云部署中的重要性是什么？
> ❼ 云如何为数字业务开辟合作机会？

06

第六章

业务流程数字化与客户价值

本章概要

　　本章讨论了将业务流程数字化作为数字化转型一部分的重要性。本章首先描述了业务流程规程中的各种类型的活动，讨论了业务流程数字化中使用的常见步骤。由于业务流程是相互依存的，因此本章首先概述了对整体方法的需求——作为数字化总体战略的一部分。其次讨论了如何监控流程转换的进度、开发业务能力以及处理治理和管理。最后，讨论了转变业务流程的路线图。

业务流程和数字化转型

业务流程构成了向最终用户交付价值的支柱。因此，数字化转型需要重新设计所有业务流程，以提高客户满意度、生产力水平。业务流程是为关键最终用户提供输出并帮助其实现目标的工作流。业务流程的建模和优化是数字化转型的关键部分。业务流程转换是整个业务数字化转型中的一项举措。业务流程自动化、再造、集成和优化是业务流程从数字化中受益的一些流行方式。

业务分析师、数据分析师、开发人员和安全专家参与业务流程转换计划的各个方面。业务和信息技术必须对管理变更负有同等责任。业务流程转换需要工具、技术以及业务和工作流程方面的专业知识。为了进行数字化转型，业务分析师必须阐明他们的业务流程转换需求。根据为业务流程转换确定的相关风险和关键成功因素，协同内部信息技术组织或外部技术合作伙伴共同参与数字化转型。

以下是数字化业务流程时的关键内容：

1. 确保在流程结束时交付业务价值。

2. 确认变更的范围。

3. 寻找优化流程的机会。

4. 指定变更的时间。

5. 评估资源水平和资金的可用性。

业务流程转换大多发生在迭代和增量阶段。数字化转型中的敏捷性为尝试开箱即用或打包的解决方案提供了机会，并为他们的服务测试了利基外包组织。转换中的迭代和增量允许控制和监控进度、企业级数字化转型的治理和供应商关系管理。一旦业务流程被正式确定优先级，它们就会通过嵌入其中的数据分析进行转换。理想情况下，业务价值的提高是通过业务流程转换实现的。"X"代表转型，代表业务流程的集成、自动化、管理、外包和再造。业务流程转换通过数字技术和数据驱动分析实现企业级的业务效率。

领导力和对行业趋势的理解有助于确定变更对业务流程的影响。路线图和尽职调查为向企业交付业务流程转换提供了明确性和行动路线。有效使用路线图有助于实现预期的期望，通常通过业务流程外包或业务流程管理来实现。业务流程的数字化涉及对业务核心的重大功能更改。

业务流程转换从了解数字化转型对最终用户的影响开始。业务流程转换是否会增加交付给最终用户的价值是关键问题。

此外，数字化业务流程要牢记以下几点：

- 当前的业务流程效率不高，或者无法像最终用户预期的那样快速或准确地交付最终结果。业务流程的效果依赖于客户与系统交互时的体验和满意度水平。

- 业务流程是孤立的，这意味着很难将相关的业务应用程序相互连接起来。

- 业务流程是手动的，没有接口连接组织中的其他业务流程。

- 现有的业务流程非常耗时，难以很好地解决不断变化的业务需求或客户需求。

- 在系统开发生命周期的早期阶段，有效的业务建模可能会显著地纠正此类业务流程的灵活性或敏捷性，但重要的是在生命周期的后期重新审视这些业务流程，以确定解决可扩展性等问题，从而满足不断变化的业务需求。

- 许多组织因并购而遭受冗余业务流程的困扰。组织并购可能会导致大量不同的进程实际上在执行同样的事情，但是消除业务系统的冗余并不简单。从技术上来说，技术、应用程序、平台、操作系统彼此不同，导致业务系统的合并并非易事；从文化上来说，每个业务部门的员工都习惯于使用原有的系统，即使在组织合并后他们也会继续这样做。

- 现有业务流程在集成和后续拥有方面的成本可能很高。这样的过程增加了并购的复杂性，降低了整体效率。

数字化业务流程不仅是为了提高业务流程的效率和有效性，而且有助于企业更好地与采购和合作伙伴进行互动，从而有效地管理这些关系以提高生产力。

以下情况是数字化转型期间业务流程效率低下和失败的最常见根本原因：

- 分散的、异构的手动操作系统，这也是产生"烟囱"的原因。在其他情况下，它们是"创可贴"实践的结果，在这种实践中，组织试图通过仅修复与更大的复杂系统相关的业务流程的局部来解决效率低下的问题。
- 并购产生业务流通冗余增加了组织文化的复杂性。组织可能希望获得竞争优势或技术优势，但在并购过程中可能产生业务流程冗余，而这将增加组织文化的复杂性，并进一步导致关于如何简化业务流程的政治斗争。
- 公司政策的复杂性和机械性。在标准、法律、规则或行业特定法规的约束下，业务流程会受到合规问题的影响，并且施加的限制可能过于严格，无法避免现有业务流程固有的复杂性。
- 缺乏深思熟虑的过渡计划。许多组织未能认识到业务流程转换对企业数字化转型的影响，因此在执行数字化转型的路线图中忽视了业务流程转换，最终导致数字化转型过渡计划的结果不如预期。

此时，关于业务流程转换的几个问题就出现了：

- 大多数组织的业务流程转换包含哪些活动？
- 应该怎样做才能使企业成功地转变业务流程，提高业务效率和生产力？
- 企业如何准备应对业务流程转换？
- 提高业务流程的效率有哪些途径？

回答这些问题是整体数字化转型体验的一部分。

业务流程转换由许多活动组成。这些将在下文中进一步阐述。

业务流程再造

业务流程再造是组织通过设定和采用一组原则,用于重新思考、重新调整和重新设计整个企业的现有业务流程,以显著改善业务交付的效率和客户满意度。业务流程再造包括"重新思考""重新调整""重新设计",以强调需要合适的人员(重新思考)、正确的流程(重新调整)和正确的技术(重新设计)。业务流程再造以前被称为全面质量管理(Total Quality Management,TQM)的概念。业务流程再造要求从业者能够认识到持续的流程改进和相关的文化变革。

业务流程自动化

业务流程自动化是一种通过自动化手段处理分离和手工的业务流程的机制。现有业务流程可能与它们的主流业务流程脱节,或者由于合并和收购而脱节。许多功能性业务流程可能由领域专家管理,并由他们的系统知识维护。业务流程自动化活动从人、过程、技术等方面实现。

业务流程分析

业务流程分析是一种通过深入研究业务应用程序或重点领域的细节来理解现有业务流程或功能的方法,这些细节代表了正在考虑进行转换的相关业务背景。它还允许从业人员在需要转换特定业务流程及其对企业整体业务目标的影响时,提出业务案例。此外,业务流程分析允许实践者确定特定需求,以及与在迭代和增量阶段降低业务流程成本,提高业务流程收益。

业务流程集成

业务流程集成是业务流程转换生命周期中的一个步骤,是指通过重新构建、设计或编排现有业务流程,实现多个业务流程的连接或合并(包括自动化、再工程或外包等方式）。对于外包特定业务功能的组织来说，业务流程集成提供了将业务组件过渡到外包组织的一种方法。业务流程集成同样可以获取人、过程和技术的三方面支持：人是为了统一组织文化的多样性；过程是为了减少或消除"重新发明轮子"而带来的成本冗余；技术是为了连接不同或者脱节的功能组件。

业务流程改进

业务流程改进是指通过量化业务价值交付中的变化，根据测量结果持续优化业务流程。业务流程改进同样可以获取人、过程和技术的三方面支持。作为持续改进计划的一部分，业务流程改进应用于多个迭代和增量阶段。

企业绩效管理

业务性能管理是一种识别、度量、监视和维护与企业目标相关的特定业务功能的性能级别或参数的方法。缺乏业务绩效管理会破坏业务目标，特别是在需求经常变化的情况下。为了建立正确的业务绩效管理措施，企业需要对业务流程进行优先级划分。许多企业努力保持理想的业务性能水平，同时遵守自身政策和程序、政府法规和法律规定。

业务流程管理

业务流程管理是一个常用的行业术语。它经常被错误地描述为用于管理或重新设计组织业务流程的一套工具。事实上，业务流程管理不仅是一套工具，而且涉及组织文化、组织人员、信息技术等方面，例如需将信息技术与业务目标（流程）保持一致。

业务流程外包

业务流程外包是另一个常用的行业术语。它主要涉及利用全球劳动力或专业知识来降低开发或集成特定业务功能的成本，同时保持一定的质量、效率或性能水准。业务流程外包通常与"离岸外包"互换使用。业务流程外包的目的是获得成本优势、竞争优势和客户关注度。在实践中，业务流程外包可以被认为是将一些业务功能外包出去，由第三方解决方案或服务供应商单独打包（或定制）实现，然后与企业的其他部分集成。

业务流程优化

业务流程优化要求专业人员对业务流程进行识别和度量，通过测量、监控结果指标，改进业务流程的性能，提高生产力和客户满意度。从人员、过程和技术的角度来看，业务流程优化涉及合并组织文化（人员）中的变化、重新设计或细化业务功能（过程），以及使用一组新的工具（技术）。在实践中，业务流程分析、自动化、管理、再工程和/或与外包相关的活动是带来业务流程优化的"前兆"。

业务流程改进场景

根据业务流程转换计划中涉及的任务或活动，转换业务流程的方法可能有很多（参见图6.1）。图6.1中展示的大多数任务也可以被视为业务流程转换

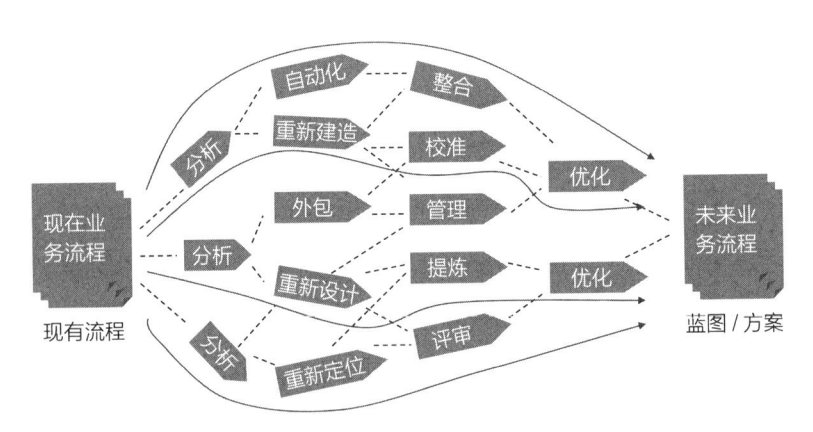

图6.1 转换业务流程的多种方法

计划本身的单个单元。然而，实践者通常需考虑这些活动的组合。

业务流程数字化

在开始业务流程转换计划之前（无论是针对企业内部伙伴、外部客户还是合作伙伴），从业人员、业务单位和信息技术部门都需要明确业务流程转换的收益。大多数组织从投资回报率和总拥有成本的角度战略性地评估业务流程转换的好处。许多高级管理人员还发现，长期成本节约、财务效益和机会成本同样需要纳入分析。但是从战术的角度看，业务流程转换效果的评价需要从具体的场景出发。

实施业务流程转换计划的商业案例是数字化转型战略规划的一部分(参见第一章)。具体实施程度取决于各个业务流程对企业的重要性。

一是确认业务流程转换的优先级。主要基于业务流程转换对整个企业的潜在实际影响的重要性。根据预期的影响，获得业务发起人的适当批准。

二是创建业务流程转换的业务案例。创建的过程是复杂且耗时的，明确服务对象是内部客户或是外部客户，收集相关信息以做出或建议业务决策的工作水平可能会有所不同。

为了充分利用使业务流程转换可行的因素，大多数组织关注两个问题：一是拟订的业务流程转换计划如何改善现有业务流程，二是如何交付业务流程转换计划的实际利益。这些问题的答案实际上就在应对客户满意度、竞争优势和组织文化变化带来的挑战之中。在这两种情况下，服务内部和外部客户的尽职调查水平与执行以下七个步骤所花费的时间和精力有关（见图6.2）：

1. 确定变革的需要

对业务场景的初步评估揭示了当前业务功能是如何运作的，并使实践者认识到提出变革的真正原因。对于许多组织来说，这一步包括孕育变革的想法并将变革概念化。对其他人来说，这一步可能只涉及一个愿景或使命声明。无

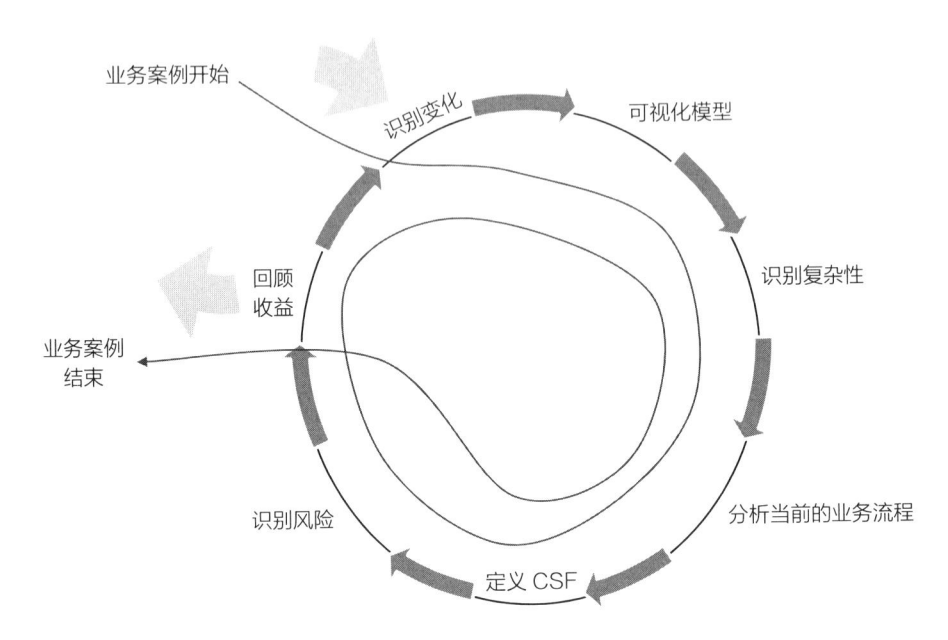

图6.2 为业务流程转换提供商业案例的常见步骤

论哪种情况，这一步都将探索变革的基本原因，并记录业务用户在进行变革时的期望。此步骤还有助于启动业务和信息技术之间的协作关系，并正式确定这些单元作为合作伙伴一起工作的意图。

2. 可视化当前业务功能及其使用的模型

组织可以通过准备相关业务流程的可视化模型来帮助证实变革的情况。许多组织从描述现有或预期流程以及典型业务功能如何运行的简单图开始构建模型。在过去，从业人员使用数据流图或业务背景图，而现在，大多数人创建业务用例图来表示业务功能的使用。可视化模型允许业务和信息技术决策者确定变更对当前业务操作的影响。从业务的角度看，可视化模型提供了利用与业务过程相关的业务领域知识的机会。从技术的角度看，业务流程建模可以利用模型驱动体系结构的概念，并封装独立于平台的模型。

3. 认识到面临的挑战

在执行前两个步骤时转换业务流程中的挑战是不可避免的，业务案例必须承认这些问题。这一步揭示了自动化、重新设计或外包业务流程的机会。它还允许实践者评估成功部署业务流程转换计划所需的工作水平。此外，该步骤提供了与人员、过程和技术相关的需求的高层次视图，这些需求对于转换是必要的。

4. 分析当前的业务流程和业务背景

组织必须了解当前的业务流程以及它们为特定功能区域或操作创建的背景。对现有流程的清晰理解可以帮助实践者确定业务流程更改可能导致的成本效益。虽然此步骤旨在进行初步的尽职调查，但在企业级计划中，它还标识与业务流程关联的组件或业务服务，并探索它们与其他业务流程或重点领域相关计划的接口和依赖关系。在采用用例驱动的方法时，许多组织考虑准备概念性的业务领域模型和用例模型。

5. 定义关键的成功因素

对于倡议团队和财务发起人来说，认识到影响业务流程转换的成功因素是至关重要的。该步骤会对涉众进行采访和调查，记录他们对该项计划成功因素和风险因素的理解；在计划的整个生命周期中，将编制一个按优先级排序的成功因素列表，并对其进行监控。此步骤还支持为基于相关关键成功因素的计划建议更改或修改优先级。财务发起人通常会考虑这些风险，以确定他们在实施适当的业务流程转换计划时的投入程度。关键成功因素和风险直接影响业务用例开发的结果。

6. 识别风险并准备风险管理计划

如前所述，关键成功因素是从赞助者的角度来确定的。识别风险和相关的降低风险计划使实践者了解业务流程转换计划的必要性。实施业务流程转换计划可能会对当前业务功能的运营造成威胁。威胁可能涉及组织的可用资源、领域知识，或仅仅是他们执行业务流程转换计划中涉及的任务的技术诀窍。因此，识别和记录潜在风险以及计划团队如何计划在业务案例中减少风险是很重要的。

7. 回顾可行的优势和局限性

这一步是为任何业务流程转换计划准备业务案例的重要元素。回顾和记录业务流程转换计划带来的重大利益、财务、生产率、绩效改进。这个步骤通常会回答涉众提出的各种问题。对于首席运营官和首席财务官来说，这个步骤可以识别出业务流程可以外包的部分，并估算外包计划所节省的成本。

这些步骤是定制的，以适应组织的特定需求。从计划的角度看，除了上述步骤外，业务案例还必须说明以下三点内容：①计划团队如何及时通知发起人业务流程转换计划的进展情况；②主动性工作与企业中其他正在进行的主动性工作的关系；③信息技术治理委员会或指导委员会将如何管理计划。

考虑针对业务案例开展以下四个具体活动：

- 评估（包括行业趋势）当前的业务流程，并识别组织为什么需要业务流程转换。对于外部客户来说，行业趋势的研究对于改变组织文化和提高企业绩效具有一定的说服力。
- 可能危及组织利益的常见风险或威胁（包括上市时间、竞争优势、客户满意度水平等方面），并分析其产生的根本原因。
- 业务流程转换计划为组织向客户提供更好的解决方案或创造服务的机会。这一领域可能强调优化性能，易于监控业务价值交付的进展，提高员工的生产力。
- 成本和收益是许多高管的关键因素，必须清楚地展示出来，以证明业务案例的合理性。在很多情况下，业务流程转换项目的隐性成本往往在项目晚期才被发现。因此，相对合理的做法是在业务流程转换项目实施的多个阶段提出增量融资的方案。

业务流程转换的整体方法

业务流程转换计划的性质或复杂性各不相同，它们是不可互换的。业务流程的数字化会导致：

- 更好的服务或解决方案质量；
- 提高绩效、效率和有效性；
- 客户满意度或满意度最大化。

当前的行业趋势和最佳实践为业务流程转换路线图的制定提供了输入。路线图包括业务流程转换的实施步骤、里程碑和可交付成果。

一旦计划开始实施，重要的是度量、监控和管理计划，以保证有持续的进展，并确保所取得的进展符合进一步投资的标准。此外，业务流程转换的经验和教训同样重要，通过获取和分享当前经验的建议，指导未来的业务流程转换实施。在帮助组织为业务流程转换计划做准备时，最重要的是要有一种全面的方法，允许实践者将他们的业务流程转换计划正式化。图6.3给出了完整业务流程转换计划的基本轮廓。

建立战略原则 → 评估行业趋势 → 准备好的组织或企业 → 定义监控指标 → 分享实践经验 → 调研商业解决方案 → 建立推广路线图

图6.3 构建完整的业务流程转换计划

数字化业务流程的原则

业务流程转换战略原则根据服务对象的不同有所不同。对于内部客户来说，动力是创造交付的能力，而非财务的可持续性或组织的稳定性；对于外部客户来说，动力包括功能能力、财务稳定性。

许多正在进行或考虑实施业务流程转换计划的组织并不一定具备独立开展相关活动的良好条件。在大多数情况下，这些组织会根据可承受性做出选择，主要有与业务流程转换领域的行业领导者正式合作、合并或收购有能力执行业务流程转换活动的组织等选择方式。

对于那些自己交付业务流程转换解决方案或与其他行业领导者合作交付业务流程转换解决方案的组织来说,为业务流程转换计划建立战略原则通常涉及四个基本步骤。

1. 提出了一种转换

如前所述,这一步包括为业务流程转换制定业务案例所涉及的活动。大多数从事业务流程转换计划的团队在实施业务流程转换计划之前会考虑以下四个重要因素:

- 提案的理由。包括业务流程转换目标、可衡量价值等。
- 计划的治理。包括明确定义相关各方的角色、职责和责任。
- 使整个企业认识到实施业务流程转换计划所涉及的风险和问题。
- 使监控的度量标准制度化,并让组织对项目进度负责。

2. 管理业务流程的数字化

此步骤包括绘制路线图,定义目标业务流程如何与业务影响相关,以及计划团队如何成功实现预期目标或改进。对于许多参与业务流程外包计划的组织来说,这一步为评估建立了战略原则,也为选择外包组织、正式确立伙伴关系和管理关系中的期望提供了机会。

3. 程序或协议

这个步骤创建了一组过程或协议,这些过程或协议定义了每个计划应该如何将人员、过程和技术作为企业治理原则的一部分,描述了一个计划团队或企业一般是如何识别潜在风险和障碍的(包括由于资源冲突、责任或责任的不匹配、缺乏激励、组织文化变化带来的阻力)。程序或协议由治理委员会或指导委员会强制执行,有利于提高冲突处理效率、厘清责任关系。

4. 执行的活动

各种最佳实践方案以及经验和教训在整个行业被发布和接受。每个计划都需要特定的指导方针和一组满足特定需求的已建立的框架。此步骤通常描述计划团队计划如何执行与业务流程转换计划相关的活动。例如，在业务流程自动化计划中，这一步阐明了业务和信息技术组织将如何合作、业务领域专家将参与什么级别的访谈，以及访谈记录应该有多详细。此步骤还会识别已知的风险和关注点，并规定在执行相关转换活动时管理这些风险和关注点的方法。

维护转换

通常定义一组度量标准来捕获、度量、监视和维护业务流程转换计划的进展。这一步主要是为了建立管理涉众和客户期望时要遵循的标准。在大多数情况下，计划团队负责管理多个发起人的不同期望，因此容易遵循转换计划的冲突模型。在某些情况下，计划可能会受到执行发起人不一致的指导，并需要召开多次评估或审查会议。为了防止不同的模型指示转换，这一步为维护转换活动制定了一致的章程。对于许多组织，治理委员会或指导委员会提供了一组指导方针，以定义在计划期间要执行的各种审查和演练，以便保持一致的进展。

监测进展

从最近的研究来看，现在的许多组织都进行了某种形式的业务流程转换。我们观察到的一个普遍现象是，拥有一致的衡量和监测进展的方法的组织，在业务流程转换计划中表现出了更高的成功率。从业务流程转换计划开始，监控其进展是很重要的。监控的内容包括以下四个方面：①确保持续的资金；②评估组织的能力；③确定是否为计划分配了适当的资源；④确保按时在预算范围内交付结果的能力。

监控业务流程转换计划的主要步骤包括。

- 定义衡量计划进展的绩效和合规指标。这些度量标准必须被相关利益方共同定义。
- 识别可交付成果、里程碑和检查点。与其他信息技术计划一样，业务流程转换计划必须通过确定特定的可交付成果和检查点来控制和管理。
- 在多个团队之间建立联系一定程度上消除了组织内的团队壁垒。
- 分析和评估收集的数据，以使用指标衡量业务流程转换进展。数据的收集贯穿于整个监控过程。为了利用指标的价值，企业需要对收集的数据进行分析和评估。

一旦监控指标显示出对业务流程转换计划正常运行的风险，则立即采取纠正措施。在许多情况下，组织通过谈判服务水平协议（service-level agreements，SLAs）或贸易伙伴协议（trading-partner agreements，TPAs）来执行纠正措施。在某些情况下，纠正措施包括没收高管对服务供应商、合作伙伴或外包供应商的奖金或者其他奖励。

监视企业级计划进展的一种方法是活动矩阵建模。矩阵建模最初是为了管理企业架构部署，但同样适用于业务流程转换计划。活动矩阵建模允许实践者在信息技术风险因素或业务驱动程序优先级发生变化时开发"可能"场景。使用活动矩阵模型，执行者可以通过权衡风险和业务流程转换计划的可用性，对各种活动进行优先级划分。此外，活动矩阵模型可用于监控业务流程转换计划中所有活动的进展。

评估行业趋势

大量研究表明，缺乏对业务流程的理解或业务流程的低效严重影响了成本节约、客户满意度和员工生产力。在某些情况下，业务流程效率低下是解决方案或服务延迟交付的结果，或者是业务部门对客户请求响应缓慢的副产品。在其他情况下，由于业务流程的"手工"性质，服务无法满足客户需求。因此，许多信息技术行业的领导者正在参与营销他们的业务流程转换解决方案和服务产品，而产品供应商正在开发旨在解决业务流程转换相关问题的产品套件。为了有效地掌握业务流程转换，企业对当前和期望的业务能力进行综合评估也是很重要的。

随着组织执行业务流程转换项目的数量越来越多，业务流程转换经验可通过社区的方式实现分享。当组织评估行业趋势时，以下四个领域是最重要的。

能力评估与开发

许多行业标准和最佳实践正在发展，这表明开发解决业务流程转换挑战的能力是非常必要的。该领域的发展趋势包括遗产现代化、服务导向以及离岸开发中的资源高效利用（人员、流程和技术）。许多组织正在最大化地重用来自其他组织的解决方案，特别是那些基于商用现货产品的打包应用程序。许多组织也在考虑通过合并和收购来加强他们的能力。

组织变革

在当今不断变化的业务环境中，这是一个常见的现象，它影响了当前业务流程的效率和准确性。演进组织变革的行业趋势包括：①在计划的最初阶段就与业务伙伴和高级管理人员接触；②在各级培养主人翁意识和责任意识；③在转型的各个阶段，为个人、团队和企业创造一个协作环境。

治理和管理

大多数组织认为这一领域对于成功部署业务流程转换项目至关重要。该领域的常见行业趋势包括：

- 在目标、目标或预期结果有限的项目组合中运行转型计划；
- 实施迭代的增量阶段，充分利用经验教训；

- 推广来自行业和内部组织的最佳实践方案；
- 通过适当的奖励，促进责任、责任和所有权；
- 确保使用平衡的方法来衡量和监控业务流程转换项目的进展。

保持竞争

这是组织与外部客户进行业务流程转换计划最关键的领域之一。鉴于互联网的开放性，收集参与业务流程转换项目的信息并不困难。如果组织采用了正确的专业知识（或人员）、实现了正确的流程，并且获得了竞争对手没有共享的正确的技术集合，那么组织可以有效地使用这些现成的信息，通过业务流程转换计划来改变业务模型。

从商业的角度来看，评估行业趋势为从业者提供了一种衡量行业中业务流程转换当前状态的方法。它使他们能够根据过去在类似项目中的表现做出明智的决定，选择外包合作伙伴，例如与自动化与扩展企业（连接内部和外部业务流程或功能的企业）不匹配的现有业务流程，或淘汰冗余或非功能的业务流程。

为工艺改造做准备

组织在开始业务流程转换计划时，要同时考虑自上而下和自下而上的方法。在自上而下的方法中，组织建立符合其战略目标和远景的业务流程转换原则。这些原则通过使用一组通用的标准、模型或者符号等形式，使原则制度化。

自下而上的方法从组织或（业务）功能单元级别开始，通过批准和改进过程成为公司标准。对于任何一种方法，基线都是相同的：它涉及开始的人员、过程和技术。使用这个基线，实践者必须回答以下问题，以确定他们的组织对业务流程转换计划的准备情况：

- 哪些人必须参与（即人员）?
- 他们需要在何时、以何种方式参与（即人员和时间）?
- 必要的活动是什么（即流程）?
- 必要的活动将如何执行?
- 需要哪些技术（即技术）?
- 必要的活动将如何执行（即流程、组织和时间）?

以上并没有包含实践者在开始一个计划时可能遇到的所有问题。然而，对一些人来说，回答这些问题可以帮助实践者开始组织准备。对于其他人来说，为业务流程转换计划做好准备需要进一步深入了解企业的能力以及远景和目标。

为了促进对组织准备的认识，实践者可能想要问以下简短的问题：

你的组织的商业目标是什么？你可以从自上而下、自下而上两个角度出发，前者侧重于长期战略，考虑收入增长、盈利能力、新客户关系或生产率提高等；后者侧重于短期战术，考虑直接带来的成本节约或生产力提高。

你所在组织的优势和劣势是什么？哪些业务流程对实现业务目标至关重要，哪些流程是外围的？这个问题可以帮助实践者对现有的或期望的业务流程进行优先级划分，并重新分配资源，以优化效率和生产力。

你的组织在改变业务方式时遇到的最常见的障碍或阻力是什么？这个问题帮助实践者识别与管控业务流程转换计划相关风险。

高级管理人员对业务流程转换计划的期望是什么？这个问题引导实践者设置适当的期望，并定义和跟踪一组度量标准（例如，那些与生产力提高或收入增长有关的度量标准）。

组织在内部追求过程改进计划以达到能力或成熟度级别，例如卡内基梅隆大学的软件工程研究所（Software Engineering Institute，SEI）的能力成熟度模型集成（Capability Maturity Model Integration，CMMI）。一些组织利用其他最佳实践方案，如精益管理和六西格玛，以提高产品和服务的质量，减少相关的风险。

此外，这些过程改进计划与公司的目标直接相关，如收入增长、生产力提高、客户满意度提升。总的来说，这些过程改进程序通过提供模型、标准、方法和指导方针，使得前面所提到的基线实现其价值。

如图6.4所示，路线图中最常见的步骤包括：

（1）准备业务流程转换路线图；

（2）将业务流程转换计划融入信息技术组织；

（3）面向全企业执行业务流程转换，并在各个业务功能内明确计划；

（4）获得所有利益相关者的支持。

随着路线图的发展，从业务流程转换计划中汲取的经验和教训将被捕获，以为未来做好准备。

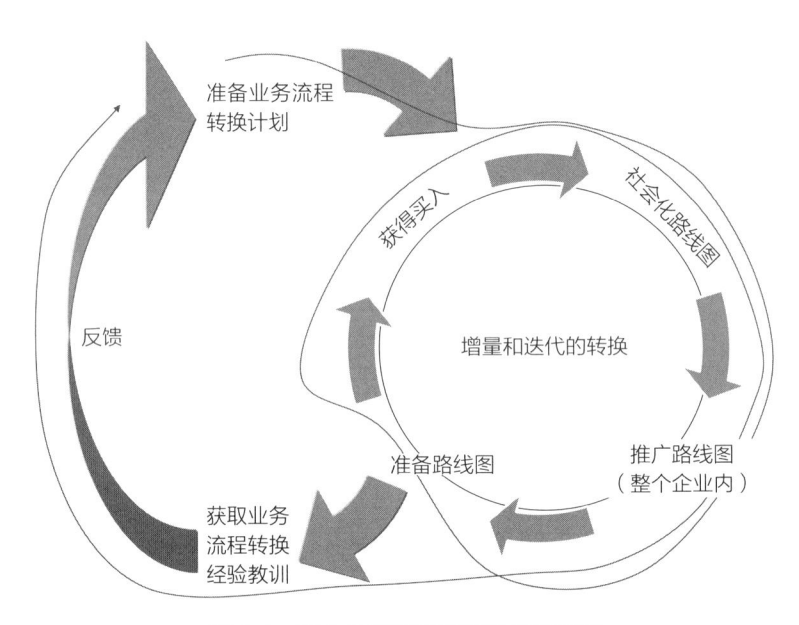

图6.4 建立业务流程转换计划路线图

这个业务流程转换路线图将继续迭代地改进。图4.9展示了它的各个阶段，以及每个阶段的目标、步骤和预期的工作水平。在准备这个路线图时，我们考虑了两种不同的方法：一是涉及基于组件的系统集成方法；二是提倡模型驱动架构（MDA）概念，它起源于对象管理组。此路线图适用于许多企业架构、门户和 Web 服务部署计划。

从基于组件的系统集成角度来看，建议的路线图构成了四个不同的阶段：发现、差距分析、调解计划和解决方案或服务集成。以下是这些阶段的主要目标：

- 发现——调查战略和战术业务驱动因素、需求，为业务流程转换计划提供商业案例。
- 差距分析——研究当前的业务流程，确定对业务有关键影响的功能，并确定业务流程转换计划的范围。
- 调解计划——识别风险、问题、挑战和关键成功因子，以及该计划对其他计划的依赖性和互动性，从而缓解、优化或解决业务流程转换计划的所有相关挑战。
- 解决方案或服务集成——确定构建、购买或外包选项的可行性，并实施促进成功集成转型中的业务流程的活动。随后，期望客户正式接受现有业务流程向新流程的转换。

图 4.9 中的路线图合并了与对象管理组指定的模型同时进行的三个阶段。这三个阶段是业务流程建模、转换和部署。

- 业务流程建模

为当前业务流程创建战略与绩效分析（PIMs）和与技术无关的模型。同时，识别重要的业务流程，定义转换的需求，并基于识别的优先级流程细化路线图。

- 业务流程转换

使用可以跟踪合同协议与其他正在进行的计划的依赖关系以及管理风险的计划的转换度量来开发和监视各种活动。此阶段有助于为与业务流程转换计划中考虑的业务流程相关的功能构建服务于特定平台的模型。

- 业务流程部署

通过雇用人员、过程和技术需求来整合、管理和维护与项目实施相关的决策制定活动。

构建业务流程转换行动路线图包括以下七个步骤：

1. 为业务流程转换开发商业案例，以获得财务赞助商和利益相关者的批准。

2. 评估当前的业务流程，以确定其重要性和对组织的影响。

3. 对业务流程转换需求进行优先排序，以验证流程在交付业务价值方面的重要性，并计划时间表和资源分配。

4. 为监视计划的进展准备转换度量标准，并促进计划的治理。

5. 确定与其他正在进行的计划的依赖关系，并与业务流程转换计划中涉及的各方正式订立必要协议。

6. 评估和管理与转换计划相关的已识别的风险。

7. 决定构建、购买或外包并集成产生的业务流程。

这些步骤以迭代和增量的方式执行，以获得最佳结果。对于内部和外部的业务流程转换计划，路线图可以在业务部门和信息技术部门之间建立互利关系。

业务流程转换计划的不同之处在于所涉及的活动和所需的努力程度。例如，从流程的观点来看，一个简单的组织重组可能并不复杂。然而，在业务流程需要分析、自动化、再工程、集成和最终优化的情况下，就需要进行严格的尽职调查，必须在个案的基础上确定倡议所需的适当尽职调查的程度。

分享业务流程转换经验

成功实施业务流程转换计划包括在组织内部分享实践经验或在企业内部传递相关知识。尽管业务流程转换项目通常在性质上有所不同，但它们有共同之处。例如，为供应商或合作伙伴选择建立的评估标准与业务流程管理、业务流程再造、业务流程自动化、业务流程集成或业务流程外包计划类似。同样，某些业务流程转换项目的工具和技术选择也是相似的。

业务流程转换计划中知识共享的一个重要方面是对现有业务流程的理解。

例如，为了建立和实现自动化断开连接和手工业务流程的策略，团队必须依赖领域专家的知识。类似地，要精简一组从合并和收购中继承来的业务流程，需要相关团队之间的协作和知识共享。

许多组织规范化了一种使用组织或公司存储库的实践，以在不同的团队之间共享与业务流程转换相关的经验和知识。在一些组织中，这种方法已经成为公司重用策略的一部分。

对于其他企业来说，联络小组可以承担业务流程转换经验共享的工作。

以国内零售和供应链行业的领军企业为例，知识共享已成为成功实施业务流程转换的重要内容。过去，该组织有多个库存管理系统和两个完全不同的订单录入系统。多年来，这些库存管理和订单录入系统没有与组织标准化的财务或运输管理系统连接。此外，这些系统的使用者已经习惯于既有的操作方式，并不想要改变。

为了重新设计、自动化和外包相关的业务流程，组织组建了一个团队，该团队的主要任务有：

- 记录现有的业务流程；
- 推荐与现有系统相关的员工培训和教育；
- 促进团队之间的协作，开发一个高效的库存管理系统和一个订单录入系统；
- 通过进行绩效管理，并对高绩效人员进行奖励，促进知识共享。

任何组织中的从业人员都可以从业务流程转换计划中的知识共享中受益。对于零售组织来说，知识共享已经被推动，以在整个企业中推出各种业务流程转换举措。

商业供应商和工具

许多信息技术行业的领导者要么积极参与自己企业的业务流程转换项目，

要么为其他组织提供便利。为自己的企业实施业务流程转换计划的组织通常会调查帮助支持其业务流程转换计划的商业供应商、工具和技术。该领域的主要问题涉及如何为业务流程转换项目找到服务或解决方案，包括：

- 组织如何选择外部合作伙伴或供应商来支持其内部业务流程转换计划？
- 是否有商业上可用的工具来管理或支持业务流程转换计划？
- 这些工具如何帮助实践者在业务流程转换项目中取得成功？

多数软件供应商都基于他们现有的产品或解决方案集构建业务流程转换产品或解决方案，部分供应商则致力于提供业务流程转换解决方案或服务。其中大部分可分为四类：

- 企业应用集成相关供应商。这些供应商在促进应用程序开发和整合多个应用程序的解决方案方面已经确立了自己的地位和企业的主要业务流程。东亚银行有限公司（BEA）、微软和 IBM 以其应用平台而闻名；TIBCO、webMethods 和 SeeBeyond 以其应用集成和中间件解决方案而闻名；SAP、Oracle 和 Siebel 系统以其企业应用解决方案而闻名。

- 打包的应用供应商。例如 Documentum、Pegasystems、FileNet 和 Intalio 等。这些供应商致力于开发一套集成的、通用的解决方案，无须定制。

- 业务流程转换服务提供商。大量的解决方案或服务提供商以及系统集成商都属于这一类，例如麦肯锡、博思艾伦、埃森哲和毕博等。这些供应商提供了一套与业务流程转换项目相关的工具或具体解决方案。他们是帮助其他组织制订业务流程转换计划战略的服务提供者。例如安码（Ultimus）和超级风暴公司（MegaStorm Systems）这样的组织会提供基于微软的解决方案。

- 纯粹的业务流程转换相关产品供应商。例如 Lombardi Software、Fuego 和 Savvion 等。这些供应商关注与业务流程转换相关的软件产品，并提供软件解决方案，用于从头开始管理过程变更。这些产品中的大多数都非常有效，并且提供了广泛的功能。

当实践者调查合适的商业工具、技术或解决方案合作伙伴时，我们建议在其他特定需求中考虑以下标准：

解决方案、软件工具和技术的易用性、可集成性、可移植性。以上特质将帮助企业投入更少的资源、更少的时间。

易于部署和灵活地适应业务需求的变化，允许实践者在一段时间内和整个企业内推出业务流程转换解决方案，减少定制，并让团队更少地关注业务目标的实现。

促进团队间协作和风险规避的能力对于消除组织文化的风险和最小化政治障碍至关重要。

可伸缩性对于快速迭代和增量实施也是必不可少的，以便业务流程转换倡议可以在多个阶段推出，并且可以及时获得资金批准。

此外，从业者希望考虑有能力的组织，能够提供与业务流程建模和分析相关的工具。

讨论主题

❶ 业务流程转换在组织中数字化转型的整体工作中的重要性是什么？为什么业务流程转换值得具体讨论？

❷ 当组织转型时，要进行哪些不同类型的业务流程转换活动？

❸ 转换业务流程的方法有哪些？

❹ 你如何证明业务流程转换的商业合理性？

❺ 将业务流程数字化的关键原则是什么？

❻ 什么是协作业务流程？它们在业务流程转换中的意义是什么？

❼ 为正在进行数字化转型的组织创建业务流程转换路线图。

07

第七章

数字化转型和业务敏捷性

本章概要

敏捷性和协作是成功的企业数字化转型的两个标志。这两个特征在提供客户价值方面是至关重要的。因此，本章讨论"敏捷业务"的概念，旨在提高客户价值。数字化转型的价值主张基于组织计划与期望结果的一致性。这种联合的最终结果是组织能够采取快速和更准确的决策。这种决策的增强被称为"敏捷性"。复合敏捷方法和策略（CAMS）以及相应的敏捷业务大数据框架（BDFAB）在前文已经讨论过。这里引用这些框架是为了在用户和系统之间提供持续的敏捷性和知识同步。

数字化业务的敏捷性

敏捷作为一种业务价值

"敏捷"组织具有对内部和外部刺激的快速响应能力。快速反应的基础是对决策者和组织的一线员工的知识和见解的可用性。客户价值也因拥有统一的、360度的客户视图而得到提升，而无须在多个地方存储数据的多个副本。对客户的价值是基于向他们提供组织的统一视图。这种"价值流映射"使产品或服务能够以统一的方式到达客户。数字业务通过将数据科学和企业架构结合在一起，实现了业务的敏捷功能。

敏捷对于不同的人可能意味着不同的东西。对于开发人员来说，敏捷是一种产生解决方案的方法，例如 Scrum❶和 XP❷。对于架构师来说，这是通过人员、过程和技术实现业务价值的必要机会。对于一个产品经理来说，敏捷是一种开发产品和服务的机制，它可以促进市场份额的增长。对于管理者来说，敏捷可以用于实时事务报告。然而，对于业务领导者来说，敏捷的承诺是对不断变化的业务状况做出更快、更准确的响应，而数字化是实现这一目标的一种手段。

业务对外部或内部刺激的反应取决于组织的敏捷程度。变化和组织响应之间的时间差距可以被认为是组织的"敏感性"，响应时间间隔越短，灵敏度越高。减少交易差距和增加敏感性是组织中任何活动的目的。数字化转型致力于将计划与结果相结合，并以提高组织的敏捷性为最终目标。

因此，敏捷是最终的业务价值，采用大数据是实现这一价值的手段。敏捷也是一种产生大数据解决方案的方法，它被描述为一种"文化"和"心态"。

---

❶ 迭代式增量软件开发过程，通常用于敏捷软件开发。——编者注
❷ 一种敏捷方法论，也是一种迭代和增量式方式。——编者注

第七章
数字化转型和业务敏捷性

因此，关键字"敏捷"对数字化转型的讨论有很大的帮助，反之亦然。

数字化转型带来了新的业务流程，改变了与客户的交互，并要求持续改进，所有这些都是基于组织的敏捷性。

解决方案开发领域的敏捷性提高了产品交付，而它提高了业务领域的运营价值。对业务空间的更改（主要通过业务流程）需要在解决方案开发中进行相应的更改。敏捷项目承担了开发解决方案的责任，这些解决方案增强了组织满足业务目标的能力。

因此，新的数字业务能力的创建，极大地受益于敏捷技术。"Scrum"是解决方案开发领域最流行的敏捷方法之一；Scrum 中可扩展性的挑战由规模化敏捷框架（SAFe）来处理。随着越来越多的大容量、高速度数据进入，组织需要一个框架来进一步指导和控制业务的数字化。一个例子就是敏捷业务大数据框架，它的起点是敏捷思维，这与决策者的心理有关。例如，一个分散的、细粒度的决策过程稀释了分级决策的权力。这可能会让一些用户感到不安。同样，敏捷团队的协作性和跨功能特性也会让一些业务涉众感到惊讶。

对于敏捷团队来说，整体性的方法是可能的，因为这样的团队的一个特点是跨功能。有了这个方法，业务涉众意识到他们被期望积极地参与数字化转型过程和相应的新解决方案的开发。这些业务涉众可能会发现，他们"太忙"了，无法每天参与优先级排序和决策制定过程。然而，当被问到他们"是否完全致力于"敏捷时，这些矛盾在使用敏捷原则的数字化转型中是可以预见的。如图 7.1 所示，有经验的使用者必须处理这些挑战。

业务敏捷性可以理解为业务操作环境变化的时间度量，以及组织响应变化所需的时间。敏捷组织能够快速响应环境中的变化；然而，随着刺激因素变化速度的增加，业务敏捷性也面临着相应的挑战。企业敏捷的一个有趣的方面是它与精益组织的相关性。精益是敏捷的先驱，事实上，精益和敏捷是紧密联系在一起的。业务需求的更改是不可避免的，因此它在敏捷组织中是受欢迎的。敏捷原则和方法使解决方案提供者能够应对不断变化的业务需求。

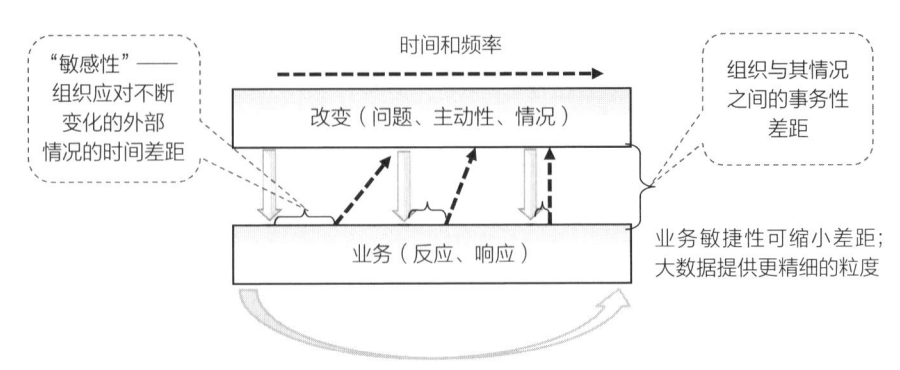

```
    ┌─────────────────┐        时间和频率         ┌─────────────────┐
    │ "敏感性"——      │   ────────────────→      │ 组织与其情况    │
    │ 组织应对不断     │  ┌────────────────────┐  │ 之间的事务性    │
    │ 变化的外部       │  │ 改变（问题、主动性、情况）│ 差距            │
    │ 情况的时间差距   │  └────────────────────┘  └─────────────────┘
    └─────────────────┘                                            
                         ┌────────────────────┐   业务敏捷性可缩小差距；
                         │ 业务（反应、响应）  │   大数据提供更精细的粒度
                         └────────────────────┘
```

响应速度是粒度的度量；大数据可实现更精细的输入和输出粒度，从而实现敏捷响应。
（其他因素包括组织结构、法律合规性、技术成熟度、变革预期和业务协作）

图 7.1 大数据促进了组织的敏捷性，确保组织和影响它的情况之间仅存在一个非常小的差距，使决策更快、更准确

敏捷是一种整体的、全面的企业范围的方法，它跨组织的多个层次汇集了工具、方法、过程、标准、框架和成本，从而产生了所谓的"复合方法"。它不仅关注通常被理解为日常站立和用户故事的敏捷实践，还关注计划方法的最佳实践、阶段和交付。在理解了如何在所有组织功能中应用敏捷文化价值体系后，业务敏捷将从中受益。

因此，尽管敏捷在软件开发领域非常流行，但是当它在整个企业中应用时，仍然需要保持足够的谨慎。在下面的例子中，需要考虑敏捷的作用：

- 生产系统——关键任务的生产系统需要支持和维持运行。解决方案的持续迭代版本可能会给操作带来潜在的风险。因此，它需要管理现有服务的连续性和引入新服务之间的平衡。
- 支持的用户——软件发布影响用户。软件中的任何更改都会影响一个或多个用户，因此需要支持这些更改。例如，如果一家银行中有 100 万名客户和数千个分支机构使用的业务流程必须进行更改以纳入分析，那么该银行需要对该流程的用户进行培训，以便成功地实现更改。实现支持功能需要花费时间和精力，需要从一开始就进行规划。
- 监管——在医疗、航空和金融服务等复杂的监管环境中，监管审批是

关键的合规要求。相关软件获得这些批准后可能需要一段时间来实施和采用。因此，可能必须将迭代的解决方案版本在一个符合法规需求的主要版本中进行组合。

- 客户理解——客户通常寻求稳定性，这样他们才能学会使用服务。供应商的多次发布经常受到阻止，因为需要保持客户的信心。
- 迁移——采用大数据需要数据和流程迁移。例如，在后台使用 NoSQL 需要移动和 / 或将非结构化数据与现有企业系统集成。这种迁移还需要使用工具和数据库供应商提供的接口。
- 法律——变更通常意味着修订或全新的合同和协议。从额外的供应商服务到客户的入职，敏捷是必需的，但这与必要的法律义务相抵触。
- 风险管理——敏捷是风险的对应物。每个变更都有相关的风险。改变越多，风险越大，实现的机会也越大。相反，不改变也有其自身的风险。风险管理与敏捷的平衡是很重要的。
- 冻结期——无论是为了合规（如萨班斯–奥克斯利法案）、审计或调查，系统和业务运营都是冻结期的对象，无法更改。这些都是业务环境的一部分，需要适应敏捷业务。
- 成本——正在进行的迭代软件开发有相关的成本，包括发布周期、与现有数据的集成、法规遵从性以及数据迁移。这些成本需要在敏捷中加以考虑。

敏捷性和大数据对数字业务的优势

企业范围内的敏捷性意味着小型的、跨职能的团队，包括解决方案的客户、用户和生产者（开发人员），他们在短时间内工作，通过清晰的迭代产生可见的结果。一旦团队完成了整体可交付成果，它就会被分解，成员们会回到一个公共的资源池中。实现敏捷的组合方法利用了组织内的实践社区和知识共享。因此，当自组织的小型敏捷团队在解决方案中实现特性时，组织中更大的人才库就会得到培育和发展。这是通过提高团队成员的技能和社交来实现的，这对组织内大数据技能集的发展至关重要。

因此，敏捷是一种跨组织的社会文化现象，包括敏捷方法、敏捷工作风格以及跨组织应用敏捷。使用敏捷的优势在于它创造了业务价值，而不是软件解决方案和软件包。

设想一个敏捷的组织

是什么使得组织敏捷？敏捷组织是什么样的？首先，敏捷企业的敏捷愿景与其数字战略（或者是数字战略的一部分）相一致，并随着业务环境的变化而不断发展。在敏捷中，敏捷组织视野中的流动性是至关重要的。这意味着一个组织的愿景和使命是为它的成长提供方向和指导，但它不是一成不变的。图 7.2 设想了这样一个敏捷组织。

敏捷组织的核心是有效地预测、检测和响应外部和内部的变化。这是一个协作的、高度互联的、交流的组织，它与所处的生态系统（包括工业、政府和社会）同步。提供敏捷业务价值意味着将组织从现在的状态（大概是移动缓慢、效率低下、僵化、分层，并且与所处的环境脱节）转变为与客户和合作伙伴保持良好联系的状态。以战略的方式使用大数据为实现这种转变和最终的业务敏捷性提供了重要的机会。这是因为大数据分析高度提高了组织检测和应对外部和内部刺激的能力。

然而，精确地度量组织的敏捷程度并不容易。敏捷组织不仅仅是其自身与其敏捷实践的总和。虽然"执行"敏捷更容易测量和证明，但"敏捷"是"模糊的"，不容易被测量。但是正是敏捷为所有涉众提供了最大的价值。敏捷业务大数据框架致力于在技术、方法、人员和业务之间创建协同作用，从而使组织实现敏捷。

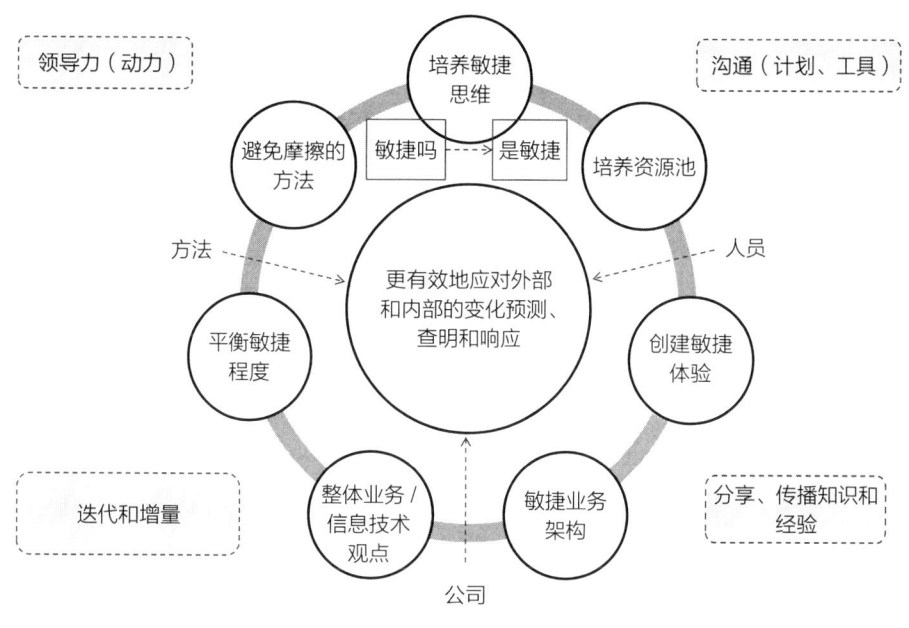

图 7.2 一个设想的敏捷组织

图 7.2 总结了敏捷组织正在进行的一些关键特征，这些特征嵌入了员工的心理社会学、工作方法和业务决策中。这些特点促进了大数据可以被更容易、更顺利地应用，同时也提供了来自大数据的额外动力。敏捷组织的特征有：

- 通过欢迎组织所有职能部门的变化，培养敏捷思维。这是业务转换过程的起点。敏捷思维是用来发现要解决的问题或抓住的机会。分析问题（或机会）可以理解业务需求，提出计划，并开展解决方案开发项目（包括大数据解决方案）。敏捷成为组织在各个层次的一种思维方式，包括需求、项目、备选方案、解决方案、验证、部署和操作使用。除了以客户为中心的关键流程之外，支持业务功能，如账户、工资、人力资源和法律等，也受到敏捷思维的影响，因为它们利用了协作、对话、搭配和可见性等敏捷原则。

- 通过对个人及其互动投入大量注意力来培养资源池。通过管理和培育敏捷资源池，敏捷被保留、增强和分散在整个组织中。这促进了心理学、社会学和文化领域的知识和经验共享。团队内部和群体之间的凝聚力，理解对变化的自然抗拒，帮助个人克服偏见和恐惧，促进信任和共享（通过减少内部和经常浪费的竞争，而不是促进合作），所有这些都能提高组织资源池的能力。

- 为客户创建敏捷体验，使他们从产品或服务（例如，分析服务）开始就能够协作。在敏捷组织中，在确定产品或服务方向时，最大限度地让客户参与。例如，净推广者评分（Net Promoter Score，NPS）可以成为新产品和服务决策过程的一个组成部分。如果客户不太可能推荐产品或服务，那么就需要进行一次重大的汇报，以确定潜在拒绝的根本原因。敏捷不仅仅局限于会议室，它在所有级别的决策制定中都可以看到。当基于顾客驱动的体验得到客户的满意和支持时，反过来也会使组织的服务人员感到满意。

- 实现敏捷业务架构，支持内部结构变化，以促进业务对内部和外部压力的响应。技术（企业）架构有时会被时间所困。这种情况可能发生在为组织提供稳定性的良好意图下。但通常情况下，这种技术上进展缓慢的实体及其相应的组织结构会降低组织的敏捷性。敏捷将组织从严格的等级制度和无尽的计划的"地牢"中解救出来，并将其推向现实世界。在现实世界中，变化是每个决定的动力。

- 保持对业务的整体看法，而不是"孤立的"、功能驱动的观点。这对企业架构来说很重要。敏捷作为一种文化，会在组织的项目中产生一种协作和沟通的解决问题的方法。由于其整体特性，敏捷还有助于组织处理维护、操作和基础设施流程，使之符合预期的业务结果。这些非项目活动与处理解决方案的项目活动在建立整体客户观方面提供了同样多的贡献。

- 通过确保对组织现有资产的适当利用来平衡组合敏捷。在非敏捷组织中，计划是减少与任何变更相关的风险及其对业务影响的关键。规避风险的组织曾经被认为是稳定的组织。这种稳定性被视为组织处理变化影响能力的指示性指标。然而，灵活而不是僵硬的稳定是吸收变化的关键。例如，一个灵活的、扁平的、跨职能的内部组织结构可以承受导致一个地区向全球市场开放的政府政策变化的影响，而一个等级森严的、稳定的组织则很难适应。劳动法的变化影响了组织与工会关系的变化，这是另一个例子，组织结构的灵活性可以在连续适应变化方面提供积极的价值。毋庸置疑，平衡在组织内将计划好的和纯粹的敏捷活动结合起来的过程中发挥着至关重要的作用。

- 通过适当注意组织内部的许多摩擦点来避免冲突。由于多个项目和其中的多种方法（例如，项目管理、信息技术治理、软件开发方法和质量保证），每个涉众关注他们自己的角色和目标，这些摩擦点在项目级别上出现。敏捷方法和计划方法之间根本的和哲学上的差异增加了这些摩擦点。在组织层次上，有许多遵循自己的流程和标准的"常规业务"活动。例如，体系结构、基础设施、操作和维护规程的标准可能与项目标准存在冲突，主要是因为后者致力于解决方案的交付，而不是维护稳定性和优化操作。

除了敏捷组织的特征之外，图7.2显示了此类组织的四个定义活动：

- 领导力在激励和维持敏捷变革方面发挥着至关重要的作用。敏捷的业务价值被认为是战略性的，领导力有助于保持对敏捷的关注。大数据本身被认为是促成因素，而不是最终目标。牢记这一点，领导层将继续指导组织的努力。
- 沟通的多种形式、渠道和频率是敏捷组织的另一个基石。采用大数据需要持续的沟通，这几乎成为每次会议、简报和组织范围内更新的例行部分。
- 此类组织的思维模式是迭代和增量的，因此即使在使用敏捷方法时也会采用敏捷的方式。虽然一个组织的战略是明确的，但它的实施方式会随着商业环境的变化而变化。在实施的同时与战略保持一致是敏捷组织的思维方式。

- 分享和传播知识和经验，特别是通过卓越中心。就像组织为项目经理提供指导方案和专业化支持一样，敏捷和大数据也必须在各自的业务领域内提供支持。

值得注意的是，敏捷组织的上述特征是不固定的。硬性指标很少能提供对业务结果的正确度量。这些特征可能因企业类型、组织规模和所属行业的不同而不同。例如，在属于服务部门的银行业中，业务的整体视图是基于业务流程及其敏捷性的。在以产品为基础的组织中，如汽车制造商，整体视图关注于库存和供应链流程。业务所需的敏捷级别也可以决定其分析中的粒度级别。例如，一个本质上是官僚主义的政府机构，可能不会像商业银行那样以细粒度为目标。然而，官僚组织需要特别强调避免方法摩擦，而专注于提供分析即服务的基于大数据的技术组织（例如供应商）将必须确保敏捷的企业架构能够促进业务策略的变化。

利用嵌入式大数据分析实现敏捷业务

整体、细粒度、敏感业务

敏捷业务不是一种活动或方法，而是一种价值体系。这也是利用大数据技术和分析能力的整体、细粒度和敏感业务的指标。组合敏捷方法与策略在平衡这种业务敏捷性方面扮演着重要的角色。组合敏捷方法与策略支持组织内部所需的正式方法和框架（例如，业务方法、治理框架和项目管理方法），同时也促进了纯敏捷原则和实践在开发解决方案中的应用。

理解这些方法中的敏捷接触点有助于组织减少"方法摩擦"。对这些方法的实践进行增量更改，以确保控制的正式性和敏捷的灵活性之间的平衡。例如，治理框架授权的正式合同（可交付物）是通过协商产生的，但客户协作和面对面交流的敏捷价值也得到了实现。类似地，一个方法或框架的其他元素，例如它的角色、任务、技术和实践，都会受到检查和调整，以此来克服方法的摩擦点。

人员问题被认为是产生敏捷业务价值的首要问题。当组织转向整体敏捷时，不仅单个员工会受到影响，高级经理和决策者也会受到影响，他们的工作风格可能会受到业务方法和流程变化的影响。因此，业务向敏捷的转换速度是不断调整的，以确保人们有较高的舒适度。当组织采用组合敏捷方法时，技能、态度和个人知识方面的动态性是考虑的因素。正式的政策和关键绩效指标需要与风险和领导联系起来，以实现平衡的业务敏捷性。

图 7.3 总结了利用大数据业务策略的敏捷业务的内部和外部（依赖的）领域。那些直接受组织控制的因素显示在组织边界内，相对较大的圆圈也依赖于外部协作，并显示出跨越组织边界的态势。大数据和敏捷为业务带来了根本性的变化。组织内部的变化如下：

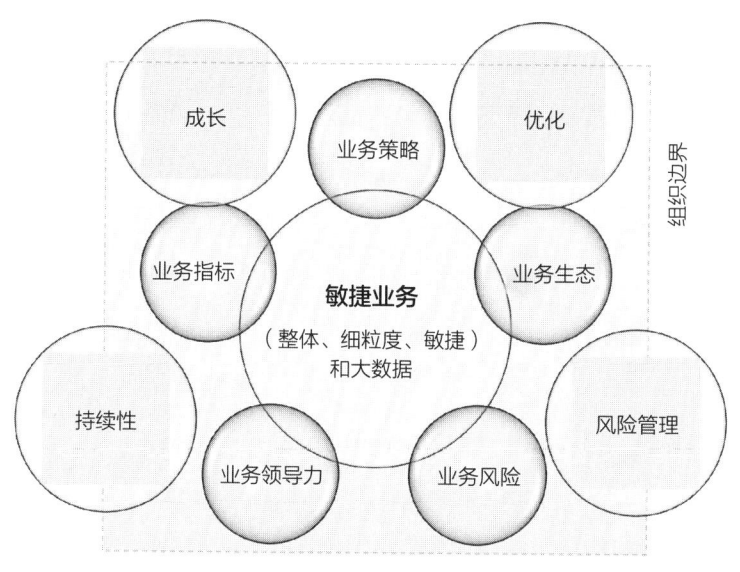

图 7.3 有效的敏捷业务（整体）利用大数据战略：内部和外部影响

- 业务策略——形成新的业务行为，并更新现有的业务行为，以融入敏捷的价值观。这些业务策略将敏捷的焦点从基于项目的敏捷提升到组织的、战略的敏捷。业务策略在支持伙伴组织之间的协作方面发挥着重要作用。这对基于广泛数据源的大数据分析而言非常重要。

- 业务生态——这不仅考虑到业务向敏捷的转变带来的变化，还考虑到许多合作组织及其关系的变化。诸如优劣分析法等技术在确定合作和敏捷性对商业生态系统的影响方面非常有用，反之亦然。这些技术也是敏捷业务大数据框架的一部分，因为数字化业务采用了大数据。

- 业务风险——随着敏捷的引入，也会带来与内部管理结构变化相关的风险，外部关系的变化也是同样，与原始的基于契约的互动和关系相比，一旦一个组织试图在其互动中反复灌输敏捷的价值观和行为，这些风险就开始出现了。

- 业务领导力——这会受到敏捷策略的影响，进而影响敏捷变化。有远见的敏捷领导会改变组织的结构、文化和运作方式。作为一种价值体系，敏捷更多地依赖于领导力，而不是管理。这反过来又要求组织改变管理在组织中发挥作用的方式。放弃控制、促进任务共享、接受非正式的报告是领导力带来的重要变化，而不是管理。当组织采用大数据时，同样需要这些领导力，因为从大数据中获得的价值就是实现业务敏捷。

- 业务指标——包括衡量敏捷业务成功要素的指标。随着业务向敏捷的转变，关键绩效指标的关注点也随之改变，从纯粹的客观衡量转变为包含一定的主观性。例如，敏捷业务不会仅仅根据客户满意度的客观衡量标准来和员工奖励进行挂钩；相反，客户满意度的业务衡量标准将包括从直接与客户互动中获得的主观讨论和见解。

图 7.3 总结了不直接受组织控制但依赖于其他影响组织业务敏捷性的外部因素的因素。

- 基于提高客户满意度/体验，开发创新产品和服务，与供应商和业务伙伴建立合作关系，并确保并购价值的业务增长机会。
- 基于解决创新问题的业务运营优化，使用外部工具和技术进行流程建模、再造和优化，并通过大数据分析建立分散决策。
- 与业务相关的风险，包括安全、隐私、合规以及文档、审计和交易的可追溯性。大数据技术和分析有助于确定这些风险（包括外部和内部）。然而，采用大数据也有其自身的风险，组织需要通过使用像敏捷业务大数据框架这样的正式框架来应对风险。
- 可持续发展，旨在减少碳足迹，通过分析、使用培训并指导发展积极的用户态度，以增强碳指标的监测。将可持续的、环境方面的考虑与一个敏捷的、整体的企业中的业务成功地结合，需要与内部和外部实体的合作和共同参与。

大数据在业务维度上实现敏捷性

当一个企业渴望敏捷时，它的许多功能和组织方面都会发生变化。这些业务功能也受到外部和内部因素的影响。图 7.4 显示了影响业务敏捷性的外部因素（如图框外所示），以及业务内部对这些因素的响应方式（如图框内所示）。这些影响敏捷业务转换的外部和内部因素将在下文中被更详细地讨论。

外部影响因素

敏捷业务转型中的外部影响因素包括客户关系、业务合作伙伴、政府和监管需求，以及企业所在的社会文化环境。其中很多都体现在企业的成本上。

客户关系

敏捷业务转换会影响组织的客户关系。通过敏捷，组织在其产品（以客户为中心）方面变得更加灵活。反过来，这使得客户能够配置来自组织的个性化的需求。有了敏捷，客户也可以被邀请参与产品设计和服务期望方面的业务

	客户关系	
业务结构 能够响应外部环境的变化；经济衰退	**业务创新** 持续的创新；新产品和服务；合作与伙伴关系	**业务可持续性** 企业责任；管理框架；萨班斯法案立法机构
技术管理 应用；网络；数据库；安全	**人员管理** 动力和士气；激励机制；关键绩效指标	**产品管理** 及时理解、创建、管理和召回产品和服务
	社会文化环境	

左侧：业务合作伙伴　　右侧：政府和背景需求

图 7.4　业务维度（外部和内部），通过整合大数据驱动的业务策略实现敏捷

决策。变革中的组织需要确保敏捷变更与客户保持一致。例如，如果一个组织改变了它提供产品的方式（例如，使其自助服务），客户需要知道这些变化。一个敏捷银行为客户提供了适合他的以不同方式将其账户组合在一起的能力，它必须对客户进行教育并使其适应这样的服务。在采用敏捷时，组织还需要考虑客户的人口统计数据。例如，处理养老金账户的老年客户可能无法利用自助分析（single-static assignments，静态单赋值）功能和银行提供的灵活性。组织要将这些客户与那些只在网上与组织打交道的客户区别开来。

业务合作伙伴

协作、敏捷和大数据紧密相关。采用敏捷，特别是在整个组织中采用组合格式，意味着对组织的业务伙伴有明确的影响。例如，企业与其业务伙伴的关系基于信任和诚实的敏捷价值观而扩展。这与它在物理和技术交流方式有关。例如，分析组织生产计划的业务流程，并通过电子方式暴露给供应商，能够减少库存。因此，敏捷组织会有许多不能单独执行的流程。业务伙伴会受到转换的影响，因此，他们需要参与敏捷转换的早期阶段。

基于网络的通信是业务流程的支柱，这也意味着业务总是依赖并对其业务伙伴的应用程序和行为的变化保持敏感。这是因为一个组织的任何业务流程中的任何变化都会对其合作伙伴的流程产生直接影响。从小公司使用的无处不在的电子表格到大公司和跨国公司使用的综合企业资源计划解决方案，通过信息与通信技术与业务伙伴共享信息在业务决策中发挥着核心作用。合作伙伴影响组织营销、管理、成长和扩张的各个方面。由于企业采用了敏捷，这些业务合作伙伴需要服务，实现新技术，并升级他们自己的业务流程。与这些合作伙伴共享信息不仅可以避免与流程不匹配相关的问题，而且合作伙伴自己也可以为实现全面的敏捷转换提供帮助（特别是如果他们自己已经采用了敏捷的方法）。

政府和监管需求

在组织级别采用敏捷需要仔细考虑组织外部的法律和法规需求。虽然敏捷促进了协作和开放的交流，但仍然需要从法律的角度记录交互。理解法规要求、跨多个合作伙伴及其地区的法律变化，以及这些法律要求对组织的影响，是采用敏捷的关键因素。对于一个组织（特别是大型和全球性的组织）与政府机构之间的相互作用可能必须被详细记录，以便于跟踪和审计。不管组织对敏捷的渴望如何，一些政府与企业之间的交互不能纯粹地说是敏捷的。在转换过程中，处理这个问题需要敏捷值和相应的正式文档的组合。

社会文化环境

当采用敏捷时，组织存在和运行的社会文化环境会立即受到影响。类似于对客户人口统计数据的考虑，社会环境在接受敏捷方面也需要适当的考虑。例如，在网上向青少年销售商品的企业会发现，调查这些潜在客户经常使用的社交媒体是有意义的。业务级别的敏捷性改变了在线销售商品的方式。特别是协作敏捷，它将组织的范围扩展到其地理边界之外。在这种情况下，对社会文化环境及其受到敏捷影响的方式进行适当的研究，是敏捷业务转型的一部分。

内部因素和反应

业务结构

企业结构的灵活性是其内部变化以应对外部压力的能力。结构模型需要足够灵活，以适应外部需求。全球经济衰退可能会毫无征兆地降临到企业身上。灵活的业务模式和相关的敏捷企业文化能够应对这种突然的外部变化。伴随着对业务结构灵活性的需求，基础系统（如人力资源、客户关系管理）也需要促进这种灵活性。通信技术消除了重复的活动，消除了冗余的活动，将手动流程与电子流程和移动流程合并，改进了组织内部和整个组织的整体流程流。敏捷业务大数据框架（特别是第 5 个模块）旨在将这些技术和工具与流程和人员进行集成，从而为构建灵活的业务结构铺平道路。

业务创新

业务创新是指企业创造新产品和新服务，想出应对竞争的创新方法，并利用风险优先考虑的能力敏捷业务为自身创造了许多创造和创新的机会。将这种创新方法用于业务通常需要更改业务实践、操作和文化。在企业采用大数据的过程中，牢记敏捷性有助于促进这些变化。敏捷理解业务类型、业务存在的领域、可用资源、优势和劣势，并提供支持性的文化。相反，在敏捷业务转型中，培养创新文化的需求也很高，这使得人们能够试验流程和技术，以改进和优化它们。

业务可持续性

业务可持续性是企业开发能力以满足法规遵从性的需要。前面提到的外部对政府的要求和监管要求需要通过企业内部重组来满足。敏捷的内部业务结构能够轻松地响应不断变化的法规。例如，萨班斯法案为股东和公众提供保护，使其免受欺诈行为的影响，同时将内部控制和财务报告的责任归咎于首席执行官和首席财务官。

敏捷转型使企业能够通过改变内部流程、更新基于信息与通信技术的系统以准确收集和及时报告业务数据，以及改变高层管理人员的态度和做法来实现这种责任。企业需要遵守的另一个例子是快速实施与碳排放有关的法规，这要求企业更新和实施其碳收集程序、分析、控制、审计，以及内部和外部报告。

技术管理

采用敏捷的技术管理包括处理对支持业务及其流程的底层技术的变更。管理技术的挑战包括有线和无线网络、面向服务的应用程序、分布式数据仓库以及在组织向敏捷转变过程中安全复杂性的变化。企业的目标是充分利用无处不在的互联网所赋予的连通性。这种基于信息与通信技术的沟通增强了客户体验，提高了内部业务效率。

例如，一个敏捷组织想要在客户所在的位置为客户提供服务。这就要求组织在客户服务过程中要灵活，并且能够利用移动网络来移动这些过程。与客户相关的相应数据也必须进行更改，以适应背景环境和不断变化的移动内容。

人员管理

采用敏捷会影响组织内的人员。管理组织内的职员和其他合同工、保持积极性、及时了解变化是成功采用敏捷的关键因素。整个组织在采用敏捷时，需要仔细关注个人的职业抱负、他们的个人工作满意度标准以及他们对敏捷的态度。大型的全球性组织以多种方式聘用员工，包括长期聘用、合同劳动和咨询/咨询角色。当敏捷被作为一种组织文化采用时，实现这些约定的方法是不同的。例如，一名正式员工会很想知道，如果要完成的任务是"共享"的，他的下一次晋升会发生什么。合同工可能很乐意分享任务，但他们更愿意根据质量和时间来衡量合同价值。支持这些业务的人力资源系统和流程需要具备一定的灵活性，以处理这些差异和变化的场景。敏捷业务转型会研究、更新并确保采用灵活的方式来为人员提供资源、管理他们、激励他们，并使他们能够向组织和客户提供最好的服务。

产品管理

产品管理是指开发新的产品和服务，并使用改进的参数（如时间和成本）继续满足现有产品的需要。敏捷性改变了组织获取与产品相关数据、分析数据以及将数据结果输出纳入产品开发和部署的方式。例如，敏捷组织避免对产品反馈进行冗长的分析，而是直接与客户协作，以获得产品反馈的即时更新。这些信息通过互联网支持的协作系统立即提供给决策者。随着敏捷技术的采用，产品开发过程发生了变化，相应的支持信息与通信技术系统也发生了变化。当组织在其各种产品线及其开发和部署活动中发展一致性时，协作式敏捷也提供了"大规模定制"的机会（即为每个客户生产定制产品的能力，但要大规模生产）。在敏捷组织中，这是因为生产过程中的接触点减少了。旧产品的处理和一条产品线的及时和协调的撤出也是产品管理的一部分。新的敏捷组织在其产品生命周期管理（PLM）中的举措包含精益库存、减少的文书工作和持续的变更。

国际公认反洗钱师资格认证：在采用大数据时平衡敏捷性和正式性

国际公认反洗钱师资格认证根据方法的相关性、原则和实践，促进了方法在组织的各个层次的应用。为了将业务计划和敏捷行为结合在一起，技术和组织的运营观点需要基于"平衡"而统一起来。

来自所有协作组织的领导都应该关注超越众所周知的软件开发生命周期的能力和框架。因此，使用心理学和社会学，并引入创新技术来克服文化差异，成为这些外包项目的重要功能。例如，由于敏捷的重点是面对面的交流，外包方自然倾向于至少在计划开始前举行实体会议，即使不可能按照敏捷方法中指定的那样每天都这样做。有效的全球外包合同建立在电子通信和实体通信之间的平衡基础上，后者在克服社会文化差异和发展更好的工作关系方面有很长的路要走。

实践中的敏捷原则

大数据解决方案的开发包括数据库设计、建模算法和应用程序，以及最终的编码和测试。许多解决方案级别的活动都可以发生在外包环境中。在解决方案开发级别上的敏捷原则可以牢记于心，因为它们在外包环境中有着独特性。以下是四组敏捷原则：

以客户为中心——这些原则关注项目的外部，鼓励向最终用户提供价值。在外包合同中，客户可以发现这些原则是有价值的，并将它们应用到他们自己的市场中的客户。客户的客户可以被邀请成为外包计划的一部分，使供应商更容易理解他们的核心需求。当解决方案确实是面向客户的解决方案时，这些原则特别适用。对于外包的基础结构和维护活动，这些以客户为中心的敏捷原则的作用仅限于收集需求以进行增强并修复错误。

以开发人员为中心——这些原则集中在项目内部，使团队成员能够有效地工作。这些为外包安排的供应商提供了一个巨大的机会来达成解决方案。然而，这些敏捷原则在本质上更偏向于战术而非战略，更适用于产品开发，并且源自纯粹的敏捷方法。

以体系结构为中心——这些原则为产品的稳定性和持续改进以及团队的工作风格奠定了基础。这些围绕着技术卓越和设计的敏捷原则，更适用于外包安排的供应商一方，但仍有大量来自客户方的输入。它们表达了对解决方案运行环境的战略性、长期性的看法。

以管理为中心——这些原则使团队专注于组织自身，以减少时间和精力上的管理开销，同时加强其工作风格。这些敏捷原则，包括接受变化和团队的自组织，在业务流程外包（BPO）和知识流程外包（Knowledge Process Outsourcing，KPO）工作中发挥着至关重要的作用。

协作和智能作为功能敏捷

为了理解流程的不断发展的复杂性，将流程分为个体（由一个用户执行）、组织（由多个用户执行）和协作（跨组织执行）。技术上，它们也可以分为实体（通过面对面和基于纸张的交互）、数字（通过基于互联网的通信媒介发生）和移动（独立于位置发生）。

这种分类是基于 Unhelkar（2003）和后来 Unhelkar 和 Murugesan（2010）的原始工作，其中尝试了更精细的分类。图 7.5 显示了敏捷组织从业务和技术角度的复杂性。从业务流程的观点来看（从宣传流程开始到完全协作流程），复杂性的不断增加的级别显示在左侧。图 7.5 的右侧显示了信息技术不断发展的复杂性（从数据开始，一直到智能）。协作的类型和协作敏捷业务的不断发展的复杂性将在下文中进行更详细的讨论。

在敏捷业务中实现协作智能

协作情报（Competitive Intelligence，CI）是由 Unhelkar 和 Tiwary 讨论的，在那里协作情报被证明有助于在一组合作组织之间共享情报。协作情报是通过技术和复杂性的逐步提高来实现的，从数据开始，然后是信息、过程、知识和情报。云上的 SSA 支持组织内和跨组织的所有级别的协作（参见图 7.5 侧栏）。

协作数据和敏捷性

数字形式的协作始于与连接良好、可靠和值得信赖的伙伴共享数据。这为重用数据和提供基于各种数据源的解决方案提供了更大的机会。例如，客户的演示图形数据，例如他的姓名和地址，通常由另一个组织（例如，电话公司）存储，而不需要由银行存储。相反，这一数据是通过与一家电话公司签订合作协议获得的。这种基本的协作减少了数据存储的开销，有助于实现敏捷性。

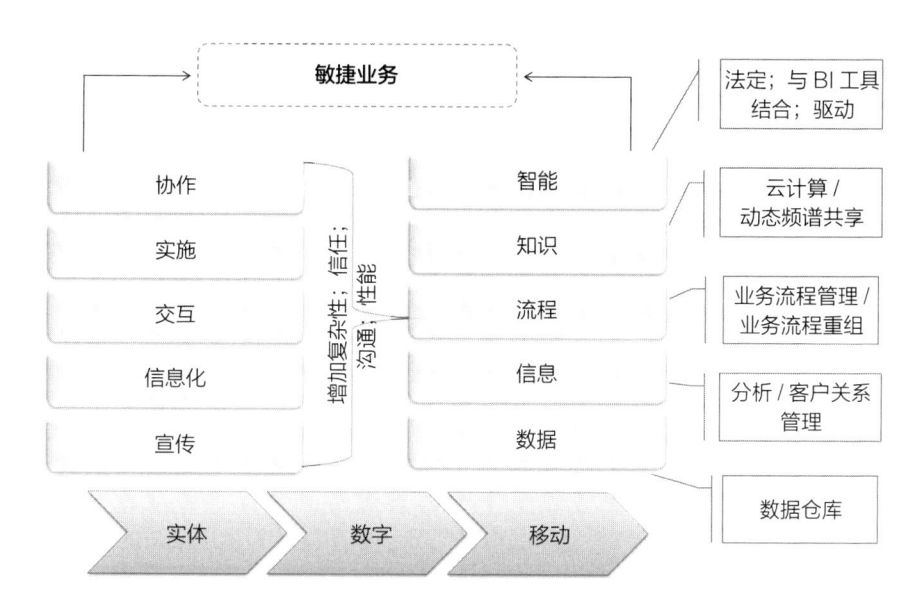

图 7.5 敏捷企业在各个层面都大量使用业务智能

协作信息和敏捷性

这是下一个层次的共享——信息共享，以一种通用的方式，使客户的行为也个性化。例如，银行现在向电话公司提供人口行为模式的信息，如消费风格、收入群体和地理差异（例如，海滩、山丘或大型体育场馆旁边），同样是通过签订合作协议。信息共享为及时提供服务和新产品创造了机会，从而提高了组织的敏捷性。

协作过程和敏捷性

协作方法旨在建模和共享跨多个组织的业务流程。这种业务之间的流程协作是数据和信息共享之后的自然演变。例如，通过第三方共同创建的流程模型，可以共享在银行中开设账户的流程。或者，银行开立账户的过程可以与验证个人详细信息的过程协作，或者可以重用来自另一个服务提供者的基本"姓名、地址、电话号码"数据和相关信息。虽然每个过程的变化都是可以接受的，但现代企业中的许多基本过程都是精简的。在银行、航空公司和医院等各个行业，企业试图重新设计目前已司空见惯的流程，但其价值有限。

协作的优势来自跨多个组织重用和共享流程。协作业务流程建立在数字和移动通信的基础上，因此，使企业能够组合新的以客户为中心的流程，这是它们自己无法做到的。为众所周知的流程创建流程模型，并使其在组织中可用，这为协作的组织提供了许多优势，最重要的是增强了响应更改的能力，换句话说，就是敏捷性。

协作知识和敏捷性

此级别跨多个组织共享关于个人或客户/用户组的知识。例如，关于移动客户（人）的位置信息与有关他们的其他信息（如购买历史）相关联，从而产生关于该客户以及该客户群体的信息。在动态设计新产品和服务时，这种知识是无价的，远胜过经历一个完整的市场研究、原型设计和客户反馈的迭代。

协作智能和敏捷性

这是一个完全成熟的协作状态，由一个组织在行业内部或跨多个行业部门进行协作，其共同目标是增强客户体验。相反，在这个层次上的一组组织也可以是客户，以协作的方式行动以实现更高的价值。在协作情报环境中，最重要的不仅是上述数据、信息、过程和知识能够被共享，而且是能在适当的时间和地点为参与组织提供这些信息。从数据中心和仓库到运营流程和新产品开发，协作情报对业务敏捷性有着积极的影响。协作情报的真正优势来自为多个组织提供及时、简洁地共享这些元素的策略。

达成协作的业务流程

协作业务流程在前面已经作为协作敏捷业务流程不断发展的复杂性的一部分进行了讨论。整个流程讨论本身由五个不断增加的复杂性级别组成，如前文图 7.5 左侧所示。它们是敏捷业务所使用的广播、信息、交互、操作和协作过程。需要注意的是，这些业务流程本身可能不是相互排斥的，而是在通过协作努力实现敏捷性的业务中共存的。然而，理解每一种类型的业务也有助于理解协作业务的方法。

第七章
数字化转型和业务敏捷性

宣传业务流程

这是一个单向的业务方面,大规模宣传其产品和服务。实体宣传是通过印刷媒体,包括报纸和小册子。数字化宣传包括专业网站和社交网站上的广告和相关营销材料。在一个非常基本的层面上,它是扫描组织的产品手册,并把它们放在互联网上,这就是所谓的"手册软件"。移动宣传是出现在个人用户手机上的信息。它们是联系分散在全球各地、可能正在移动的客户的最便捷方式。社交媒体日益增长的重要性也必须考虑在宣传业务流程之内。

信息化业务流程

互联网(电子信息)的这一信息方面包括向已知或注册方提供信息。或者,信息可以放在公共领域,让用户/客户根据需要提取(与前面提到的"宣传"不同,后者是"推送")。例如,这方面的业务包括提供基本的公司联系信息,如电话号码、电子邮件和通信地址。因此,信息方面的维护和安全性要求非常低。

交互业务流程

事务性业务通常被称为"电子商务"或"事务性软件"。这是合作的开始。早期的电子数据交换(electronic data interchange,EDI)现已发展为基于互联网的涉及多方的金融交易。Web 上的事务性业务包括发送和接收消息的能力,通过与 Web 界面背后的多个业务进行通信,从而进行业务交易。这些例子包括预订和预订、发布反馈、购买商品和寻求服务(最后两项是通过使用另一个合作方,如信用卡提供商来支付的)。

实施业务流程

这是将业务的运营方面转移到互联网上。在实体层面,这曾经涉及对商业运作的详细管理。在数字层面,这是人力资源、工时表、工资单和人事系统向网络的转移。此外,内部生产和库存流程也转移到网上。运营业务使业务与客户、供应商以及内部员工保持紧密一致。因此,在运营业务中,B2B 交易占了很大一部分。

协作业务流程

协作业务包括前面的四个级别，但为多个组织进一步扩展了它。电子通信促进了数据、信息、过程、知识和情报在需要时在许多组织之间共享。这种共享可以宣传营销材料，提供信息，进行多方金融交易，也可以共享企业的运营策略。这是一个真正的协作业务场景，客户是最终的受益者。

学习型敏捷组织中的持续知识同步

全面的客户——业务敏捷性的最终目标

只有高度同步、统一和最小摩擦的组织才能支持客户的整体、单一、360度视图。虽然大数据是一个推动者，但它的最终价值在于业务敏捷性。然而，这种敏捷性必须保持对客户的全方位、360度的视角。图7.6显示了这一点。视图本身是整体的，但是支持它的各种业务功能和系统本身是不断变化的。例

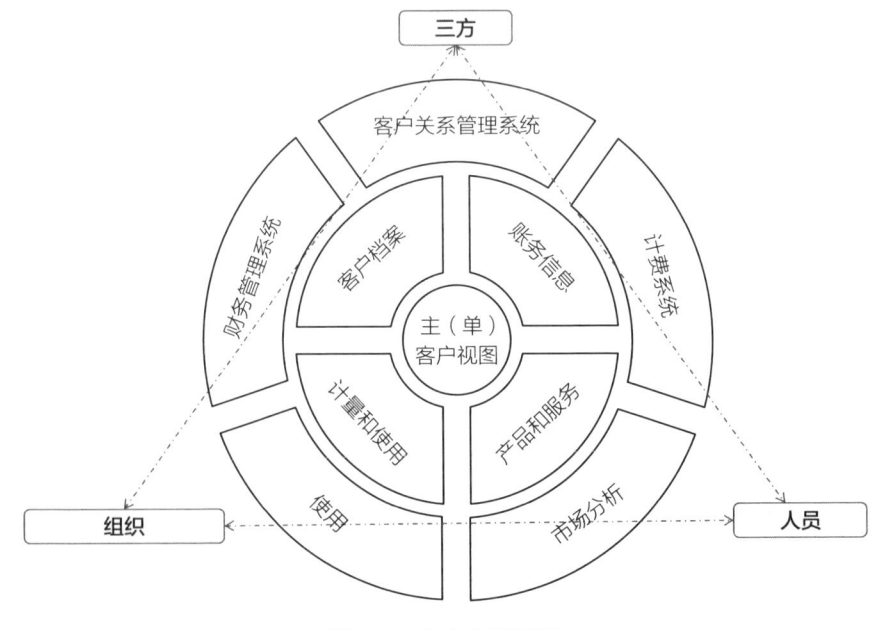

图 7.6　客户全景视角

如，组织的底层主数据管理（master data management，MDM）计划需要根据来自客户的数据不断更新自身。

敏捷组织不是一个静态的组织，而是一个不断变化、发展和学习的组织。这种"学习型"组织通过大数据技术和分析来增强自身的能力。图 7.6 显示了对客户概要文件、计费信息、产品和服务的持续更新，以及对客户解决方案的使用进行监视的需求，以形成统一的视图。

上述活动进一步得到客户关系管理系统、市场分析、计费系统、使用统计和财务管理系统的支持。参与这一整体实践的各方是个人和组织，他们的能力通过大数据分析和技术得到增强，这其中的一个重要部分是大数据带来的知识同步和使用。用户和组织必须不断地分享和提高他们的知识。

讨论主题

❶ 为什么在数字化转型的讨论中考虑敏捷性很重要？

❷ 描述领导、沟通、迭代和耗散在实现敏捷组织中扮演的实际角色。为什么这些对于大数据在数字化转型中的整合都很重要？（提示：因为大数据是敏捷业务的推动者）

❸ 敏捷组织的愿景如何与数字业务的愿景相适应？讨论影响业务敏捷性的每个因素如何利用大数据。

❹ 数据如何成为智能？讨论基于敏捷和大数据利用的转型过程。

❺ 为什么在开发大数据解决方案时，组合敏捷方法和策略作为一种平衡行为比纯粹的敏捷方法更合适？为什么这种平衡需要好的领导？（提示：因为它是动态的）

❻ 从客户和内部员工角度出发的全方位协作视角是什么意思？请举例说明。

❼ 主数据管理（MDM）在数字业务中的重要性是什么？

08

第八章

企业架构作为数字化
转型的实践

本章概要

　　企业架构作为一种实践，为组织内外的实践者提供了重要的机会，将他们的技能应用于自身的业务单元。本章从简要回顾企业架构实践开始，从组织数字化转型视角出发，首先概述了如何创建企业架构实践，如何获得支持，并确保它成为组织架构的一部分，其次解释了"为什么"和"如何"像运行一个商业实体一样实践企业架构，再次梳理了企业架构交付业务价值中相关的标准、框架、指导方针、参考模型和度量，最后讨论了将企业架构的实践步骤、定性和定量指标以及关键绩效指标。

为什么企业架构是数字商业的实践

业务需求需要利用可测量的结果交付有效的解决方案或服务。企业架构实践涉及作为参与者的业务组织及其领导。构建企业架构实践的努力可以成为集成"竖井"组织及其不同业务应用程序的有效渠道。考虑到企业架构在数字化转型中的重要性，组织对企业架构功能的完全准备是很重要的。企业架构功能可以以多种形式提供，包括可以服务于特定组织的内部的企业架构功能，以及作为提供企业架构有效服务的外部咨询实践。

将企业架构功能视为数字化转型期间的实践的一个重要原因是，实际体系结构本身会发生变化，并且在组织运行时也会允许变化发生。这需要一个专业的、整体的观点，使企业架构成为一个理想的实践。建立和管理企业架构实践对于企业数字化转型的成功非常重要。

在整个企业中实施此类计划所产生的数字战略和可测量的业务价值是一项艰巨的任务。企业架构的任务是在持续的基础上提供有效的结果。它需要被一个定义好的且一致的流程进行处理，并且需要一个具有核心能力的专家资源团队，以协调数字技术和工具的使用。企业架构实践从战略角度捕捉组织的业务目标。

像业务一样运行企业架构实践的好处超越了任何特定组织的功能边界。它使多个联合的业务组织能够利用类似企业架构实践的业务操作共存。

建立和运行企业架构实践的主要好处包括：

- 为整个组织创建可重复的流程、框架和最佳实践。
- 认识到转型业务需求变化的持续性。
- 支持企业战略和战术，维持业务运作。
- 展示成本效益。
- 遵循业务驱动的方法来实现特定的、战略一致的目标。
- 协作识别和描述正确的数字业务需求。

- 从应用层自底向上发展企业架构，使其更具有战略意义。
- 创建一个基础，封装企业业务流程的蓝图，并帮助执行操作。

从企业架构自身成功的角度来看，企业架构实践的目标是：

- 实现现有技术投资的回报。
- 降低部署和运营支持成本。
- 扩展业务能力，以服务更大的客户群。
- 管理各种角色、职责和责任的复杂性。
- 拥有企业架构任务并将其分配给正确的对象。
- 创建一组度量标准来衡量企业架构实践的贡献（资源、过程和技术）。
- 制订企业架构计划。
- 通过在业务流程中有效部署技术来支持组织文化的改变。

企业架构实践的现实

数字化转型包括业务应用程序的修改、重新设计和集成。然而，替换整个企业及其基础设施是一件困难的事情，特别是当组织在此过程中运行时。数字化转型最常见的措施包括使遗留应用程序现代化、使现有业务应用程序合理化，并将其中一些应用程序转换为 Web 服务。然而，最重要的是，企业架构作为一种实践，在数字业务交付客户和用户价值的过程中有助于团队合作。

企业架构可以为企业带来好处，同时也会让企业在实践中面临挑战和问题。所有这些活动减少了混乱，提高了组织的生产力：

- 作为关键战略贡献者对组织财务状况的影响，通过监督企业信息技术支出，企业架构实践可以直接负责业务决策。
- 改变组织结构和企业文化。大多数企业架构从业者都对有效地交付解决方案或服务充满热情，这有助于企业在多个功能单元合并时（例如合并和收购），利用全球劳动力并精简组织文化。

- 提高企业整体生产力，实现组织战略和战术目标。企业架构实践同化（或合并）并合理化各种业务应用程序和功能，强化多个团队之间的联络，使业务人员和信息技术人员的愿景和目标保持一致。

如图 8.1 所示，关键的企业架构实践关注领域可以分为四个类别：

1. 企业架构管理

企业架构管理主要促进业务和信息技术的协作，为正在进行的信息技术项目和未来的计划提供战略指导，并帮助审查当前的项目或计划。

2. 企业架构治理

企业架构治理制定了一套正式的、公司级别的架构原则和指导方针，并通过对单个项目进行审查和验证确定其合理性、合规性。

3. 基础设施支持

基础设施和运营支持领域专注于与业务运营和企业基础设施相关的体系结构质量。

4. 运营支持

这些领域涉及的具体功能将在下文讨论，包括企业架构过程、投入资源、人员角色和相应职责。

实践企业架构的七个原则

遵循企业架构原则将有助于推动企业架构实践。

这些原则（见图 8.2）包括：

1. 定义企业架构生命周期，涵盖企业架构过程的各类角色，并提供结果导向的、性能驱动的交付图。

2. 获取那些不仅是"最好的"，而且是"有效的"、被该领域从业者广泛使用的实践。

3. 确认在人员、过程和技术方面的现有投资，以便计划能够到位以实现相

第八章
企业架构作为数字化转型的实践

企业（或政府机构）业务信息技术协调

- 确保合规（单个项目） → 行政
- 撰写政策、步骤和指导方针 → 立法
- 审核合规性（单个项目） → 司法

服务治理 / 企业架构治理

面向服务架构管理 / 企业架构管理

- 业务联系
- 广告联络
- 项目管理办公室联系

- 促进业务信息技术协作
- 参与项目评审
- 提供战略指导/技术指导

关键的企业架构实践关注的领域

企业（或政府机构）创新意识计划

- 识别特征和时性 → 网络
- 确定并满足企业范围内的需求 → 安全
- 提供灵活性，可量测性和性能目标 → 敏捷

基础设施支持

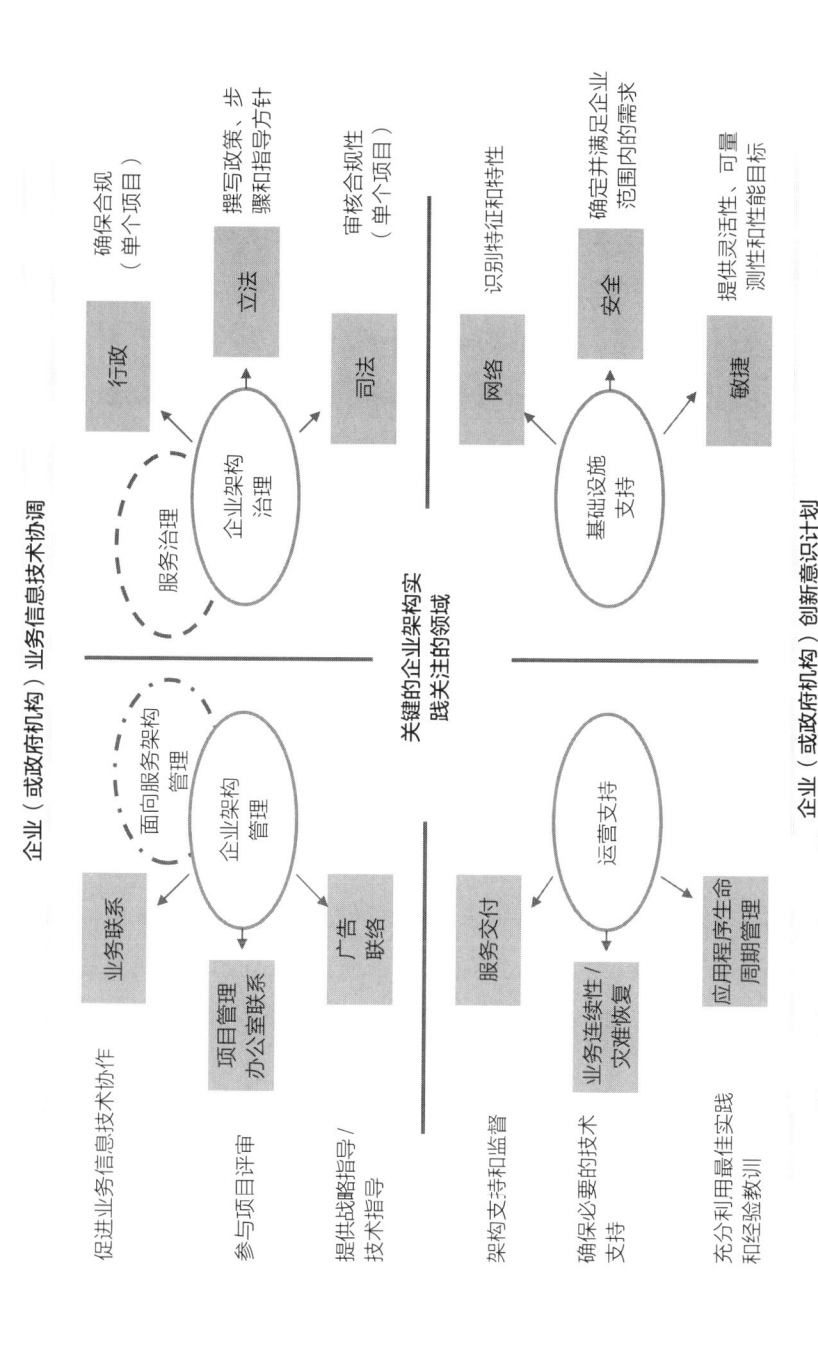

运营支持

- 服务交付
- 业务连续性/灾难恢复
- 应用程序生命周期管理

- 架构支持和监督
- 确保必要的技术支持
- 充分利用最佳实践和经验教训

图 8.1　企业架构实践基础

203

关的投资回报率。

4. 在企业内大力宣传"行动呼吁"，并激励关键人员负责。

5. 开发一组可以帮助业务发起人度量、管理、控制进度和预算的标准。

6. 利用潜移默化的影响力，将行业趋势转化为组织趋势。

7. 识别公司范围内的治理政策和程序，并监控个人或者团队对强制要求的遵守程度。

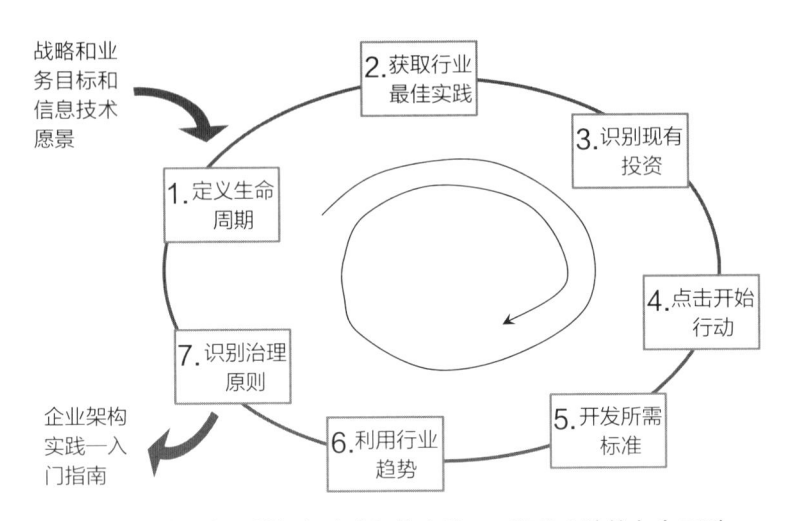

图 8.2 像业务一样运行企业架构实践——整体方法的七个原则

以上七项原则将提高组织在解决方案或服务交付方面的有效性，提高业务和信息技术的一致性。需要注意的是，由于企业的企业架构实践考虑到战略业务目标和信息技术远景，因此企业架构原则会根据业务和信息技术的不断发展而持续细化。

企业架构的生命周期

模型驱动体系结构（Model-Driven Architecture，MDA）是构建企业架构的一种创新方法，它可视化地表示体系结构模型。MDA 可以用来定义交付企业架构计划生命周期活动的路线图。MDA 方法的思想是认为模型是业务团队和信息技术团队之间最方便的交互媒介。相较于其他生命周期描绘和管理的方法，MDA 简化了生命周期活动的可视化或建模操作，以及各项任务之间的交互。

在模型中，活动根据其共性被组织在不同的类别下。关键点是业务和信息技术功能之间的交互，以及这些交互如何指导企业架构实践像业务一样运行。

在所有企业架构生命周期中，有三组常见的作业并行：

1. 业务和信息技术协作。
2. 模型驱动的活动。
3. 企业多个信息技术组织共同的任务。

第一组是业务和信息技术协作。在这些项目中，业务涉众必须参与信息技术团队，尽管职责有所不同。对于业务—信息技术协作任务，业务组织扮演关键角色，并积极参与决策制定。任务和责任由所有团队和管理团队的执行者共同承担。

第二组是模型驱动的活动。与模型驱动体系结构相关的活动，主要由信息技术团队执行。信息技术团队的角色在模型驱动体系结构的不同活动中将发生转变，例如在评审企业架构模型的业务功能时，业务功能的开发者转变为评审人员。信息技术团队是企业架构模型的拥有方，并直接对参与企业业务和信息技术决策的执行官（包括首席信息官、首席技术官和首席财务官等）负责。

第三组活动是跨企业的多个信息技术组织共同的任务。在这种情况下，这些组织负责在业务组织的指导和建议下执行任务，并不断地交付量化的结果。

生命周期方法集成了企业架构实践中涉及的各种活动，这样就可以定义一组有限的可交付成果，并且可以度量、监视和管理所取得的进展。

企业架构生命周期方法由四个不同的阶段组成：制定战略、组织、社会化和制度化。

在第一阶段（制定战略），明确企业的业务远景、任务目标。根据这些可用的事实、公司文档和战略原则，生成一个业务计划。在某种意义上，这个计划也作为企业实践前进的宪章。第二个阶段（组织）需要资本化现有的资源、过程、技术、最佳实践方案和遵从性需求，以形成一个集成企业的蓝图。这个阶段组织实践，为预期的投资回报率和总拥有成本（Total Cost of Ownership，TCO）做准备，同时将相关的影响传递给财务。作为一项可交付成果，此阶段为企业级应用程序集成生成一个项目计划，该计划将在接下来的两个阶段中细化，并将继续定期交付企业架构的特定功能。第三阶段（社会化）扩展了在第二个阶段中开发的计划，并使整个企业为企业架构的推出做好准备。制订的计划是全面社会化的，以确保不同企业组织的具体需求不受限制适当的约束。在第四个阶段（制度化），主要是向组织推广最佳实践方案和策略。该阶段的重点是在为组织部署和交付目标企业架构的同时细化计划。虽然第二、三阶段需要较少的业务组织的积极参与，但第一个和最后一个阶段促进了业务团队的重要参与。

四个焦点领域

为了阐明企业架构实践的业务价值主张，我们划定了企业架构的四个重点区域（如前文图 8.1 所示），为企业架构实践建立了一个协作环境，明确了企业架构活动期间促进团队合作所需的工作。

第一个焦点领域涉及将业务需求转换为企业架构目标。该重点领域主要涉及三方面：一是在企业架构实践生命周期的早期阶段获取业务策略和目标，并在其他阶段调整企业架构目标；二是从业务组织角度识别企业架构的风险、问题和关键成功因素；三是认识高级管理人员的工作责任和财务责任。

第二个焦点领域提供了将现有业务功能转换为企业架构元素的蓝图。在第三个重点领域的转换过程中，实践者为企业架构利用各种行业框架和参考模型，同时将最佳实践、策略和法规要求合并到他们的计划中。

第三个焦点领域致力于将现有的系统组件转换为新的组件，并保证对现有技术和资源的投资回报。

第四个焦点领域用于处理企业架构实践的学习和意识问题，有助于提升企业架构实践者的认知水平并获得必要的技能。许多正式和非正式的培训分布在企业架构生命周期的各个环节中，包括技术工具培训、经验分享、核心能力培训等。

企业架构在数字化转型中的行动

在数字化转型中企业架构实践的四个具体操作，如图 8.3 所示，并将在后续的图中对此进一步细分，如下所示：

1. 将业务需求转换为企业架构目标（见图 8.4）。
2. 将现有的业务功能转换为企业架构元素（见图 8.5）。
3. 将现有的系统组件转换为新的系统组件（见图 8.6）。
4. 将现有的和新的资源提升到新的意识和技能水平（见图 8.7）。

每个步骤都涉及各种活动，包含资源、项目进度和可交付的依赖性。与每一个步骤相关的曲线（见图 8.3）表明了在整个企业架构生命周期中，每一个步骤所需的工作水平。这些步骤支持前面路线图中提出的所有活动，并应对所有挑战。

这些步骤还为业务发起人提供了在整个企业架构实践过程中监督信息技术活动的机会。他们还确保所有受企业架构影响的涉众都包括在决策过程中。分离每个步骤还有助于在业务—信息技术关系中创建一个创新和业务转换框架，将其作为企业架构实践的一部分。

这些步骤提高了转化组织的执行能力，具体如下：

- 只有当业务组织充分利用企业架构实践提出的最佳实践方案、流程和

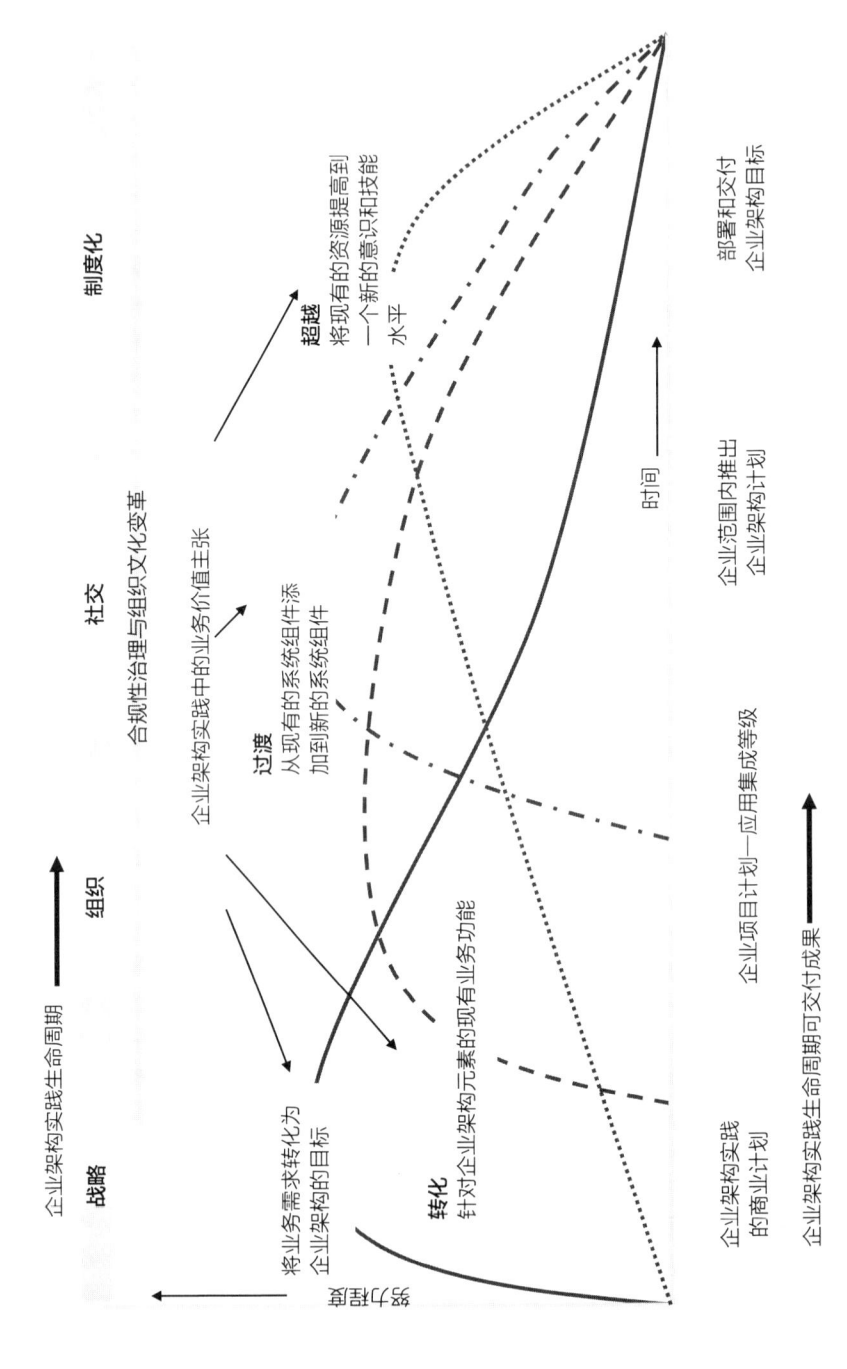

价值重塑
面向数字化转型的企业架构

图 8.3 企业架构实践生命周期的各个阶段、可交付成果和业务价值主张

208

第八章
企业架构作为数字化转型的实践

图 8.4 企业架构实践生命周期阶段和可交付成果——"翻译"活动

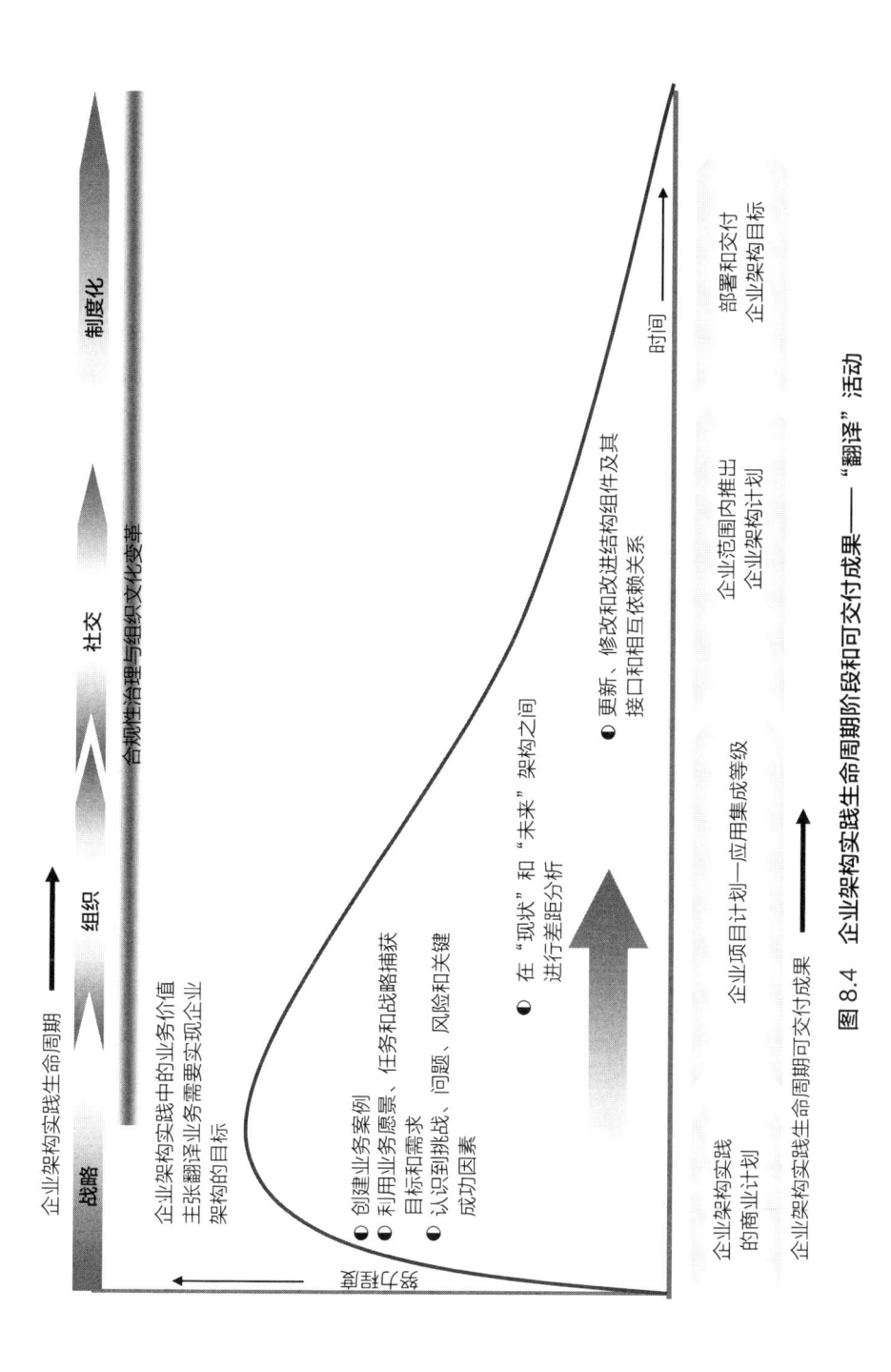

价值重塑
面向数字化转型的企业架构

图 8.5 企业架构实践生命周期阶段和可交付成果——"转换"活动

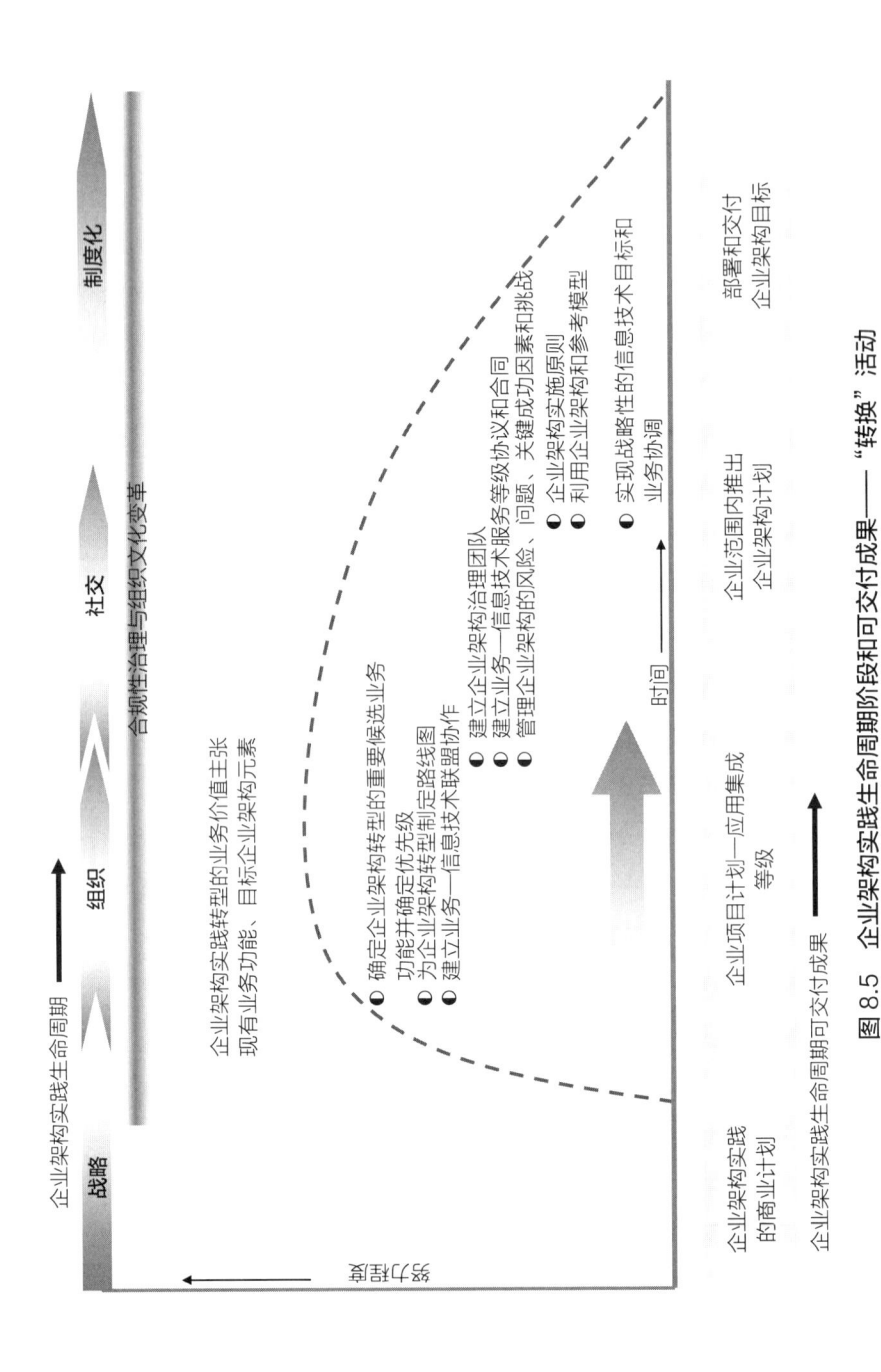

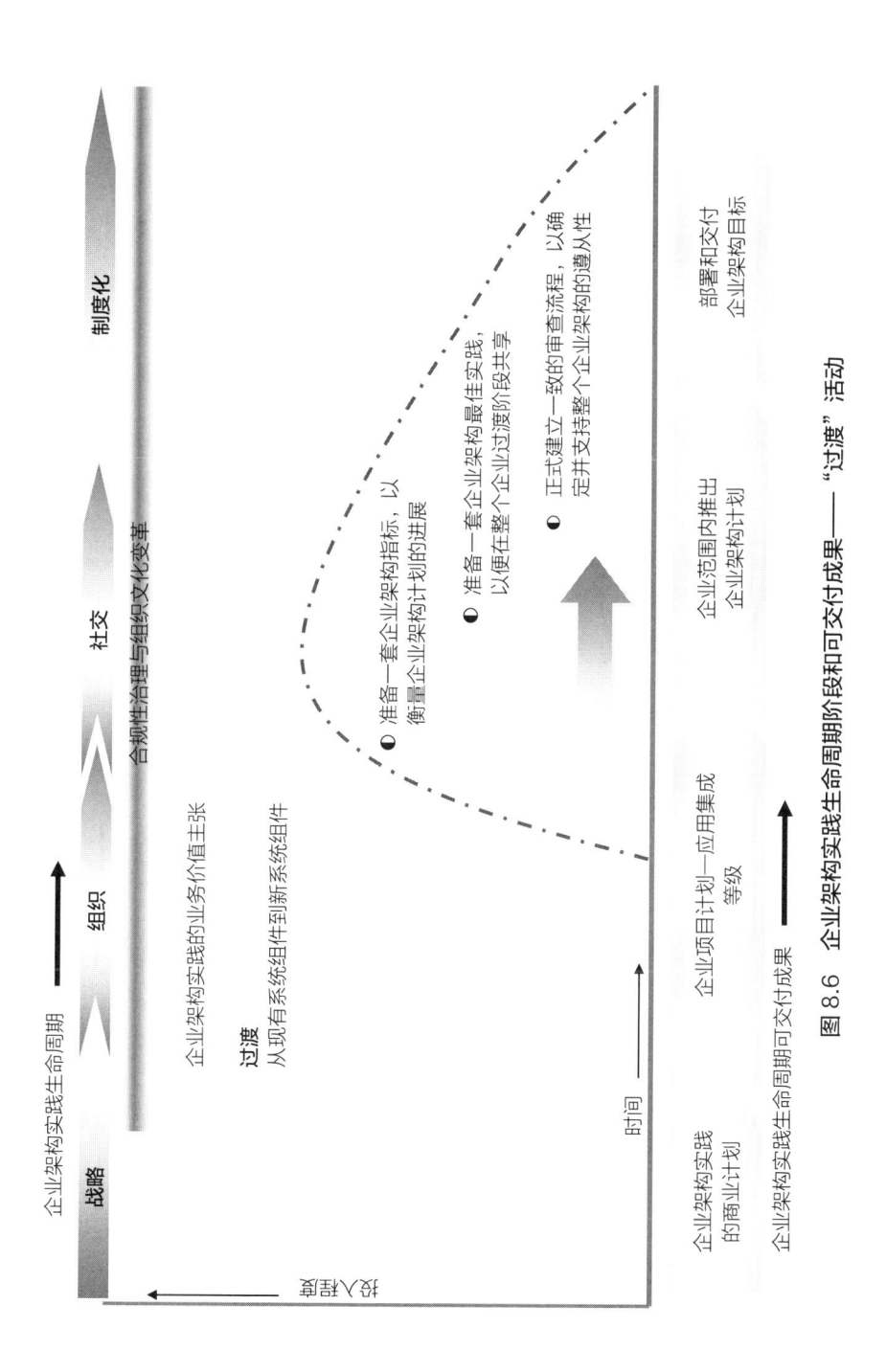

第八章
企业架构作为数字化转型的实践

图 8.6 企业架构实践生命周期阶段和可交付成果——"过渡"活动

211

价值重塑
面向数字化转型的企业架构

图 8.7 企业架构实践生命周期阶段和可交付成果——"超越"活动

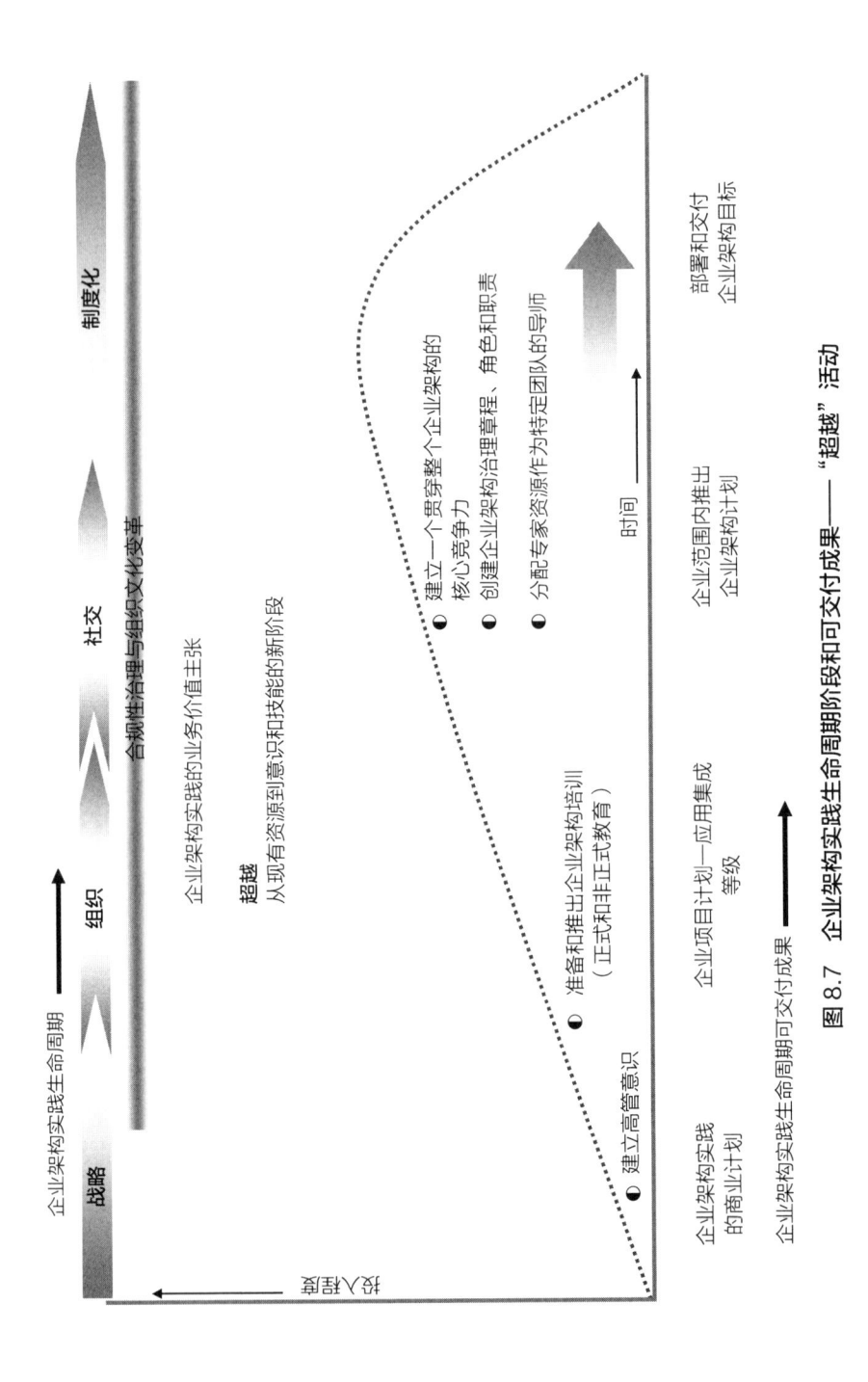

相关框架，并且不被企业架构从业者的技术技能或专业知识所淹没时，才能实现卓越的执行。
- 从一开始就让业务团队参与管理企业架构实践可以消除许多风险，以及治理和协作问题，并可以加速实现业务目标的进程。
- 可以很容易地建立一套标准，并利用它来衡量企业架构的进展，在需要的时候，可以迅速采取纠正措施。
- 商业组织在信息技术投资上花钱；他们的直接监督、随时准备作出业务决策，以及迅速的合作必须是相互的，这样才能实现投资回报率和相关的利益。

从技术人员的角度来看，像企业一样管理企业架构实践可以带来以下好处：
- 企业架构团队或企业架构师可以通过他们的前瞻性思维（"不要生活在象牙塔中"的态度），并将行业领导者所接受的技术进步融入他们的内部组织中，从而增加巨大的价值。
- 企业架构团队可以为其业务发起人促进企业架构治理，并通过推荐最佳实践方案、行业标准、经过验证的框架以及参考模型，影响对特定政府和行业规定的遵从性。
- 企业架构团队还可以充当业务和信息技术团队之间的主动联络人，使用一致的流程，利用全球资源（作为采购工作的一部分），监控并报告正在进行的企业架构计划的各种缺陷和差异。

管理企业架构实践

业务转型、执行和创新在交付有形价值方面发挥着重要作用，必须与一个共同的基础相连接，该基础也可以连接组织的相关业务流程。这种共同的基础就是企业架构，它比信息技术策略更紧密地包含了组织的业务目标。因此，管理企业架构实践本身就是一项业务。

信息技术是授权业务的推动者。企业架构提供了一个使信息技术与业务保持一致的结构框架。因此，企业架构实践必须像业务一样运行。关键的企业架构关注领域和功能主要是针对满足业务用户需求和促进类似业务的责任。

系统集成生命周期路线图

在构建协作企业架构和企业门户时，系统集成生命周期的路线图是必要的。此路线图（见图8.8）进一步提供了企业架构计划四个阶段的高级视图。图中展示了四个不言自明的阶段：发现、差距分析、调解计划和解决方案。

要想成功地将企业架构实践作为一项业务来运行，就不能过分强调来自高级管理人员、思想领袖和业务发起人的战略指导的重要性。为了很好地部署企业架构，业务发起人必须从数字化转型练习的一开始就参与业务。这意味着信息技术从业者必须授权给他们的业务伙伴，并帮助他们的赞助者从一开始就承担起推动企业架构计划的领导角色。如图8.8所示，在发现阶段，信息技术团队帮助业务组织考虑他们的战略和战术驱动因素，以确定主要的企业架构需求。

作为这一简化实践的一部分，业务和信息技术团队一起发现并记录与企业架构计划相关的大多数假设、分布式文件系统、相关风险和关注点。

在差距分析阶段，先前确定的企业架构需求将根据其对业务体系结构的潜在影响，利用现有技术，以及所需技能和专业知识的可用资源来进行必要的更改（从当前的"现有"体系结构到目标的"将来"体系结构）。一旦列出了当前体系结构及其各种组件，企业架构需求将根据它们影响的业务功能、需要设计的服务以及在新企业架构组件和它们将支持的业务操作之间创建的适当接口来确定优先级。

在调解计划阶段，我们会执行四项主要活动，其中两项以技术为导向，另两项以业务为导向。后一项活动包括订立合同协议，如服务水平协议和贸易

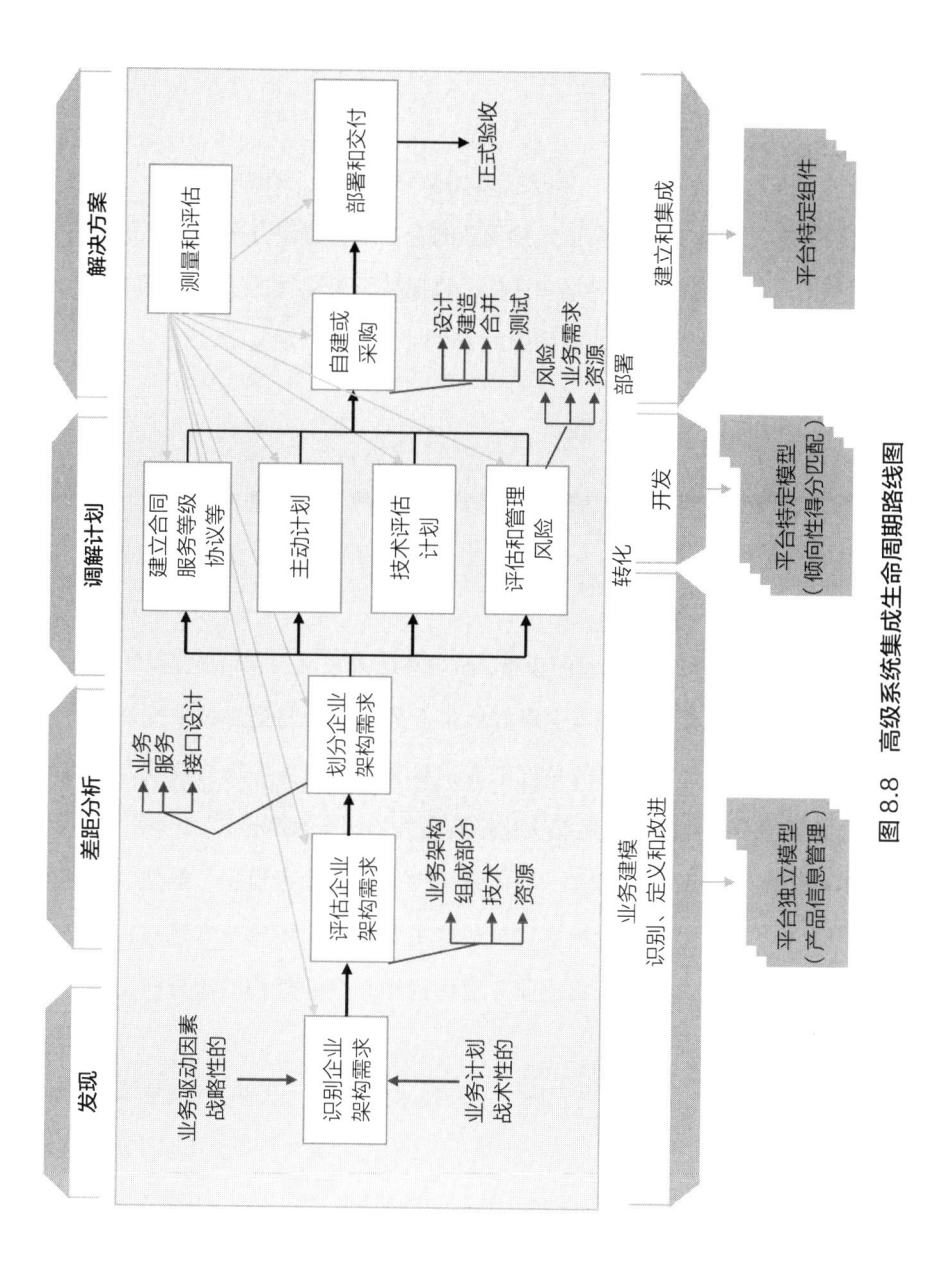

图 8.8 高级系统集成生命周期路线图

伙伴协议；评估相关的业务、组织文化或资源利用风险；采取适当的措施。

这些活动需要业务团队的积极参与，以达到预期的结果。在执行技术活动时，特别是对于技术评估和供应商选择，信息技术团队应让业务团队参与决策过程。

最后，在解决方案阶段，信息技术团队带头为业务组织构建和交付企业架构解决方案，而业务团队则正式接受新的企业架构解决方案。在计划的整个生命周期中，每个活动都被测量和评估，以保持结果交付的质量。当应用迭代和增量方法周期性地交付企业架构解决方案时，就会出现复杂性。

企业架构面临的主要挑战

在大多数企业架构计划中涉及的四个主要挑战和问题是：

- 组织文化——从业务—信息技术一致性的角度认识文化变化，并定义和管理服务等级协议。对于许多组织来说，业务—信息技术对齐涉及财务、运营和竞争利益的分析；而对其他人来说，它可能是认识到信息技术组织能在多大程度上最好地将业务优先级与信息技术投资保持一致。从服务等级协议的角度来看，要实施的服务等级协议或合同协议的类型及其监控是对组织文化影响最大的两个挑战。
- 最佳实践方案——建立一套体系结构指南、参考模型、框架、关键原则和广泛接受的行业标准。虽然这主要是一个信息技术挑战，但许多业务团队在选择用于集成业务应用程序和企业架构的流程和工具方面发挥着非常重要的作用。
- 协作——准备一个具有正确工具和技术的环境，以便业务人员和信息技术团队一起工作。这一挑战包括认识现有的业务流程或其不足之处；优先考虑必须进行监测和管理的工作；让业务团队持续参与大多数决策过程。
- 执行——创建一个模型来支持业务的运作，并加快结果的交付。"执行"这个词在行业中被滥用了。在这种情况下，执行的挑战包括考虑有效的业务运营策略，并使用先进的技术来实现它们，以交付可衡量的结果，并使业务组织敏捷地应对新的或变化的长期需求。

所有这些挑战都要求业务和信息技术组织从人员、流程和技术的角度做好准备，同时需要有效管理具体重点领域。

企业架构能力成熟度

企业架构的五个能力等级

企业架构实践可以与成熟度模型中的多个级别或阶段相一致。这些模型大多与能力成熟度模型（Capability Maturity Model，CMM）或能力成熟度模型集成（Capability Maturity Model Integration，CMMI）相一致，它们起源于卡内基梅隆大学的软件工程研究所（Software Engineering Institute，SEI），提倡五个阶段。这个成熟度模型的五个阶段的高级简化视图如图 8.9 所示，主要是：

- 第一级：启动级——在这个级别，从业者通常为他们的组织创建一个企业架构意识计划，主要是教导他们的客户。
- 第二级：初级——在这个级别，实践者通常从企业架构实践的基本概念开始（在获得业务发起人的批准之后）。
- 第三级：准备级——这一级别表示建立企业架构实践，因为实践者认识到业务需求。
- 第四级：组织级——这一级别标志着通过影响力来管理企业架构实践，因为实践者会让他们的业务伙伴参与进来，并帮助他们遵守企业架构治理原则。
- 第五级：管理级——这个级别使实践者通过在多个企业架构计划中重用已建立的框架、标准和最佳实践方案来实现他们想要的投资回报率。

根据许多从业者使用这个标准对他们自己的企业架构实践进行的评价，

实践的潜在好处与上面提到的级别直接相关。这些级别还展示了参与企业架构实践的团队为支持其业务组织所做的承诺。

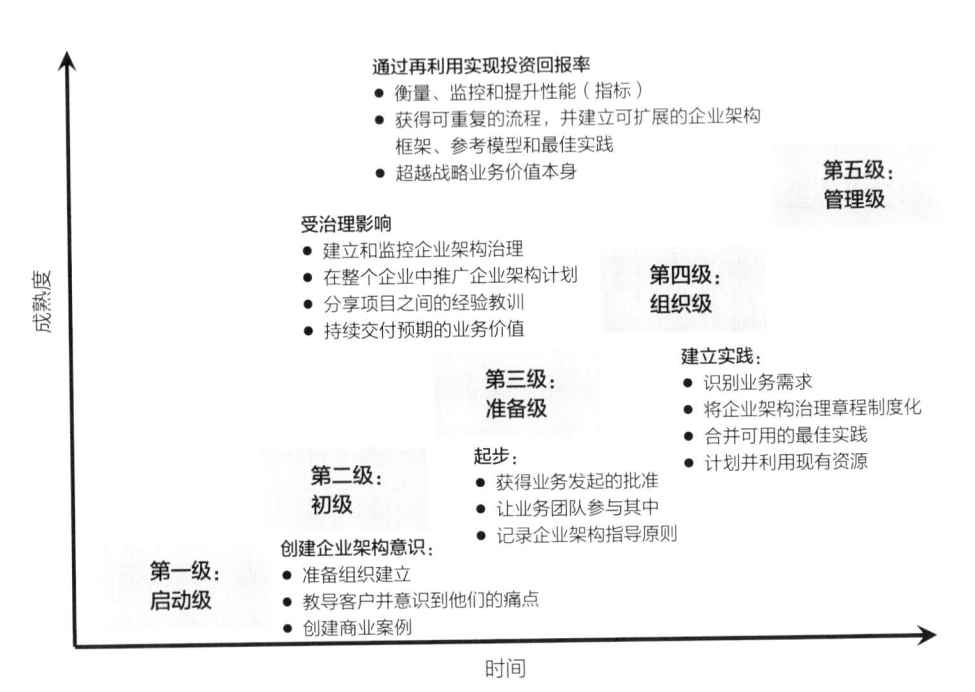

图 8.9 企业架构实践成熟度的五个级别

企业架构的七个实践步骤

在培养成熟度级别时，有七个基本步骤（见图 8.10），它们与正在进行的企业架构活动密切相关，可以在企业架构实践生命周期中适当地迭代执行。

如图 8.10 所示，这些步骤是：

1. 定义体系结构指导原则，以获得企业架构实践的正式认可，然后在整个组织中一致地使用它们。这些原则还包括一组初始的企业架构治理和管理策略。

2. 识别企业架构计划路线图，它定义了多个正在进行的企业级计划之间的

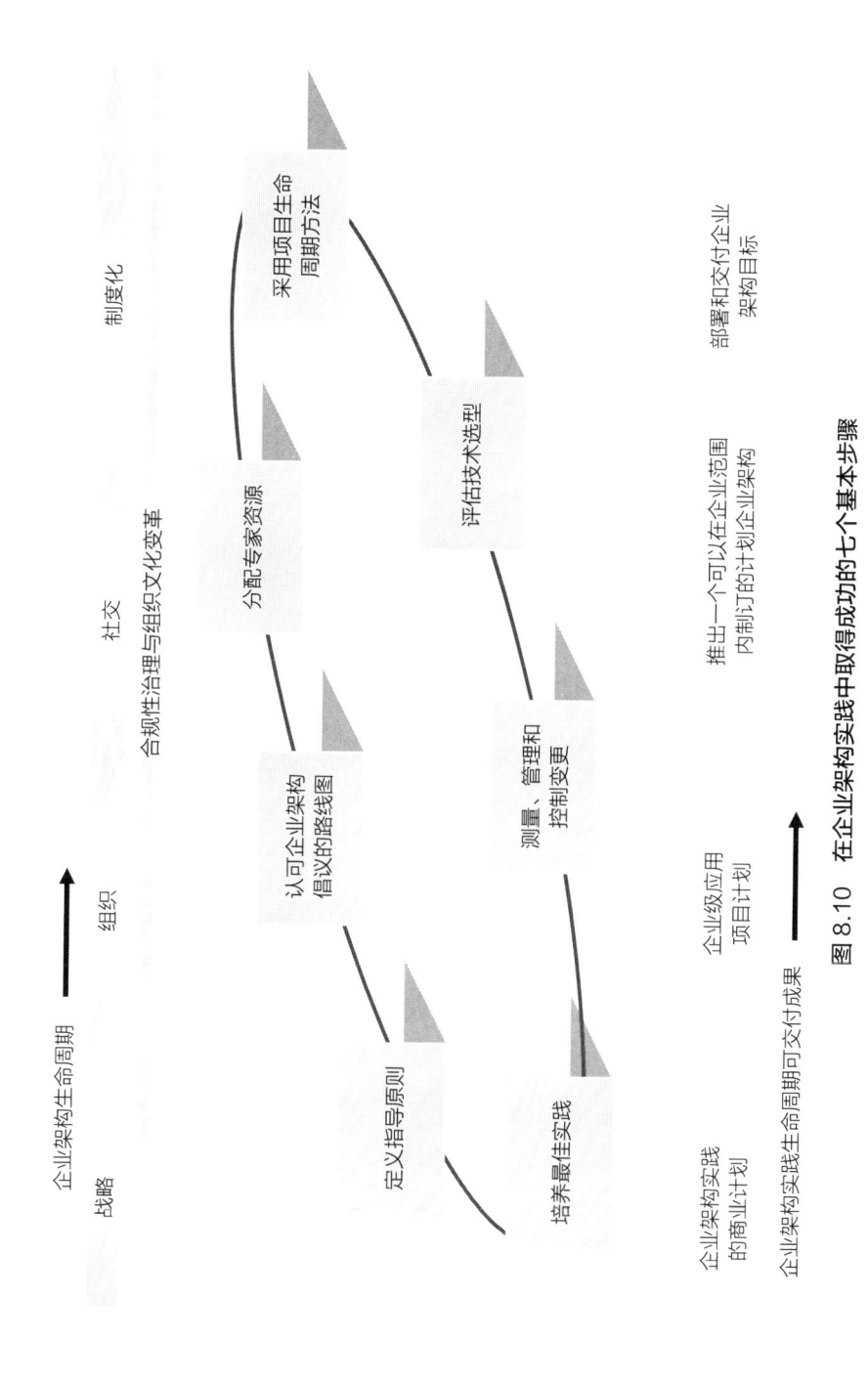

第八章
企业架构作为数字化转型的实践

图 8.10 在企业架构实践中取得成功的七个基本步骤

各种交互，并提供了具体可交付成果、里程碑和复杂性的说明。

3. 分配专家资源，首先指导各种业务和信息技术团队理解和使用企业架构指导原则，然后帮助这些团队遵守这些原则和其他监管或治理要求。

4. 采用项目生命周期方法，以证实业务价值交付的重要性，并确保业务组织专注于"按时及在预算内"进行活动，以取得可衡量的结果。

5. 评估适当的技术选择，以利用现有的资源投资（包括技术、人员和过程），并为计划团队提供时间，让他们从以前的经验中学习，并获取在业务和技术概念方面的进步。

6. 度量、管理和控制变更，以提高正在进行的企业架构计划的质量和性能，并实现为业务组织交付的最终结果。

7. 在使用企业架构指导和治理原则方面培养最佳实践，以促进从行业中获得的变化以及组织中获得的经验教训的结合。

尽管在图中这七个步骤是按顺序排列的，但它们既可以按顺序执行，也可以并行执行。这些步骤必须与企业架构实践生命周期阶段相一致，同时记住可交付成果。对于许多组织来说，可用的企业架构专家为核心竞争力创建了一个临界群，而这些专家的数量决定了实践的成功与否。

讨论主题

❶ 为了支持数字化转型，你将如何规划在你的组织中建立企业架构实践的过程？（业务敏捷性；企业架构不是一个信息技术事务。它必须为业务组织提供灵活操作的能力。企业架构实践必须有一个章程，使其成为一个持续的活动。）

❷ 企业架构的典型商业计划是什么？（它将不同于数字化转型的组织计划，但将记住该计划。此外，重要的是要把企业架构实践当作业务来对待，因此它必须有一个证明其存在和可信性的商业

计划。）

❸ 你认为企业架构实践如何影响数字化转型？（绘制企业的"大图"，帮助团队了解他们的功能如何影响整体业务目标，以及他们必须如何进行交互，以构建一致和有效的企业。）

❹ 你将采取什么策略来确保企业架构在数字化转型工作中为业务提供最大价值？（从一开始就参与业务——如前所述，业务组织在构建企业架构中扮演着关键角色，而业务发起人提供资金，他们必须从一开始就积极参与，以减少潜在风险。）

❺ 你打算如何控制和持续改进企业架构实践及其对数字化转型的影响？（建立一个治理结构——一个有效的模型。为了取得持续的、可衡量的进展，必须遵守一套政策：豁免须由管理机构批准，以便为特殊情况留出空间。）

❻ 企业架构如何确保其合法可行？（遵守政府法规和指令。为了使一个组织成为它所属的垂直行业的一部分，从业者必须遵守一套有约束力的法规。遵从性增加了业务的敏捷性。）

❼ 哪些关键行动可以确保企业架构在转型后继续为数字业务提供持续支持？（测量、监视、管理和维护性能。为了有效地交付业务目标和可量化的结果，企业架构实践中涉及的每一步都必须用一组灵活的度量来跟踪、验证。）

❽ 讨论衡量企业架构实践成熟度的必要性。（考虑企业架构实践本身没有成熟度度量的场景。）

09

第九章

衡量企业架构在数字化转型中的度量指标、关键绩效指标和风险

本章概要

企业架构中定义数字化转型可为企业带来商业价值。首先，要定义和确定一系列度量指标和关键绩效指标。标准、框架、指南、参考示例和最佳实践方案都有助于企业架构的衡量、管理和治理。本章提供了一个全面的视角来体现企业架构在数字化转型中的重要意义；讨论了建立企业架构度量指标的概念、步骤和存在的挑战；讨论了如何利用企业文化、组织框架、以用户为导向的战略和适应性商业目标来开发管理企业架构度量指标。

建立企业架构度量标准

度量指标和评价方法在任何新举措中都很重要，在数字化转型中更是如此。在企业运作中，转型是一项挑战性很强的工作。度量指标可以为企业提供开展转型的方法。事实上，指标体系和评价方法可以为企业提供开展数字化转型的动力。此外，行业标准也为企业数字化转型提供基准。

企业架构的价值在政府机构和商业部门的影响都是巨大的。信息技术人员需要采用和适应行业标准来开展最佳实践，同时形成自己的体系。以客户为中心的企业架构度量指标和关键绩效指标被融合到这些战略中，去提升客户满意度。

建立企业架构标准是一项大型工程，需要投入大量时间、精力和资源。数字化转型案例需要包括企业架构度量指标，同时提供迭代和增量的发展方式。企业路线图通过各种业务应用、业务流程、业务功能、接口、数字合作伙伴和设备的交互集成，在企业架构度量指标制定中发挥重大作用。此外，组织文化也会影响员工对架构指南、最佳实践方案和原则的接受度。因此，企业架构度量指标需要与时俱进。一套详尽的指南与最佳实践方案有利于捕捉和采集度量指标的变化，同时也能提升组织文化的黏性。在数字化转型中，考虑将企业架构度量指标作为一种技术衡量标准是有风险的，因为业务的复杂性大大超过了技术衡量标准。

度量指标用来衡量组织中成功或不足的地方。对于大多数企业数字化转型方案来说，度量指标有效性的关键是通过建立正确的模型，来收集相关数据并维护企业架构的不同参数。数字化转型对形成企业架构度量指标至关重要。

在数字化转型初期，企业会识别、捕获并开始管理一组指标。这些初始技能可以帮助企业了解有关全公司活动的数据和信息，整合业务应用程序和系统，重构业务流程，并提供客户价值。企业架构度量指标为整个企业的生产力、效率和性能提供了一个基准。在企业架构度量指标的帮助下，一家企业可

第九章
衡量企业架构在数字化转型中的度量指标、关键绩效指标和风险

以正确衡量自身的数字化转型是否成功。企业架构度量指标通过企业内在关联的关键绩效指标定义从业者职责、义务和灵活性，评估相关领域能力与现有技术投资的成熟度来彰显价值主张。

图 9.1 展示了构成数字化转型的基础的企业架构度量元素。具体如下：

- 组织管理元素支持度量企业范围内的组织文化和相关变化，深度理解扩展型企业（包括业务和技术合作伙伴）文化，并展示组织如何整合能够支持数字化转型的最佳实践和行业标准实现。
- 业务驱动是另一个元素，它与用户访问、客户信心、期望水平和技术解决方案的特性或特征息息相关。这些措施中包括了企业架构框架、参考模型和一组核心服务。
- 业务价值元素鼓励企业通过整合和转变业务流程来超越客户期望。合理利用资源，在规定时间和预算内通过企业架构度量指标和方法实现数字化转型。

组织管理	■ 核心竞争力 ■ 文化变革和综合安全评估转型 ■ 项目管理组织 ■ 整合行业最佳实践	人员
业务驱动	■ 架构质量、特征和约束 ■ 框架和核心综合安全评估服务 ■ 战略目标和技术解决方案 ■ 标准、参考模型和最佳实践方案 ■ 用户访问指标和提升计划	流程
业务价值	■ 超过综合安全评估用户满意度 ■ "按时按预算"完成解决方案交付 ■ 有效资源管理（人力资本） ■ 义务、责任和所有权	
关键衡量指标	■ 定性（是或否）和定量（范围） ■ 规模、范围和成本控制 ■ 风险识别与管理 ■ 建立综合安全评估服务 ■ 验证综合安全评估服务	技术

图 9.1 企业架构度量元素

- 关键衡量指标元素促进了对定性和定量方法的估计，以确定企业架构是否正确。这些度量指标有助于证明企业架构在数字化转型中的作用。

上文强调了企业架构元素中人员、流程和技术与组织基本特征间的关系。这些特征有助于企业实现执行与管理的统一。度量指标与方法在人员、流程和技术间建立了协同效应，有助于形成企业数字化转型的有效触达。

从人员的角度看，对企业架构度量指标的需求来自全球劳动力的激增与团队间的无缝协作。衡量一个团队的成功，可以通过劳动力的效能与团结协作的方式，考察团队内部联系、沟通、协调和承诺间的比例。人员角度还包括文化多样性和个人对个人、团队成员的商业价值的感知。

从流程的角度看，没有"灵丹妙药"或"一刀切"的方法达成企业整合计划。在数字化转型中，企业也更关注系统整合，而不是"纯粹的游戏"软件开发。这意味着企业度量指标需要严格关注流程、各种业务应用程序的接口整合以及业务流程中嵌入式分析。企业架构度量指标为每个正在进行的应用程序整合计划的企业提供了支持。

从技术的角度看，很明显，企业正在从"遗留现代化"和"网络支持"阶段进阶到"应用程序合理化"和"服务导向"阶段。第二章表述了技术对企业架构和数字化转型产生的影响。掌握技术的复杂性、安全性和对技术指标转换的衡量标准是数字化转型成功的前提，尤其是数字转型变革的特点是利用分布式技术环境中的应用程序和流程的联合方法。联合方法不仅为业务部门提供了自主权，同时也保证了他们对企业准则、愿景和业务目标的忠诚度。分布式环境增强了技术作为服务的助推作用和促进战略投资的投资回报率。

企业架构度量指标有助于衡量、监督和管理企业各个方面的绩效。企业度量指标的各种元素可以用于不同形式的报表展现（例如：平衡记分卡或每周状态报告等）并有效地促进企业的决策。因此，企业架构度量指标在以下方面起到关键作用：

- 就业务或技术问题达成利益相关者的共识并形成一致的解决方案；

第九章
衡量企业架构在数字化转型中的度量指标、关键绩效指标和风险

- 制定一套措施（例如：平衡记分卡），来评估或评价与任何特定业务功能相关的价值主张和/或绩效指标；
- 通过相关团队的紧密协作，确保技术的正确实施；
- 提高信息技术与运营计划或业务功能的一致性。

这些举措也会影响企业员工的士气和工作表现。

为数字化转型中的企业架构度量指标提供依据

数字化转型的复杂程度与深远影响会给组织的每一项职能带来变化。度量指标在帮助估算工作量、管理风险和提供所交付价值的证明方面起着至关重要的作用。企业在开发企业架构度量指标的业务案例时，需要考虑具体的需求。满足企业战略的三个条件是：

- 通过评估高风险和显著高于标准的奖励机制、消除组织内部对技术或部署的偏见，以及创建充满活力和态度积极的团队与团队氛围来应对大多数企业架构的复杂性。
- 建立跨组织的支持，以便将企业架构指标作为一组多视角或视点进行管理、监控和维护。通过对标准和政策的不断完善，这些指标在质量方面得到了改进。
- 使用主动矩阵监控模型（本章后文将对此进行讨论）促进周期性事件或一系列活动的进展，并帮助高层领导和管理人员做出明智的决策。

确定企业架构指标参数

企业架构度量的正确参数应该是什么？如何随变化改进？在数字化转型中，应该如何重新审视这些指标参数？在任何进行数字化转型的企业中，以下五个步骤最常用于识别企业架构指标中的正确参数：

- 从一开始就让利益相关者参与进来——这是绝对必要的步骤，主要利

益相关者在定义哪些企业架构指标对业务重要性以及指标间相关程度上发挥重要作用。

- 正式化收集和跟踪业务需求——这一步骤对于涉及多个团队的企业架构计划非常有用。
- 根据相关风险和业务影响对需求进行优先级排序——此步骤通常遵循对已确定的需求及其对业务目标的影响所执行的相关成本效益分析。
- 从用户的战略和策略目标中获得正确的参数——这一步强调了战略和策略目标的相关性，以及所确定的大多数参数是如何真正影响并实现它们的。
- 根据需求、业务环境、竞争或经济气候的变化来调整参数——这通常与前面的所有步骤同时执行。

企业架构度量指标与数字化转型的相关性

数字化转型是一个"正在进行中的工作"。未来几年，组织中典型的迭代和增量方法会不断得到完善与更新。因此，企业架构指标的开发要考虑到数字化转型的业务愿景、目标和需求，确保利益相关者从一开始就参与其中，企业架构的建立也应在建立在数字业务的"大局"之上。与数字能力发展相关的项目管理由投资组合管理办公室主持。正规化业务和技术项目有助于对组织整体进行衡量。

投资组合管理为组织结构的敏捷性增加了一个新的维度。这是因为投资组合可以帮助企业领导了解企业架构和数字化转型在整个组织中的重要性。数字化转型的投资组合观点是应对不断变化的企业文化的首选机制。并购和外包等策略也得到了投资组合的良好支持。

在整个企业架构生命周期中采取的主动措施可以提高企业在其业务应用程序整合计划中的进展速度。企业架构的灵活性有助于帮助企业适应不断发展的技术和业务环境，因为企业架构可以适应一个环境对另一个环境变化产生的影响。灵活的企业架构允许企业在一套标准的架构指导方针或原则上，以及包含行业优势框架、参考模型和一组公共核心应用程序服务的架构蓝图中进行适当和合理的调整。

上述企业级架构原则、实践和方法提供了对数字化转型所交付的核心价值观的理解。这些原则有助于信息技术团队在其数字业务流程中提升运营效率。架构实践和原则是企业架构度量指标建立的基础。

正确地掌握企业架构指标

数字化转型需要识别、确定和建立正确的参数，以获得正确的企业架构指标。正确识别参数的有效方法从一组体系结构原则开始，然后以开发路线图来建立相应的指标。

企业架构指标被确定后，企业需要计划如何在实践中运用这些指标进行数据治理（在第十章会有更详细的阐述）。建立数据治理的目的是分享关于如何利用企业文化、组织结构、客户战略和适应业务目标来开发和管理企业架构指标的实际经验教训。

企业架构指标具体应包括什么呢？

企业架构指标代表了一套标准，用于衡量企业架构活动与相关业务目标进展。同时，提供了一个可以利用节奏、严谨和现实业务的解决方案。"节奏"指对指标一致性的定期复核，"严谨"指为维护和管理指标的尽职调查，"现实"指在任何给定时间获得相关结果。因此，数字化企业的生产力、效率和绩效都会受到企业架构指标的影响。企业架构指标主要通过将企业的关键衡量指标与企业架构指标内在地关联起来，定义相关从业者的职责、义务和灵活性，以及评估能力，从而为所涉及的领域与过程提供现有技术成熟度评估。

企业架构指标会影响企业战略和策略抑或是业务目标，但对业务服务或运营来说影响并不直接。因此，大多数情况下，这些指标对于企业高管来说不易识别。这会给实践者在制定关于建立或管理企业架构指标的业务案例时带来挑战。特别是，为了获得高管的支持或资金批准，实践者在制定一套完整的企业架构指标前，必须经过深思熟虑。

制定企业架构指标

企业架构和产品组合管理实践促进了业务整合。企业必须在制订方案时对指标的灵活性进行衡量、管理和完善。这就需要对数据的方方面面进行收集并以此为基础搭建指标体系来预定义企业的业务价值。因此，很难使用一组特定指标来衡量数字化转型效果。此外，随着公司规模和组织结构的复杂程度增加，收集和管理企业架构指标的难度也会随之上升。

小型企业需要简化版的企业架构指标体系。因为在某些情况下，小型企业很难定义这些指标，而组织架构不够完善也会导致企业缺乏相关的数据去建立企业架构指标体系。同时，小型企业的资源（包括专业技能）以及现有技术管理工具也不够完善。

对于大中型企业来说，企业架构通常伴随企业级相关计划的各种业务问题与挑战。这些计划的复杂程度是企业架构指标体系所必须考量的，例如如何利用各种资源的管理与职能为行业提供最佳实践与解决方案。

建立企业架构指标模型

在构建企业架构指标模型时，有四个适用于大多数公司的战略架构原则（见图9.2）。这四大重点领域分别是企业信息技术战略、企业信息技术治理、信息技术运营支持和信息技术投资组合管理。信息技术部门作为与业务部门对应的职能方，承担共同建立与维护企业架构指标的职责，同时为达成战略目标和业务价值作出贡献。在此过程中，各个领域间功能也相互支撑。

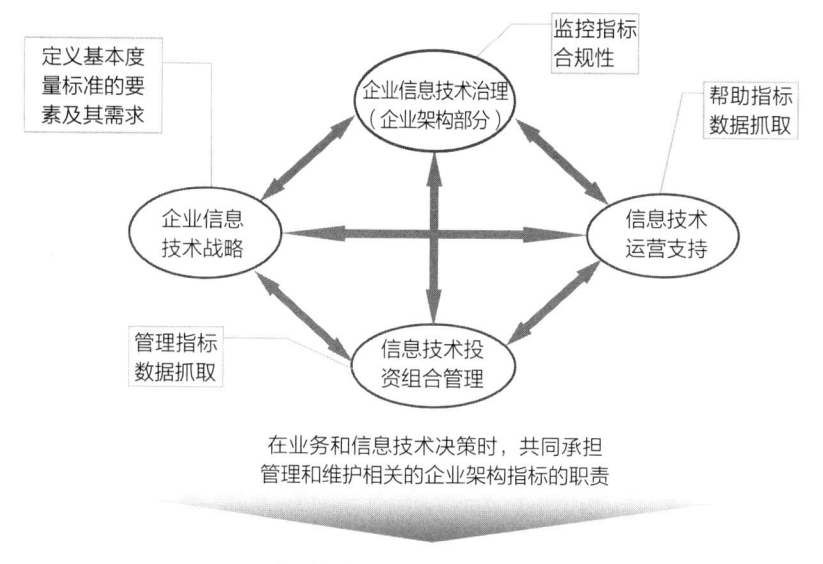

第九章
衡量企业架构在数字化转型中的度量指标、关键绩效指标和风险

图9.2　建立企业架构指标常用模型

- "企业信息技术战略"重点定义了识别企业架构指标的基本原则，目的是与企业的业务目标相匹配。这意味着，参与识别企业信息技术战略的实践者通常会同意通过一组企业架构指标来实现的业务目标。指标体系一旦建立，这些度量会贯穿企业级计划的整个生命周期中，以衡量企业在实现业务目标上的进展。
- "企业信息技术治理"主要指监控相关计划对企业架构指标的遵守情况，考察企业信息技术治理是否对实现企业目标有一定影响以及在资金和资源需求方面的重要性。企业信息技术治理在必要时，允许对个别计划进行授权或豁免。
- "信息技术运营支持"聚焦在指标数据的捕获，有助于收集相关特定信息技术运营数据。在某些情况下，企业的多个业务应用程序的数据是集成共享的，这可以给网络与基础设施相关操作提供支持。因此，企业架构指标数据的某些特定元素也支持信息技术运营。

231

- "信息技术投资组合管理"关注于项目、计划与投资组合领域内的相关指标数据。一般情况下,企业级计划由多个项目组成,一些项目与另一个项目群存在关联,还有一些项目可以构建一个项目组合。该领域也参与其他领域的数据获取过程,对数据值的更新、修改、管理进行有效性审查。

公司信息技术战略和公司信息技术治理的主要目的是支持业务发展,而信息技术运营支持和信息技术投资组合管理则专注于信息技术计划管理和运营,同时确保技术需求与业务目标的适配。参与这些重点领域的团队成员除了积极参与建立企业架构指标外,还可以承担其他角色和职责。例如,负责制定企业技术方向的企业架构团队还可以构建一套架构原则、架构框架、参考模型以及支持整个企业采用的技术标准。

数字化转型中,企业架构指标侧重于信息技术支出、现有技术和资源相关投资的投资回报率,以及是否遵守政策法规、最新的行业标准与公司政策和程序。

企业架构指标制定情况

制定企业架构指标主要是出于以下三种考虑:

- 预防——作为应对数字化转型与计划整合的不确定性和未知性的保障。信息技术和业务团队应尽早参与进数字化转型中,识别潜在风险、问题和关键成功因素,可利用量化指标验证定性参数。例如,从一组指标判断用户通过门户访问公司主页的重要性。通过用户并发数来证实企业门户可在他们访问指定应用程序时提供支持。
- 阻止——作为一种管理或避免数字化转型期间产生不良结果的机制。这些结果与一系列目标有关,如获得财务效益、最小化成本影响或最大化投资回报率。在这种情况下,团队会受到某些技术或高管的赞助,但由于缺乏专家资源的指导而阻碍了关键成功要素的发展。这种情况

第九章
衡量企业架构在数字化转型中的度量指标、关键绩效指标和风险

下,团队将持续监控企业架构指标,消除对企业级计划的不利影响。例如,一个计划团队准备了一组处理系统性能的指标,为客户提供及时的响应时间(少于 30 秒的等待时间)。

- 宣传——作为一种对信息技术的前景和潜力的认同方式。在这些指标中,将监控信息技术资产和业务流程来逐步替换、升级或改进当前流程。这种情况下,企业可能由于合并或收购而产生冗余的业务流程、应用程序或系统,需要简化。因此,企业采用了一套新的策略、最佳实践方案和治理原则,并建立了一套企业架构度量标准来监控和管理它们的合规性。此外,该组织还考虑建立一组类似的企业架构指标来审查技术标准和技术的合规性。例如,一个公司决定在识别被访问最多的应用程序的同时创建一组企业架构度量指标,同时开发一个服务(使用面向服务的体系结构)来通过网络访问该应用程序。

在上述情况下的企业架构指标实践如下:

- 企业架构度量指标最初是业务驱动的,因此企业架构指标中的大多数参数优先关注是否满足已确定的业务需求。随着企业业务集成与生命周期的进一步分析,参数有相应的数值来佐证。
- 企业架构指标对管理团队和技术团队都是有价值的,因此,指标参数的测量和监控都是为双方服务。公司可以允许不同的团队来独立管理指标,然后在独立的仪表盘或分离的图表中共享结果。因此,一套指标可以在财务仪表盘下识别财务影响,也可以用同样的数据分析资源的分配问题。
- 随着企业架构模型的发展和成熟,企业架构指标在企业中得到了更广泛的应用。这将提高整个公司对改进措施的预见性,并增强其在未来持续交付业务价值的潜力。

有源矩阵监测模型

有源矩阵监控模型是正确创建和维护企业架构度量指标的基础。该模型代表了一组评估和决策标准,可以通过修改以满足企业的特定需求。有源矩阵监控模型有助于:识别其企业架构的关键领域;定义关键领域的逻辑或统计意义;持续监控指标。这个模型通常允许实践者仔细检查"假设"的情况,并可依据背景更改企业架构度量标准。

图9.3展示了有源矩阵监控模型的简化视图。在样例中,该模型依据信息技术需求和约束以及战略业务驱动因素对企业的重要性,对相关风险因素和优先级进行加权。总体加权可帮助企业将信息技术工作与战略业务目标保持一致。这个模型是灵活的,因为它在企业生命周期管理中,能够以实时的方式来对企业架构指标进行管理。该模型及修订版本已用于许多服务导向型和协作类的企业架构项目。在创建用于开发企业架构指标的业务案例时,使用这个模型有一些优势,因为它易于使用和交互,并且可以帮助实践者根据他们自身情况评估不同的"假设"场景。

建立协作型企业架构的路线图有四个阶段:发现问题、差距分析、协调计划和解决方案。同一路线图可用于多个战略级企业架构设计。在开发协作型企业架构实践时,通常会在企业架构计划生命周期中执行的常见活动列表。这些活动有助于定义企业架构指标或基本参数。图9.4展示了协作型企业架构生命周期的上述四个增量和迭代阶段。

在问题发现阶段,实践者通常会关注那些对开展企业架构计划提供强有力的业务案例。决策者通常会探索所有的业务驱动因素以及组织的战略目标。在记录已确定的需求时,决策者通常要特别注意识别与所需的企业架构标准相关的参数。例如,执行者指出的大多数风险、问题和关注点都是有效的,从一开始就会被用作重要的企业架构指标参数进行跟踪。

从战略层面而言,当一个企业范围内的企业架构计划影响多个与企业架

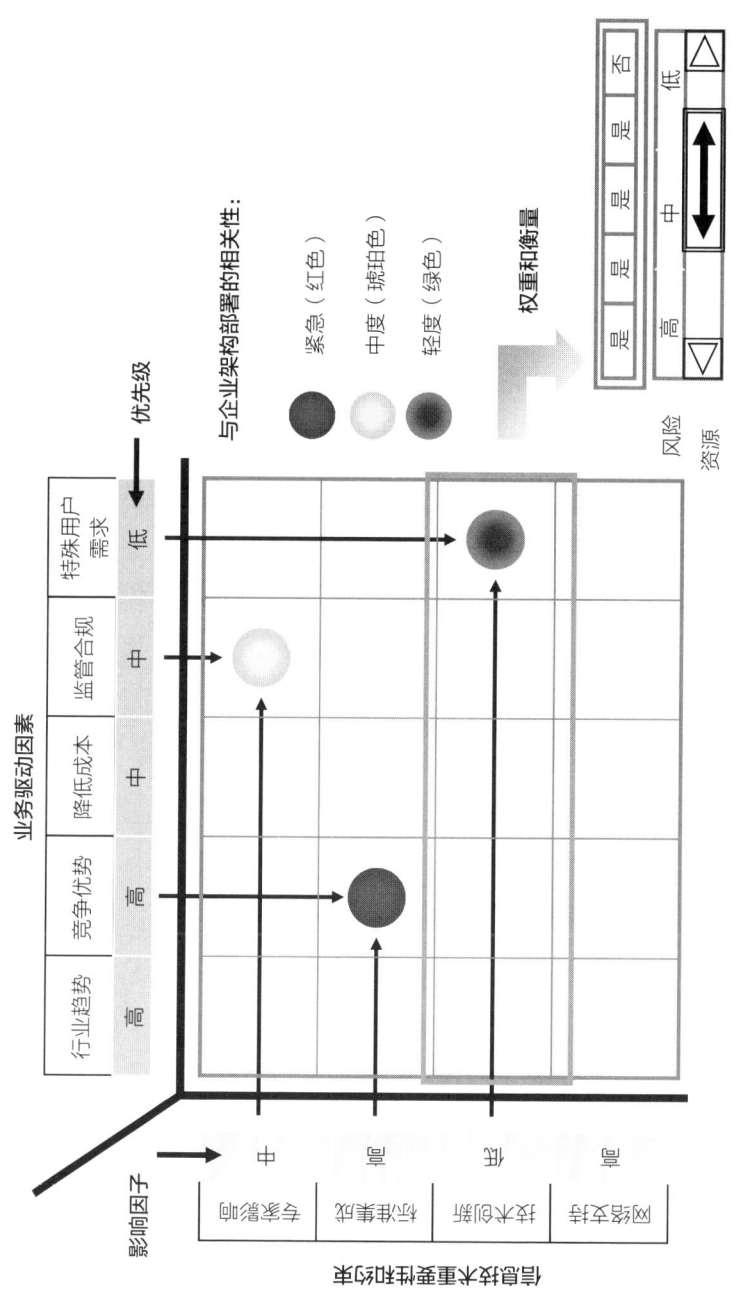

第九章
衡量企业架构在数字化转型中的度量指标、关键绩效指标和风险

图 9.3 有源矩阵监控模型简化视图

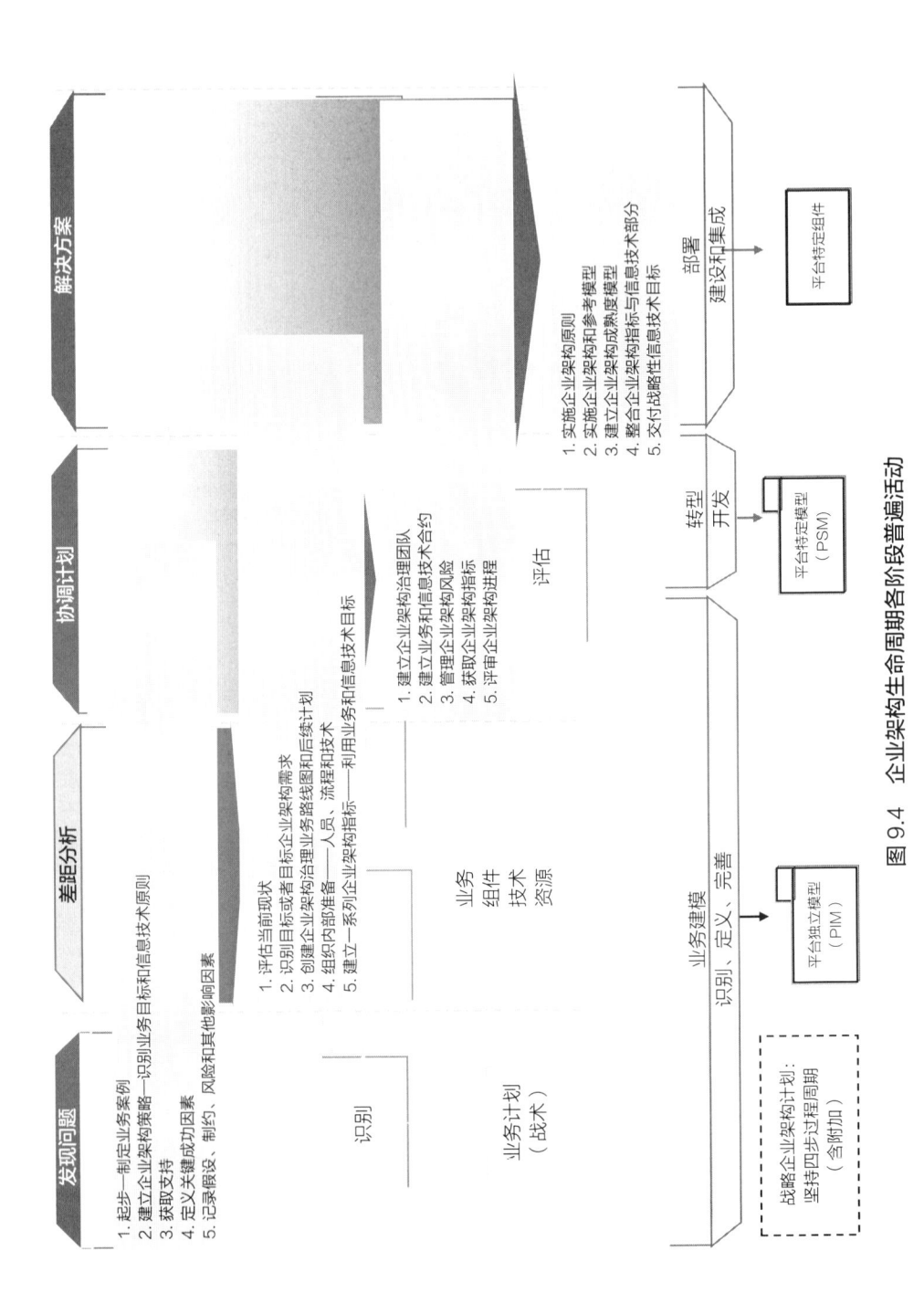

价值重塑
面向数字化转型的企业架构

图 9.4 企业架构生命周期各阶段普遍活动

第九章
衡量企业架构在数字化转型中的度量指标、关键绩效指标和风险

构相关的项目或横跨多个组织时,高管将承担具体的职责,并通过本阶段工作会议确定提高投资回报率的措施。此外,许多公司考虑出台一套与企业架构指标数据相匹配的规则,并制定相关制度与流程管理来收集数据,为指标数据体系服务。这个阶段主要帮助利益相关团队和执行方了解创建企业架构指标体系的重要参数。

在差距分析阶段,实践者的关注点会从获得执行方的批准转变为认识到组织管理上的挑战和问题。技术、操作和采购方面的挑战进一步增加了流程审批的复杂程度。因此,企业架构指标的相关参数与以下活动有关,例如:盘点企业架构的当前状态(包括现有技术、框架、参考模型、流程、标准以及最佳实践);捕获目标或未来企业架构的业务需求。这两项活动有助于定义企业架构指标规模、范围和与成本控制相关的参数。对于企业架构的战略计划来说,这三项活动有助于我们了解企业的"现状"和"未来",从而制订一系列计划来进行企业架构治理。其他像让组织做好准备和有意识地开展相关计划这类的活动,有助于创建一套利用业务和信息技术目标的企业架构指标。

协调计划阶段可确定如何发现企业架构中存在的已确定的风险、问题和限制性活动。通常,企业需要先为企业架构治理团队制定一个章程,其中包括来自业务和信息技术职能部门的代表。这也可能意味着将企业架构治理委员会正式归为企业信息技术治理委员会的一个分支。正式的业务和信息技术合同中会规定相关团队人员角色、职责、责任和所属权。

因此,企业架构指标中的要素既需要支持架构特性,也要满足不同的业务需求,并且让业务团队成员参与并支持各自的企业架构计划目标。该阶段还包括定期审查基于企业级架构成熟度模型的计划进展。这些审查旨在确定如何改善企业架构指标特性和精准程度、是否可以支持现有以及新的企业架构框架、对组织战略目标的直接影响是什么,以及流程如何帮助团队利用开放的行业标准,以满足大多数业务需求。企业架构指标为这些审查提供了一套定性和定量的解决方案。

解决方案阶段是关于企业架构原则的实现，采用了现有的或新的企业架构框架和参考模型。它还包括整合最佳实践方案、组织或公司的政策流程，并酌情遵循开放的行业标准。因此，在前三个阶段收集或测量的大多数企业架构指标都需要被测试和验证。运营部门可建立企业架构成熟度模型，并将企业架构指标与公司信息技术章程整合起来。企业架构指标本质上是依据交付物或此阶段产生的成果进行改进。"经验教训"有助于企业架构指标体系的精准度提升。

基于质量管理要求，阶段内涉及的所有活动都需被评估和测试。这些阶段所创建的企业架构指标也成了企业架构生命周期的一部分。企业架构指标体系的参数细节与呈现方式也取决于目标受众的不同。例如，呈现给执行方或公司领导的信息都是经过多层汇总的。针对不同受众或用户，企业架构指标数据会以不同方式来呈现。比如，对企业架构计划所涉及的成本收益相关的信息会根据财务和运营管理团队的需求以不同的方式呈现给他们。

虽然以上活动呈现了如何正确创建企业架构生命周期的全貌，但仍有许多企业在确立企业架构指标参数上存在困难。以下五个步骤将帮助企业确定这些参数：

1. 从一开始就让利益相关者参与进来——这是绝对必要的步骤。利益相关者在定义哪些企业架构指标对业务有重要意义以及指标监控方面发挥关键作用。通过企业架构计划提供强有力的业务案例支撑以及获得赞助商批准的角度来看，这一步骤也很重要。

2. 正式收集和跟踪业务需求——这个步骤对于涉及多个团队的企业架构计划非常有用（从一组需求如何被提炼，到审查，再到最终被记录在跟踪矩阵中）。

3. 根据相关风险和业务影响对需求进行优先级排排——此步骤通常遵循对已确定的需求及其对业务目标的影响所执行的相关成本效益分析。其中，总成本、投资回报率和维护成本变化相关的指标也是成本效益分析的一部分。

4. 从用户的战略和策略目标中获得正确的参数——这一步强调了战略和策

第九章
衡量企业架构在数字化转型中的度量指标、关键绩效指标和风险

略目标的相关性,以及所确定的大多数参数如何真正影响这些目标的实现。对于大多数公司来说,当涉及相关参数时,组织复杂性、多个计划之间的关联关系与政治壁垒会比遇到的技术挑战更为棘手。

5. 根据需求、业务环境、竞争或经济气候的变化来细化参数——这个步骤通常与上述步骤同时执行。虽然许多公司的执行者发现,在初期很难为企业架构指标确定正确的参数,但在大多数情况下,随着业务的变化和从企业架构生命周期的角度重新审视,这些参数会被不断完善。

企业架构指标的治理

建立企业架构指标治理对于企业架构计划实施很重要,如图 9.5 所示。

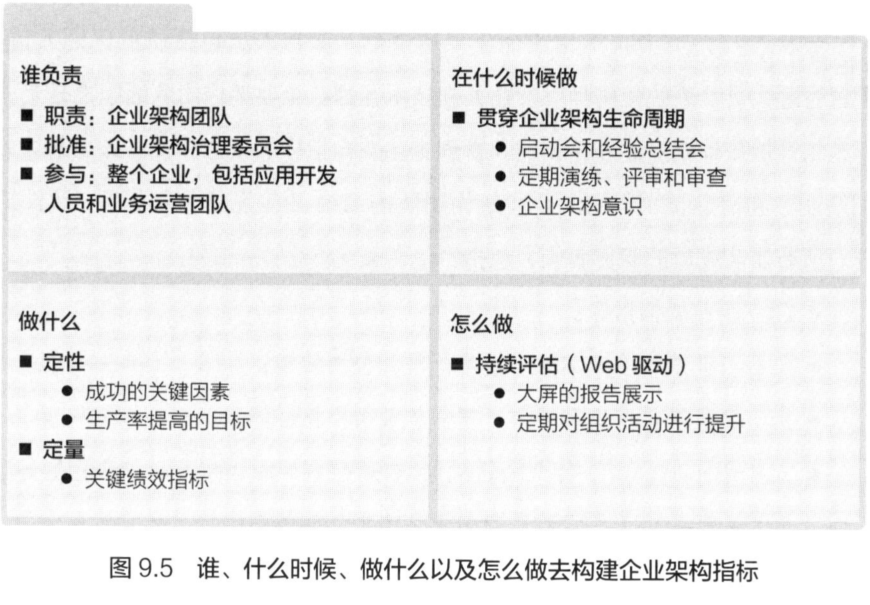

谁负责	在什么时候做
■ 职责:企业架构团队 ■ 批准:企业架构治理委员会 ■ 参与:整个企业,包括应用开发人员和业务运营团队	■ 贯穿企业架构生命周期 ● 启动会和经验总结会 ● 定期演练、评审和审查 ● 企业架构意识
做什么	怎么做
■ 定性 ● 成功的关键因素 ● 生产率提高的目标 ■ 定量 ● 关键绩效指标	■ 持续评估(Web 驱动) ● 大屏的报告展示 ● 定期对组织活动进行提升

图 9.5 谁、什么时候、做什么以及怎么做去构建企业架构指标

创建企业架构指标体系是复杂的,需要大量的精力、时间和资源来找到正确的参数与一致性指标来获得最佳实践案例。因此,企业必须建立一个能够

支持多个计划运行的企业基础架构帮助执行者收集创建指标参数的数据信息。

在数字化转型中，一个结构化的企业架构生命周期需要通过治理来实现。治理需要强调是谁、干了什么、在什么时候，以及如何正确获取企业架构指标。这四个维度构成了企业架构治理的基础。

企业架构团队是谁

负责创建、社会化和推动执行企业架构指标的所有相关元素的企业架构团队，还负责组织内部的指标采纳。企业架构始于对企业愿景的专注。企业架构治理的关键是对管理层和领导可见，并展示一个有效且与业务一致的企业架构。企业治理架构需包括组织内的所有利益相关者。一般来说，组织业务管理与企业架构的使命、愿景和总体战略相统一。治理架构需包括监督委员会和有领导层参与的指导委员会。

会从参与人员中收集相关企业架构指标。参与人员包括质量保证人员、配置管理人员、系统架构师以及业务和技术经理。企业架构团队的职责是要尽早组织开展该计划。此外，创建和管理企业架构指标的权力和责任必须平均分配给业务和信息技术部门。企业架构团队的结构很有条理，形成了一致性矩阵。所有团队成员的职责明确，包括：

- 建立企业架构指标；
- 结合行业最佳实践案例、技术标准和公司政策；
- 遵守各种政策法规和要求，建立相关数据指标体系。
- 对于中小型企业，各个团队的参与度没有特别大的区分，甚至在支持数据架构治理上，它们会设置多个虚拟的职能组织。

什么是定量的和定性的测试方法

企业架构治理的第二个重点领域是决定"什么"是最相关的信息，无论收集的信息是定性的还是定量的。企业架构指标也为其他指标提供相关信息，

第九章
衡量企业架构在数字化转型中的度量指标、关键绩效指标和风险

如财务规划、绩效衡量、项目管理和执行发起人的审批过程。从定性的角度来看，识别与组织或企业级计划相关的关键成功因素以及与企业架构相关的活动如何影响架构治理是最重要的。

企业高级管理人员和领导者设定的企业战略目标对提高生产力和改进方案是至关重要的。对于大多数服务或解决方案提供商来说，提高生产力是一项持续的工作。它会得到执行管理团队的极大关注。因此，收集生产力改进相关数据成为建立企业架构治理的关键要素。从定量角度看，生产率的提高可以提升一个部门或整个企业的效能。此外，在确定性能度量指标要求时，关键绩效指标将成为该公式的一个重要组成部分。对于大多数公司来说，关键绩效指标是绩效度量和企业架构治理之间的纽带桥梁。

如何获取这些指标

为了确定"如何"获取治理中与企业架构指标相关的信息，执行者选取了不同的方法。执行者可以在不影响项目交付预期结果的情况下，使用双管齐下的方法来收集和宣传整个企业的企业架构指标数据。借助大多数支持Web的项目管理工具、仪表板和记分卡，管理人员和相关的项目团队成员都可以实时参与、监控或决策活动的相关进度。企业应定期组织治理活动的开展，讨论各种项目状态，审查与决策相关的具体挑战。企业门户提供的协作性工具和技术，能确保参与企业架构指标计划生命周期中的所有利益相关方能够及时获得相关信息。

应用企业架构指标体系时所面临的挑战

企业架构指标可以在满足用户的业务需求上，为业务和信息技术部门提供更多帮助，加强业务和信息技术部门的资源利用效率，并帮助高管做出更明智的决策，以实现战略业务目标和目的的达成。但这并不意味着执行者对建立

企业架构实践背后的意图没有混淆。因此，执行者需要在实践中运用企业架构指标。在正确建立企业架构指标时会面临以下挑战：

- 缺乏高管支持——许多公司的高管可能仍然认为，他们已经在尽一切可能去支持企业级计划的开展，而单独成立企业架构实践的成本可能会给公司带来额外的负担。企业架构是一种实时的、持续的、战略性的实践，是与企业级计划并行的一种运作方式。执行者面临的一个挑战是提出一个令人信服的商业案例，让高管支持这项实践。另一个挑战是缺乏"经验教训"或"成功案例"来支持工作的开展。搭建一套企业架构实践的可获得效益是很有必要的，这有助于团队间的协作。

- 企业架构指标提供的结果模糊——这种情况主要发生在结果尚不成熟而无法查验或企业架构实践仍处于初期阶段。当执行发起人无法确定企业架构能为业务带来何种价值时，结果的参考度也不会太精确。企业架构指标衡量应包括定量和定性的测试方法。企业架构指标横跨多部门多领域来支持企业决策，例如业务与技术的一致性、性能测试、生产力提高、现有技术投资回报以及资源利用率。因此，执行者很难提取吸收所有结果，更不用说企业内多个时点、多个项目数量、规模、范围、相互联系与限制因素所带来的复杂性。对执行发起人来说，在早期建立对企业架构的期望目标并随时间推移进行流程推进是十分必要的。

- 企业架构团队脱离了实际——这主要是针对那些企业架构团队与组织的其他部门未形成有效沟通的情况。企业架构团队在沟通上需要高效，以履行其三个主要职责：第一，开发企业架构指导原则，聚焦业务需求，并在整个信息技术组织中应用；第二，与各种应用程序架构团队一起创建实施指南的路线图，收集相关数据来创建组织企业架构指标；第三，作为企业架构治理的一部分，审查各种企业架构计划是否符合行业标准和早期制定的指导方针。企业架构团队会协调企业架构和各

第九章
衡量企业架构在数字化转型中的度量指标、关键绩效指标和风险

种应用程序集成、部署和交付团队，为企业提供最佳实践方案、框架和参考模型。企业架构团队必须认识到，他们的成功完全依赖于他们的业务团队和信息技术部门的成功。挑战在于寻求匹配的专家和领导者来指导企业架构团队建立，并帮助企业信息技术组织采用指标体系和相关的指导原则（视情况而定）。

- 利益相关者不参与其中——在这种情况下，信息技术团队尚未证明他们有能力降低风险、成本或开发时间，或者提高业务组织的运营效率，以提高用户的满意度。换句话说，业务团队不信任信息技术团队可以用企业架构实践和指标帮助他们实现战略目标。通常，信息技术团队也没有成功地向其业务部门或执行发起人阐明建立企业架构实践的好处，因此业务部门也不会对此产生兴趣。此类情况的挑战在于企业架构团队可以为特定业务用途创建相应的价值主张，并使业务团队理解战略和策略目标。企业架构团队要与业务团队保持沟通，并提供有效的交付方案。这也为企业架构实践提供案例参考。在之后的实践中，企业架构团队可以以增量和迭代的方式搭建不同的企业架构指标元素。指标体系结果的生成会让企业意识到需更积极地参与到企业架构实践中来。

- 企业架构治理章程过于官方，无法及时量化结果——在企业架构治理的审查或演练过程中，相关项目如果没有及时跟进，就不能确保企业架构计划团队向业务组织交付一组可衡量的结果。在大多数情况下，政治壁垒问题是企业成员没有正确遵循企业架构实践所提出的指导方针所导致的。由于企业架构实践章程没有清晰定义不同部门和团队间的交互，导致许多进行中的项目存在信息"孤岛"。这个挑战在于企业架构团队要建立一个足够强大的精益治理结构来带领企业，以协助高管作出快速、有效的决策。高管们需要积极主动地参与管理活动。他们应该确保企业架构团队努力的结果在整个企业中能够得到有效和及

时的衡量、审查和沟通。

- 企业架构指标无法叠加——许多高管声称创建企业架构指标并不会带来实质的价值提升，所以对该功能并不感兴趣。一般来说，企业架构计划必须从研究企业当前的"现状"、现有业务应用开展、业务间如何相互连接以及它们对特定业务功能和流程的支撑程度开始。随后，企业架构团队需要获取企业"未来"目标，即用户希望他们的企业组织在未来是什么样子的。一旦分析完当前和未来企业级架构之间的差距，企业架构团队就可以制定路线图来描述企业架构生命周期的各种活动。此外，他们还可以开发一组蓝图，展示各种框架、参考架构模型、行业标准和最佳实践案例。为了创建一组合理的企业架构指标，企业架构团队有必要从可视化或建模业务架构开始，呈现当前和未来的业务形态，并阐述企业架构指标如何在不影响当前业务运营的情况下帮助实施企业达成战略目标。此外，在这种情况下，执行者必须定期组织对企业架构指标结果进行收集。

- 企业架构指标需求的优先级不够高——以下四种情况都是未能开展企业架构指标实践的原因：第一，以前建立企业架构指标实践或相关企业架构指标的尝试未交付预期承诺的结果；第二，结果不符合商业组织或执行发起人的期望；第三，外部咨询顾问创建的指标没有在整个企业中被内化；第四，进行必要的更改使得企业架构原则融入当前的组织文化中需要时间过长。企业架构团队必须考虑风险因素，强调遇到的挑战或问题，需要在企业级计划的早期阶段确定与企业架构指标相关的关键成功因素。最重要的是，他们必须探讨企业架构指标如何影响业务成果的交付，这可以为公司设定蓝图。大多数公司仍然需要一致的企业架构意识方案来准备企业架构指标的设计。技术管理经验以及业务与技术之间的关系变得尤为重要。说服执行发起人和企业应通过搭建正确的企业架构指标体系，尽早按时交付项目并降低相关风险。企业架构指标体系可以提高企业在满足新需求方面的敏捷性或灵活性。这是提升企业架构指标在企业优先级的一种方式，因此企业应认真考虑建立企业架构实践。

建立"正确的"企业架构指标体系

企业可以使用七步法来正确地获取企业架构指标。这种方法（见图9.6）可以帮助企业解决上述提出的问题或挑战。图9.6显示了为获取准确的企业架构指标而采用的两种方式。其中一种涉及业务和技术联合运营，持续支持所有企业级项目，为企业建立包括企业级的投资组合管理，是关于技术、标准和监管授权的知识资本存储库，会开展各种宣传活动。另一种是针对企业架构计划的，包括七个步骤，需要持续的业务与技术协作，以建立企业架构指标。在整个过程中，企业可制定将当前"现状"企业转变为"未来"协作的企业路线图。企业制定企业架构指标体系的步骤如下：

1. 以企业架构目标为重点，为企业架构实践定义业务案例——正如整本书中所讨论的，这是认识到建立企业架构实践和获得赞助的必要性的一步。这里，我们探索了假设、约束、关键成功因素和风险。我们在前面的章节中已对此步骤进行了详细讨论。在此步骤中，执行者必须解决以下问题才能建立一个业务案例：

- 企业架构计划将如何帮助信息技术组织满足现有的客户的满意度，并超过他们的期望？
- 企业架构计划能否同时加快一个或多个技术团队间"按时且符合预算"的项目交付？
- 企业架构的计划是否会对公司现有的组织文化产生重大变化？
- 企业架构计划是需要在公司内部建立额外的核心竞争力，还是需要从外部获得？

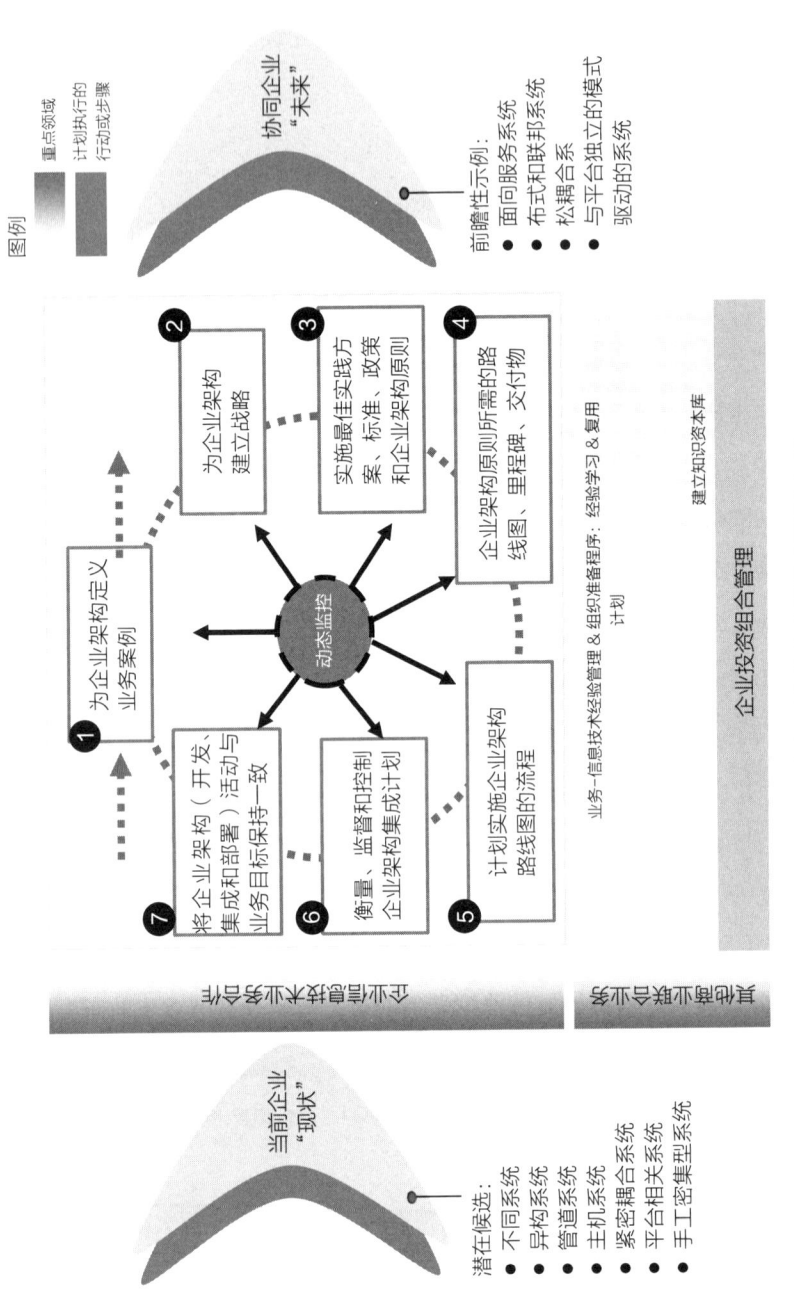

图9.6 建立正确的企业架构指标的七步

- 执行者能否评估该计划的规模、范围和成本因素,用以展示企业架构实践和指标所能带来的真正好处?

2. 建立实施和部署企业架构的战略目标——这是"业务优先"和搭建企业架构准则的方法。它可以衡量企业级计划可能产生的影响。这一步骤可以确定企业架构指标的基本标准。以下几个问题是执行者需要考虑的:

- 该战略是否提供了在多个项目交付时对组织文化进行变革的机会?
- 该战略是否考虑了现有技术投资的回报和从企业级计划中实现预期总体拥有成本等因素?
- 该战略如何解决诸如控制交付成本、降低部署成本、重用现有资源以及减轻与这些问题相关的风险等问题?
- 该战略是否能够支持企业的特定业务目标?
- 该战略如何形成一套最佳实践、标准、框架和参考模型以供企业采用?

3. 执行最佳实践、标准、策略和企业架构指导原则——这是为企业架构实践构建治理结构的一步,影响各种应用开发团队实施最佳实践方案、标准、策略和企业架构指导方针的方式。这是解决对企业架构指标体系合规性的步骤。这一步中,最常见的问题是:

- 所选择的最佳实践方案、标准和指导方针会影响公司的组织文化吗?
- 这些团队或整个企业是否有将最佳实践与业务目标相结合的经验?
- 组织中是否有足够的专家资源来整合和实施最佳实践方案?
- 是否可以修改公司中已经存在的治理模型以服务于企业架构计划目标?如果不可以,需要采取什么措施?

4. 用蓝图、里程碑和可交付成果来定义路线图,以形成正式的企业架构原则——这是企业架构师与来自不同技术部门的同事紧密合作的一步,用以定义路线图以及如何有效发挥企业架构实践。这一步需要制定审查、演练和检查规则。此步骤中常出现的问题是:

- 参与企业架构计划的技术部门之前是否使用过路线图?该路线图是否

采用了企业架构实践定义的最佳实践方案和蓝图？
- 构建路线图需要什么样的支持和资源？组织是否有提供可衡量企业架构解决方案的经验或能力？
- 企业能否与他们的业务客户和企业架构团队一起定义企业架构的可衡量性收益，将当前架构转换为目标架构，并定义采用新技术、工具和技术的风险点？

5. 规划一组企业架构流程来实现企业架构指标的路线图——这一步骤帮助各种技术团队规划分配资源、技术和流程，以实现企业架构推荐的架构框架、参考模型、技术标准和工具。在这一步骤中，企业架构指标与已确定的业务需求有完全的映射关系，技术团队开始收集与企业架构指标体系相关的信息。这一步中的主要问题包括：
- 技术部门是否有流程或者支持企业架构活动的流程的经验？
- 所定义的流程是否可以帮助实现理想的企业架构特性和质量？
- 该流程是否可以支持技术部门采用规定的架构框架？
- 该流程是否能调动业务团队的参与性？
- 如何使用所定义的流程来衡量成本和绩效等因素？

6. 使用企业架构指标来衡量、监控和掌管企业架构集成计划——这一步骤帮助企业架构治理审查各种企业架构活动，评估对政策和指导方针的遵守情况，并使其各自的执行发起人审批各类技术部门正在进行的项目的状态。这是需要定期召开会议来审查各个项目的一个步骤。大多数执行者在这个步骤中考虑的问题是：
- 企业架构实践如何对企业架构活动进行审查、检查或演练？这些活动之间的周期性间隔是多少？
- 影响已确定的业务目标的主要架构特征和特性是什么？
- 有哪些因素会影响整体企业解决方案、特定业务解决方案的安全管理，并帮助技术部门复用框架和核心企业架构服务？

第九章
衡量企业架构在数字化转型中的度量指标、关键绩效指标和风险

7. 企业架构活动需与业务目标保持一致——这一步骤可以将企业架构活动与业务目标保持一致作为执行发起人的主要关注点。这是一个跨越企业架构计划生命周期的步骤,可以帮助改进和修改企业架构指标,以及对相应的企业架构计划活动进行更改。在这个步骤中,大多数执行者提出了以下问题:

- 技术和业务部门是否有能力、技术和资源来进行协作?
- 需要进行哪些架构更改,以支持业务与技术协同工作?
- 企业架构指标能否衡量在各种企业计划中利用全球劳动力的影响?
- 作为企业计划的联络人,企业架构实践的角色和职责是什么?
- 信息技术部门和业务部门是否可以共同努力消除项目风险或最小化已识别的缺陷?

上述步骤通常与项目和方案管理级别的活动一起执行。此外,一些被认为是企业架构指标部分的元素直接适用于项目或方案管理活动。因此,企业架构实践通常与他们的项目管理办公室存在密切合作,以承担管理其企业架构指标的职责和责任。

讨论主题

❶ 你负责一个组织的数字化转型,有一定预算。你即将开始组建你的团队。此时开始考虑本章中讨论的企业架构指标是正确时机吗?为什么?

❷ 为数字化转型制定的企业架构指标方法是什么?你将如何应用关于企业架构指标的预防—阻止—宣传?

❸ 活动矩阵监控模型与你所在企业的适配性有多强?按照实际情况展开讨论。

❹ 概述你对适用于数字化转型的治理方式和企业架构指标的看法(从谁—什么—何时—如何做去思考)。

❺ 你如何将企业架构管理活动与企业架构治理分开?

❻ 应用企业架构指标的关键挑战是什么?克服这些挑战的方法是什么?

❼ 讨论在企业中建立"正确"指标的七步法。

第十章

数字化转型中的企业架构治理

本章概要

　　本章将重点介绍企业架构中的治理、风险管理和合规性的实用概念，建立企业架构治理章程所遵循的步骤（包括设置相关专业人员的角色和职责）；会定义相关活动的管理流程，以及为展现业务价值而定义虚拟组织架构（结合公司政策、流程、行业规定和法规来讲述）。信息技术基础框架库、安全控制框架应与其他行业认可的服务框架的价值相互关联，以加强治理、风险管理和合规在数字业务中的重要性。本章提供了一个"稻草人"治理模型，参与数字化转型的人员可以自定义或修改以满足他们的需求。

企业架构治理和数字化转型

作为企业信息技术治理的一部分,企业架构治理以某种形式存在于大多数组织中。企业架构治理的角色和职责对数字化转型计划的进展有重大影响。将企业架构治理列入章程是数字化转型成功的重要一步。同时,企业治理还为企业架构指标体系搭建提供指导和支持。企业架构是企业范围内治理功能的提供者和支持者,为全球分散的大型组织中提供了具有复杂和挑战性的模型。企业架构治理的基础和有效利用,是数字化转型中必不可少的。企业架构治理融合了企业架构实践、工具和技术,并应用于企业架构指标中。企业架构治理还包括开发和业务的"敏捷"方面。企业架构治理需要考虑解决方案(例如敏捷中的 Scrum[1])。因此,企业架构治理的应用必须灵活、敏捷、精简、可扩展和具有创新性。

在进行数字化转型外部咨询实践时,企业架构治理也是一种参与方式。因为该治理模型提供了全面的维度去衡量、设计和实施数字化转型。企业架构治理可以帮助企业在建立数字化转型路线图时有效利用企业架构,它旨在回答四个问题(见前文图 9.5)。

- 谁参与了企业架构治理?
- 企业架构治理的任务是什么?
- 什么时候进行具体的数据治理活动?
- 如何进行企业架构治理?

为了回答这些问题,企业架构治理模型被细分为四个基本元素,如图 10.1 所示。

1.组织——专注于利用虚拟而敏捷的架构管理、组织内的相关信息技术治

---

[1] 是迭代式增量软件开发过程,通常用于敏捷软件开发。——编者注

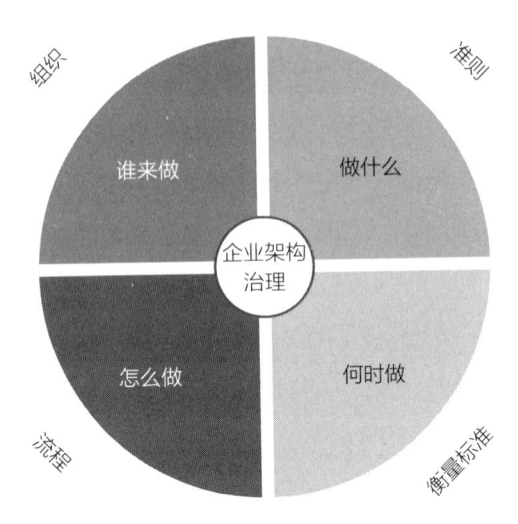

图 10.1 企业架构治理的四个基本组成要素

理机构、审查委员会和小组委员会，以及组织内部间的互动。具有决策权的去中心化和精简管理是企业架构治理的理想基础条件。

2. 准则——侧重于各种授权、指导原则、合规性、参考指南和解决方案目录，以及架构指南或衡量各级架构的重要标准（业务、数据、应用和基础设施）。其目的是尽量降低官僚障碍，并加快利用新兴技术，通过敏捷和可持续的方法为业务赋能。

3. 流程——专注于解决与架构治理相关的各种审查批准流程，并让敏捷团队全面了解与企业架构治理相关的进度表、工作流程、批准窗口和审查节点。与信息技术投资组合和项目管理办公室有一致的审批流程，涉及领导层、区域及全球合作、与企业信息技术运营相关的资金决策流程，是企业架构治理的组成部分。

4. 衡量标准——重点阐述与架构治理有效性、企业架构一致性和风险管理相关的各种衡量标准。衡量要素的目的包括为管理和维护企业架构合规性、建立企业架构治理有效性以及跟踪架构风险、问题以及例外情况和潜在豁免提供指引。

第十章
数字化转型中的企业架构治理

企业架构作为一项准则，是企业各要素和各接口的全局展现。广义定义要求企业架构包含企业各要素视图，以及静态和动态接口。然而，企业架构治理的价值创造和交付的关键区别在于实现业务的敏捷性与卓越性——高效冲刺。企业架构治理在敏捷开发、集成和部署周期的每次迭代中都提供了有形价值。

企业架构治理最重要的一方面就是企业架构本身的治理。

对于许多公司而言，企业架构的概念为其组织结构的敏捷性增加了一个新维度。高度的敏捷性可以让公司领导者帮助业务和信息技术部门应对日新月异的企业文化。敏捷性还可以让整个公司专注于与并购和外包相关的问题，调整信息技术计划以满足战略目标和业务需求。实践者需竭尽所能去衡量、监控和管理企业架构的开发、集成和部署相关活动，以支撑企业敏捷性或灵活性。

为企业架构制定业务案例让我们开始朝着有效、可衡量的企业架构治理之路迈进。一项业务有三个关键方面——人员、流程和技术都可以通过信息的重构得到提升。对业务架构的理解就是企业架构的全部。

在敏捷企业和敏捷企业架构的世界中，服务等级协议和其他指标可能非常棘手。技术领域有一个共同的观点，即失败是通往成功的必经之路。精益创业计划背后的理念是在市场上进行控制或仪器化的实验，监控替代产品和服务的采用率，并在数据分析后采取不同的战略。成熟的公司通常不会尝试这种创业策略。然而，一个稳健的企业架构可以模拟各种业务策略，这些策略的成功或失败都可以为企业架构本身提供一套衡量标准。

企业架构通过严密的信息体系为架构框架的搭建提供指引，该框架涉及业务战略和目标、应用部署、数据存储和流程以及业务与信息技术功能。

企业中的所有参与者都是企业顺利执行、达成一致观点的潜在受益者。受益者包括可以快速了解新环境的助理人员，以及资深和经验丰富的决策者。企业架构清楚地向利益相关者们展示计划变更的背景和影响。企业架构治理框架包含企业运转的所有功能，从战略到运营，从营销到会计、法律和人力资源，以及信息技术基础设施建设。

在为组织进行企业架构搭建时，执行者需要区分"治理"和"管理"的不同。治理与管理的不同之处在于，前者主要是通过政策和法律程序来保护企业，而后者更多的是关于企业业务的发展。治理的重点是"我们如何做事"以及在竞争性利益间保持平衡。管理是要激发能动性，使公司能够正常运营和蓬勃发展，而治理则侧重于公司的凝聚和避免混乱情况。

业务情况

企业架构及其治理在组织的数字化转型中发挥关键作用。因为企业架构能将"以客户为中心"作为业务可持续发展的运作方式。这代表了企业从对运营业务流程和客户流入转向信息密集型交互上的关注。

企业架构能使组织根据资产回报而不是投资回报来进行决策。这种治理方法使得资产水平保持在低程度，从而使资产回报率得以最大化。该战略的一部分内容是将信息技术纳入运营费用类别中，从而为云计算、流动能力和集成应用程序编程接口包的数字化部署创造绝佳机会。

企业架构和数字化转型中治理、风险管理和合规的优势

除了信息技术架构一致性的功能外，通过稳健的企业架构治理还可以实现许多业务价值。其中一些业务价值主张包括：

- 成本——包括开发和集成计划期间的投入，以及业务运营的支出。
- 收益——与企业的目标和利益相关，以投资回报率衡量，包括新增的和现有的收益。

- 面向市场的创新——通常从计划中断或改变方向开始,寻找解决问题或挑战的新方法,并努力以此来盈利。
- 战略联系——总是与战略愿景相关联。建立与已定义或确定的业务目标和期望结果的关联。
- 兼并和收购——提供了业务各类功能的整合和融合的另一个方向。
- 迁移——为改进业务流程以及影响交付相关的信息技术程序提供途径,这将直接影响业务价值。
- 数字化转型——融合终端用户参与的传统业务方式转向与业务应用的交互,增强互动设计。

为了实现业务灵活性,企业架构及其治理结构还为开发团队制订了相应的解决方案,以涵盖涉及的所有基础元素的敏捷、精益和自适应方法。

企业架构治理的组织(谁来做)受到企业信息技术决策领域中企业架构治理所需的参与程度的影响。众所周知,企业架构治理必须直接参与具体的决策活动。其他情况下,企业架构治理可能缺少或没有参与决策。目前大多数企业架构治理的决策工作主要集中在信息技术投资和技术选型领域。通常,首席信息官办公室致力于建立、维护和支持一体化的信息技术投资分析和决策。

为了证实首席信息官在企业架构治理上的努力,首席信息官必须能够积极履行必要的责任与义务。治理组织使利益相关者参与治理会议,并表达他们的期望和需求,或者通过书面文件提交他们的需求。企业架构治理要求组织的利益相关者以特定的角色和职责进行管理。本章稍后将讨论架构审查委员会和利益相关者的章程和角色及职责。

企业架构治理流程(怎么做)利用整个企业架构流程的影响力,包括其概念基础,将治理机制与敏捷、精益和自适应企业架构进行集成。此外,治理流程还可以识别投资组合和项目管理质量以及基于 Scrum(一个轻量级项目管理框架)的"敏捷"方法实践。数字化转型的战略规划流程结合了从各行业专家和核心团队那里获得的最佳实践方案与经验和教训。

企业架构治理指南（做什么）用于决策的指导原则。它们消除了与公司和区域业务目标不一致的解决方案。企业架构指南源自组织的核心价值观，并与治理流程相结合，引导解决方案规划和投资活动实施。大多数与企业架构治理相关的指南都与组织中企业架构关注的领域一致（企业、业务、数据、应用、技术和基础设施）。

衡量方法（何时做）有助于确定各种不同架构对组织决策产生的不同影响。因此，企业架构治理选取了一组用于评估和管理架构相关活动的衡量标准，主要关注组织在管理和项目交付层面的信息技术和业务战略。

企业战略的主要衡量标准和指标如下：

- 企业架构一致性——保证当前信息技术资产与正在开发的组织和转型架构与行业要求和公司政策一致。
- 治理成效——说明架构治理为高层领导、战略规划和其他架构相关审查提供的全面的内在价值主张。
- 问题和风险管理——关注各种问题、异常、延期和相关的整改措施，为在整个组织中建立有效的架构。

企业架构治理中的关键要素

为了建立有效可行的企业架构治理，组织需要关注以下几个关键因素：

- 领导愿景和动机

1. 高管们必须对各种正在进行的计划和业务创新进行更有效的治理。
2. 组织只有认识到业务的复杂性，才能证明搭建强大的企业架构是不可或缺的。

- 利用现有项目和计划的优势

组织需要有一个非常健全的计划和项目管理流程。凭借其 57 个质量检验环节，并以详细的模板和角色分配为支撑，该流程可以很好地支持企业架构治理，因为它达到了组织转型的业务决策级别。

- 访问企业架构工具和存储库

工具和技术是转型组织的重要投入。企业架构工具提供了创建和链接组织要素的方法，还提供可扩展性功能以支持组织所需的敏捷企业架构功能。

- 技术娴熟的专业人员

1. 企业架构师需要在业务知识和信息技术专业知识之间取得平衡。

2. 企业架构从业者需要具有证书并接受培训以及学术教育。

- 服务导向观点

企业架构为企业级治理提供特别服务。服务导向方法在业务和信息技术级别都是最合适的。

上述基本概念和对组织当前状态的评估是企业架构治理的起点。为了建立全面的治理架构，组织需要遵循以下步骤和活动：

1. 项目启动前阶段——这是项目准备阶段，包括：熟悉敏捷、精益和自适应企业架构治理框架；了解参与"敏捷"（一个轻量级项目管理框架）团队的每个成员的角色和职责；熟悉架构原则、指南和标准。

2. 项目启动阶段——确定沟通计划以利用分配的角色、职责和任务，并定义在敏捷冲刺期间实施架构审查的频率。这一点很重要。根据项目生命周期和范围，企业架构治理可能很短（有一个或两个关键审查点），或很长（多个审查或决策点），或者根本不需要。架构评审可以是正式的或非正式的。它可能需要架构审查委员会（与关键利益相关者和赞助商参与）对特定的技术、流程或标准进行相关决策。

3. 中期和项目结项或过渡阶段——随着项目从一个冲刺到另一个冲刺，或从一个迭代到另一个，建议对其进行更全面的架构评审。这可能需要一系列正式的评审申请和特定的批准，以整合新技术、工具、流程、基础设施或云服务。

组织架构

企业架构治理功能侧重于信息技术工具、标准和流程的选择、部署和维护。通常，信息技术治理功能由项目管理流程处理。这个流程是与信息技术系统的开发和运营支持同步进行的，使用了一个版本组合和质量检测系统。企业架构治理模型强调了信息技术治理，也提升和加速了数字化转型计划和相应的项目管理活动。

在组织架构方面，企业需要将灵活性和响应能力与整体治理模型相结合，充当业务和项目管理间的联络桥梁。如表 10.1 所示，企业架构治理框架的层级与职责相对应。

表 10.1 架构治理层级

数字组织中的架构治理层级	治理职责描述
技术决策委员会	项目架构治理的最高级别，有权根据架构审查委员会的建议做出最终决定
架构治理审查小组	解决项目和企业架构升级问题； 制定整改措施； 在成本、进度或组织影响的架构问题上，发挥"促进作用"，提供备选方案和建议
企业架构	负责企业架构视图，并在决策和可交付成果方面支持项目架构师； 确保项目方法与战略和愿景保持一致； 识别企业架构和业务架构组成的差异； 与项目团队一起解决架构问题，并确定哪些问题需要在下一个级别解决
项目架构	负责技术项目的日常架构和可交付成果； 首席项目架构师是项目团队和企业架构团队之间的主要桥梁； 在架构相关性较低的项目中，项目架构师是负责使技术战略和企业架构保持一致的人； 与指定的企业架构师合作解决架构问题

基于上述组织模型概述，图 10.2 展示了一个简单实用的治理模型：

- 0 级——冲刺级别的敏捷项目。
- 1 级——企业架构治理审查委员会。
- 2 级——企业架构治理委员会。
- 3 级——企业信息技术治理委员会。

这四个级别的角色和职责相互对应。本质上，较高级别角色的职责战略性更强，而较低级别角色的职责则更具实操性。

该模型中的四个级别描述了组织中的决策级别：

- 0 级——该级决策是治理模型中的第一步，也是最重要的一步。虽然其目的是减少解决特定技术相关问题所花费的时间和精力，但我们的计划是为 Sprint（敏捷项目的核心组成部分）团队提供一套全面且一致的规范。架构负责人将有权与 Scrum（一个轻量级项目管理框架）团队负责人合作并做出决策。

- 1 级——项目架构级别治理的架构审查委员会，专注于处理"敏捷"冲刺级别架构、技术标准和信息技术资产管理问题。只有具有企业级影响或无法在此级别解决的异常架构问题才会通过基于 Scrum 的变更控制委员会（Change Control Board，CCB）升级到更高级别去解决。重要的或具有跨项目影响的架构问题也由企业架构治理审查委员会处理。

- 2 级——企业架构治理处理与企业架构相关的一系列架构上的问题。在这个级别，架构治理既需要管理，也需要解决方案或项目评审。架构治理需要多个团队的积极参与，例如基础设施、数据、业务和应用以及安全部门和业务发起人。战略规划团队也会参与其中。架构治理负责项目间影响分析、异常管理和影响开发进度的处理。它还为企业投资管理和资金决策以及报告流程提供支持。这种架构治理会将对组织的整体业务产生重大影响的架构问题，上报给公司的信息技术治理委员会。

- 第 3 级——高管级别的公司信息技术治理处理的架构问题无法在第 2 级解决。此级别的异常解包括组织的首席信息官和信息技术领导层的决策执行团队。虽然首席信息官充当企业架构治理的联系人（从第 2 级开始），但他 / 她还对涉及此级别的活动进行监督。

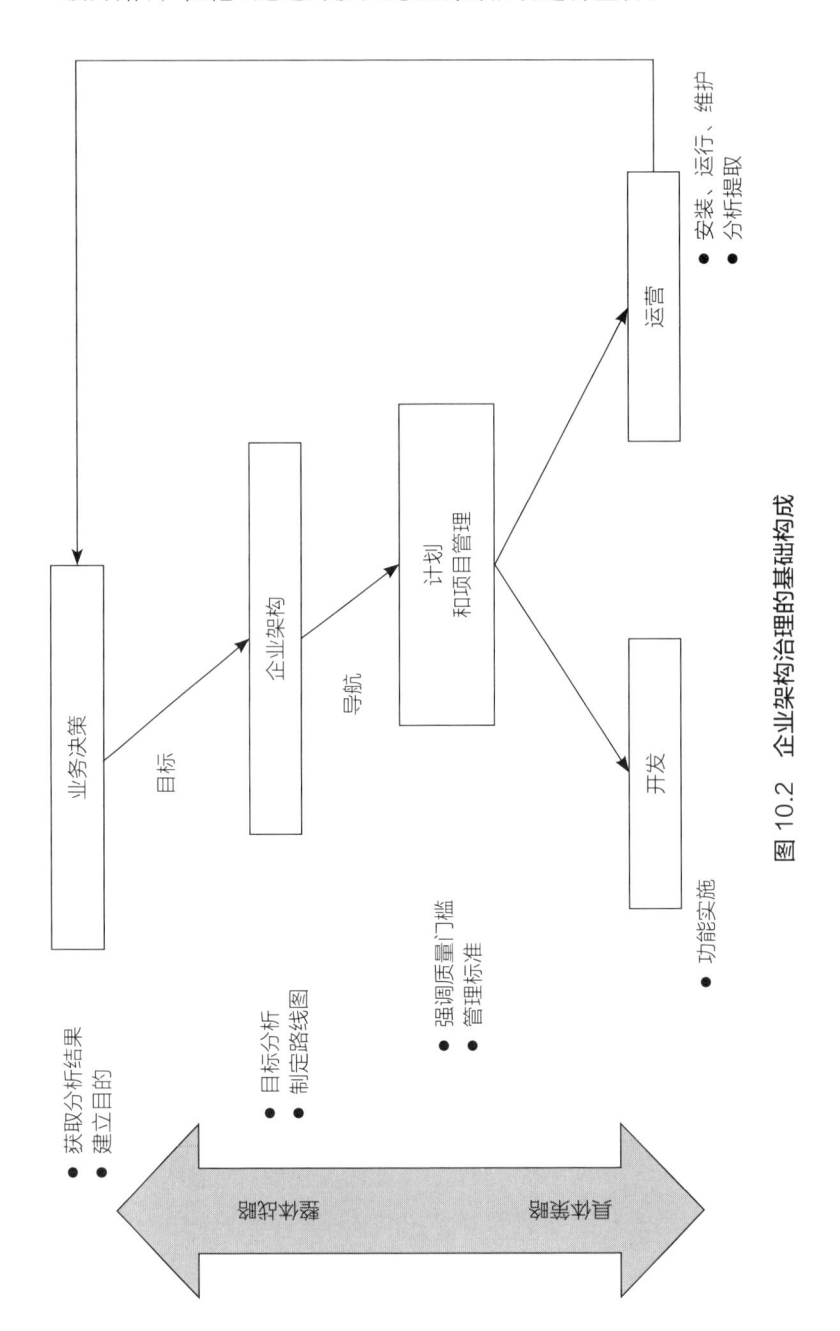

图 10.2 企业架构治理的基础构成

图 10.3 进一步展示了公司治理、企业架构治理和架构审查委员会间的关系。与 Sprint 计划相一致的架构决策表明治理在 Sprint 中的开发活动的应用。

企业架构治理章程

图 10.3 展示了架构审查委员会的管理，并讨论了企业架构治理机制的章程大纲。

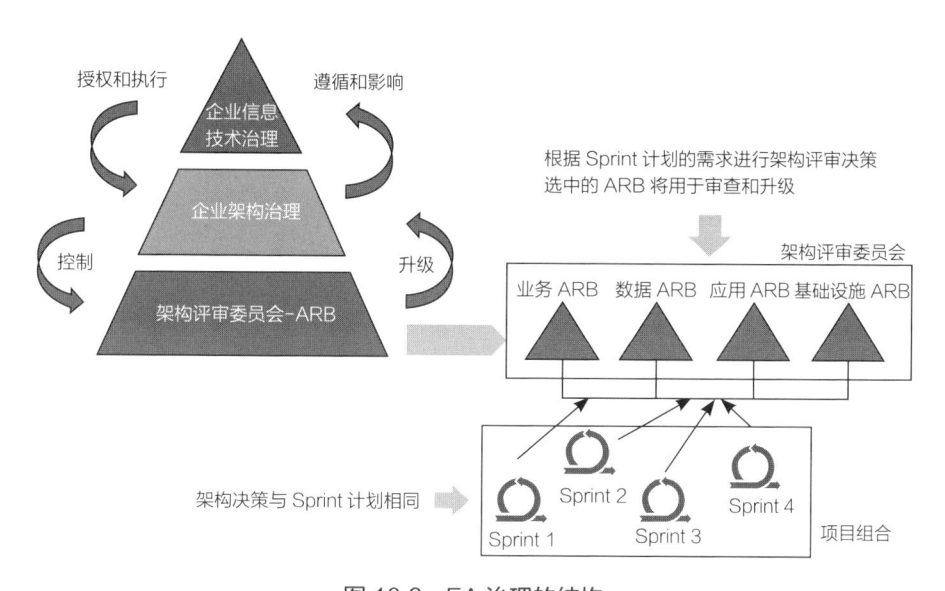

图 10.3　EA 治理的结构

角色和职责

敏捷、创新、数字化的企业架构依赖于整个企业在架构工作中的参与。组织中的许多人需要了解他们在企业架构的背景下负责以下哪些职责：

- 提出项目和计划。
- 确定企业定位。
- 记录项目的状态。

- 创建反映每个项目的模型。
- 将项目模型与联合模型进行比较。
- 突出对业务的影响（添加什么，替换什么）。
- 维护联合路线图。
- 确定是否符合原则、指南和标准。
- 允许特例。
- 升级特例请求。
- 在整个组织内教授企业架构技术。

责任分配矩阵（负责、批准、咨询和知情）也非常有助于在架构审查委员会内进行章程的分配。

企业架构治理的原则、指南和标准

架构原则、指南和标准对于企业在制定敏捷和创新变革前保持一致是很必要的。原则、指南和标准的制定和实施基于以下领域：

- 指导原则。
- 商业原则。
- 应用原则。
- 数据原则。
- 技术原则。
- 安全原则。
- 运营原则。

图 10.4 阐述了企业架构治理成功的七个步骤。在数字化转型中，这七个步骤具体如下：

1. 尽早开展业务——使业务利益相关者能够在很早的阶段了解企业架构的复杂性和局限性。

第十章
数字化转型中的企业架构治理

2. 制订一致的沟通计划——将有利于技术和业务的发展。

3. 创建一系列业务计划——企业架构和数字化转型敏捷方法的一部分。

4. 再利用原则、政策和专家——无须重新造车。

5. 制订全面衡量计划——第九章讨论的企业架构治理指标的一部分。

6. 业务和信息技术关键绩效指标的验证——在数字化转型期间实现其重要性和可靠性。

7. 定期评审企业架构治理和管理流程——敏捷企业架构的一部分（见第一章），以确保这些流程是最新的。

图 10.4 企业架构治理成功实施的七个步骤

企业架构框架和治理功能

企业架构准则的主要贡献之一是它能够对较低级别的业务细节进行捕捉和提供指引。在任何大型企业中，这种级别信息的复杂程度都令人望而却步。

企业架构框架的起点可以看作一个丰富的索引或一组导航概念，它可以把对业务的更改与组织的执行管理层以客户为中心的数字化转型的业务决策联系起来。这也是组织架构历史决策的框架，包括业务和信息技术层面。

导航元素

图 10.5 展示了一组最小的元素，它们提供了从业务目的（目标等）到流程和能力的基本联系，以及支持业务愿景和目标的应用与数据结构。

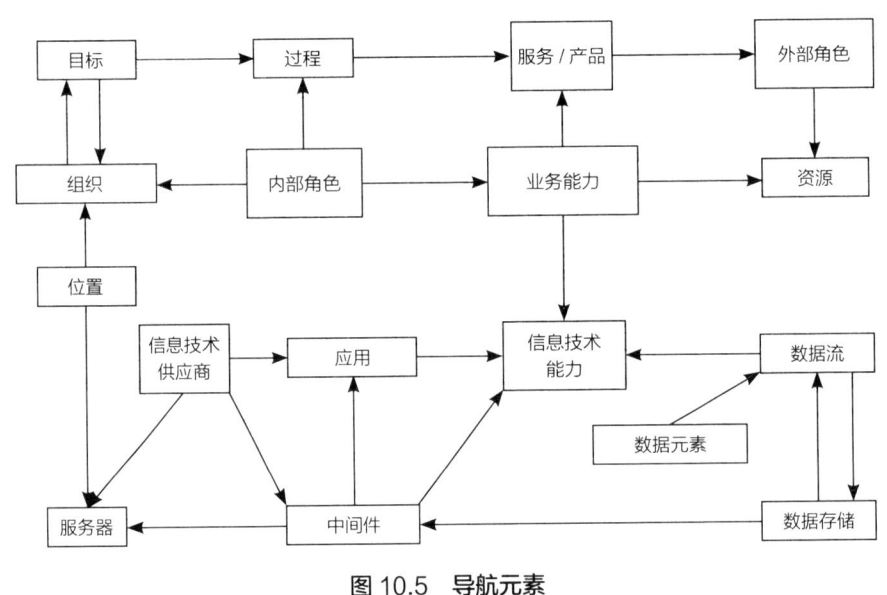

图 10.5　导航元素

导航要素定义

图 10.5 中列出了关键导航要素并根据它们之间的关系进行了描述，并简要讨论了要素及其关系所带来的益处。

业务要素

业务要素为理解和项目计划分类提供了参考。下面列出并定义了最重要和最有用的业务要素：

目的

业务目标、目的、使命、愿景陈述等是构成企业架构的最深层的基础，为"我们为什么要这样做？"这类问题提供了答案。

业务服务／产品

公司的产出包括各种形式的服务。某些服务的执行过程无须公司干预。这些特殊类型的服务被称为产品。

核心业务流程要么支撑服务，要么创建产品（反过来支撑服务）。支撑流程以及所有信息技术步骤都需要在与产品和服务的关系背景下进行了解和评估。

流程

业务流程创造产品和服务，或支持生产和绩效。对于以流程为中心或以流程导向的业务而言，流程是理解整个企业架构的关键。

业务能力

业务能力代表企业的实力。基于这些实力的多个业务流程可以匹配（或调用）相同的功能。同时，任何过程都不可避免地以某种顺序进行。

信息技术能力支撑业务能力，获取有关这种联系的信息是理解和阐明技术如何支持业务的最直接方式之一。

内部角色

角色对于导航组件的捕获很重要，因为它们具有能力，可以在流程中执行并得到信息技术的支持。内部角色由组织中的人员执行。

这些角色包括：

- 司机；
- 调度员；
- 水泥制造商；
- 混凝土操作员；
- 采购员。

外部角色

外部角色构成了组织与业务开展中的各方实体。他们包括：

- 顾客；
- 供应商；
- 经销商；
- 软件厂商；
- 顾问；
- 建筑师；
- 工程公司；
- 建筑公司；
- 政府机构；
- 非政府组织；
- 建筑专业人士；
- 寄宿家庭；
- 青年；
- 弱势群体。

组织

大多数组织由业务中的角色和角色扮演者组成。组织有一定预算，因此有必要了解技术如何为它们提供支持、哪些角色受益，以及这些收益如何与创建产品、提供服务和支持组织核心目标相一致。

资源

业务流程需要许多资源支持。

地点

组织需要识别关键导航组成中的地理位置。国家和地区构成了组织中位置问题的核心。这些元素支撑着组织，因此区分了流程、角色和能力的不同版本。

信息技术元素

信息技术元素提供了理解和分类计划和项目的技术背景。下面列出并定义了最重要和最有用的业务元素：

数据存储

数据存储代表静态数据，而这些数据又提供存储数据的来源，用于捕获、操作和存储数据以供下游使用。

数据元素

数据元素代表数据的含义，它是由应用程序所产生、使用，是角色和流程的内容。

数据流

要理解软件的体系结构，特别是在企业级的应用，最重要的事情之一是对接口的强调。数据流代表应用和数据存储以及组织和角色扮演者之间的逻辑流向。

应用

应用代表企业为特定目的而投入使用的软件。他们支持角色扮演者在流程中发挥他们的能力。

信息技术能力

如上所述，信息技术能力的存在是为了补充或支持业务。业务架构和信息技术架构之间的关键点在于，双方都需要全面了解企业架构。

服务器

此处的术语"服务器"仅表示硬件基础设施的可识别单元。从企业架构的角度看，服务器代表了信息技术世界与物理或虚拟化世界（例如公司数据中心或某种形式的云）之间的直接联系。

网络

在企业层面，网络和数据流之间完成了所有重要接口的连接，这是架构的本质。

中间件

为了完整性，企业导航可能会使用中间件。这些中间件可以提供某些关键功能。

信息技术供应商

信息技术导航架构中的一个关键链接点是信息技术要素与获取信息技术产品和服务的供应商之间的关系。

导航存储库

导航存储库为所有项目提供来龙去脉。当项目索引用关键导航操作时，执行人员很容易发现冗余、差距和重叠的地方。

企业架构治理的方法和过程就是涵盖一组最基础的导航要素，并描述这种特定概念模型的原因。业务流程建模工具对于将企业架构与业务紧密联系起来非常重要。评估此类工具需要根据最基础的导航要素来判断。尽管存在复杂的模式，但应该能够通过工具的扩展将所有内容进行关联。在开始细化关键导航元素之前，需要认真考虑。

实用的企业架构治理结构

虽然上述讨论为从业者提供了实施企业架构治理的路线图，但重新审视治理结构也很重要。这对于将企业架构组织治理成功地融入实践至关重要。实用的信息技术治理模型（作为企业架构治理模型的一部分）始终建立在由企业人员、流程和技术元素定义的原则之上。这三个主要元素的重要性及其相关的复杂性与公司业务和信息技术职能的规模、组织文化相互依赖。人员负责组织中的不同职责，以在建立企业架构指标的同时满足整个公司的业务需求。流程是项目或计划背后运行的驱动力，协同地协调其执行、交付和部署活动。该技术集是交付有效业务成果的推动力，可帮助企业协调和交付企业架构解决方案。

图 10.6 显示了企业架构治理结构的高级视图。它建立在公司和组织文化之上，为公司创造业务价值。为了有效利用企业架构治理结构，实践者在业务运营中从"做正确的事情"战略原则扩展到"把事情做好"。从战略角度看，固有的企业业务价值和目标推动了企业信息技术治理，最终帮助公司实现其感知业务价值的能力。企业信息技术治理直接管理技术架构、信息架构和业务架构的信息，以管理和提升技术标准的使用，实现在不同的业务组织和职能运营之间的信息互通，并利用业务需求达成用户期望。

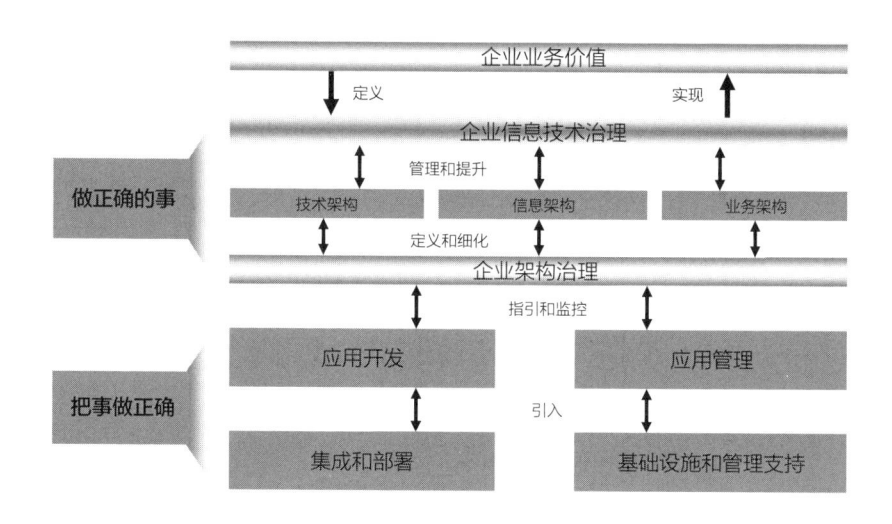

图 10.6 在实践中整合了 EA 的组织治理结构

这些架构领域有助于定义和完善企业架构治理，目的是制定路线图，做正确的事情，并制定一组最佳实践方案、标准、参考模型和架构框架，以在整个企业中使用。企业架构治理还可以帮助实践者做好事情。它从业务与信息技术的基本规则开始，创建了一个有效的企业架构意识计划，让实践者为他们自己的组织做好准备。它还为执行发起人和业务职能部门以及相关的合作伙伴和供应商设定了正确的期望。企业架构治理指导和监督应用程序的开发和管理

（包括集成和部署，以及基础设施和管理功能）。项目管理办公室与这些职能部门密切合作，以解决在应用开发和交付中出现的与企业架构相关的问题。

随着信息技术社区认识到企业架构在提供信息技术解决方案和服务方面的重要性，企业架构治理的角色和职责也会随之发生变化，包括：

- 建立企业架构意识；
- 制定企业架构管理政策和流程；
- 结合行业标准和最佳实践方案；
- 筹备架构指南以适应各种模式、框架和参考模型；
- 帮助组织遵守企业架构治理原则并在基础架构和运营支持更改时加以利用。

企业架构治理结构主要反映了现有的信息技术治理。

Luftman 和 Pukszta 就构建未来信息技术组织的各种要素提供了广泛的观点和说明。随着服务导向的架构解决方案交付成为信息技术支持业务伙伴的重要方式，企业架构治理将进一步加强。对实践者来说，这意味着他们需要更密切地关注企业架构的联合或分布式治理结构。

企业架构治理在以服务导向为主的商业和政府机构的重要性会明显增强。与此相结合的事实是，大多数企业应用集成供应商已经支持面向服务的体系结构，并且使用他们的工具和技术进行企业架构治理。实践者应该意识到，这些推动了在实践中定义企业架构治理结构中的角色和责任的重要性。

企业架构治理必须对业务进行有效管理。它必须在财务上受到严格监管，才能在不久的将来为所有公司带来互惠的结果。企业架构治理将继续严格遵守行业标准和最佳实践方案以获得架构上的成功。

架构审查和管理委员会

如前所述，企业架构审查委员会会根据章程来运作。架构审查委员会的

核心如图 10.7 所示。此处总结了有关架构审查委员会章程的几个关键点,以达到企业架构治理的愿景:

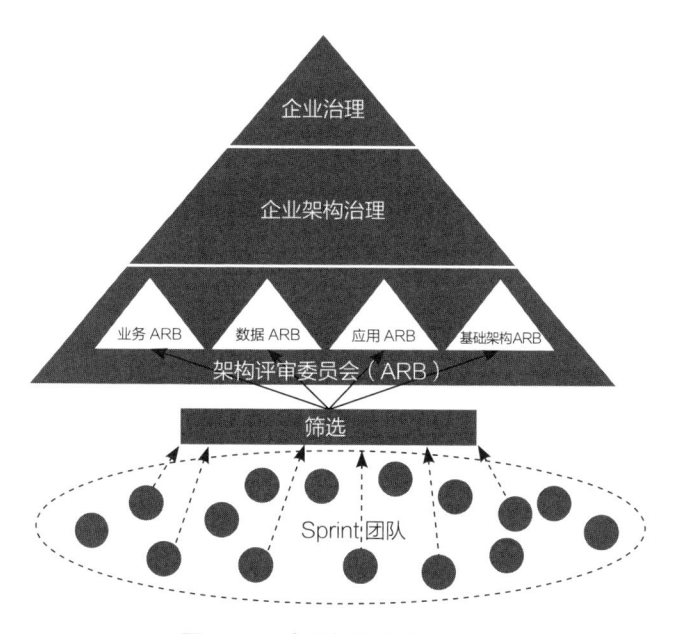

图 10.7 企业架构审查委员会

- 企业架构有四个需要审查的关键点:

1. 业务架构。

2. 数据架构。

3. 应用架构。

4. 基础架构。

- 这些审查委员会的章程文件包括:

1. 宗旨与使命。

2. 过程和方法。

3. 保持和运用各种架构中的角色和责任。

4. 责任分配矩阵各方的行政参与。

5. 责任范围。

6. 主要活动。

①企业层面。

②项目层面。

7. 决策树。

8. 升级流程。

9. 董事会的治理领域。

讨论主题

❶ 企业架构治理的四个基本要素是什么？你将如何将它们应用于数字化转型实践中？

❷ 开发企业架构治理时应该问的五个问题是什么？

❸ 在数字化转型中进行企业架构治理的主要优势是什么？

❹ 在数字化转型中进行企业架构治理会面临哪些挑战？

❺ 为企业架构治理创建一个简短的章程，其中包含你所在组织的角色和职责。

❻ 概述成功实施企业架构治理所需要的七个步骤。

❼ 讨论可用于企业架构治理的工具和技术。

❽ 什么是架构审查委员会？根据你的经验创建一个真实的架构审查委员会。

11
第十一章

业务架构实践——医疗卫生领域案例分析

本章概要

　　本章介绍了一个为数字化转型搭建业务架构的案例。虽然本书侧重于企业架构，但如前所述，业务架构是企业架构的重要组成部分，因为它侧重于业务功能、业务流程和业务人员。本章基于作者在医疗卫生的信息技术业务部门（Health-Is-Us）建立业务架构实践的经验。如今，医疗卫生或其他领域的大多数企业在建立业务架构实践时面临的挑战非常相似。业务架构实践对业务和信息技术调整至关重要，因为它一方面影响战略制定，另一方面可以帮助企业构建高效的运营解决方案。如今，大多数业务领导和信息技术主管都意识到业务架构实践的价值主张。但是，我们仍需注意，管理良好且功能齐全的业务架构实践依赖于企业对业务架构实践的接受程度与克服业务架构实践给组织中带来的"成长的烦恼"。本案例分析提供了关于如何为数字化转型的客户进行"咨询工作"的见解。案例分析包括企业各种遇到的实际问题和面临的挑战。

业务架构

业务架构是许多业务和信息技术专业人士熟悉的命题。它代表了任何企业在其业务功能范围内的蓝图或可视化模型，主要关注企业如何通过"做什么"和"如何做"以提供有形的商业价值。正如目标管理小组的业务架构工作组所定义的那样，"企业蓝图提供了组织共识并用于战略目标和战术决策的调整"。

业务架构总是建立在一套商业模式之上的。最初，这些模式被嵌入业务流程中，利用企业固有的流程及其驱动因素，包括战略和长短期目标。随后，这些模式被用来利用业务任务以及其他架构域模型来交付有形的业务解决方案或运营目标。企业架构和动态记录在业务架构中，而治理结构、业务流程和业务信息通过业务架构不断得到验证和完善。业务架构可以为客户管理、销售、营销、生产、库存、财务和人力资源等业务功能提供标准的模型和管理模式。

业务架构可以在数字化转型期间增强业务聚焦，并促进业务与信息技术之间的融合。一个实用的业务架构应包括业务流程模型、业务能力矩阵、运营概念和成熟度模型，还有自评估流程，用于评估每个业务流程的成熟度水平并为未来的完善做准备。在实践中，就像内容管理架构的情况一样，业务架构逐渐发展和成熟，并作为其企业架构及其他方面的关键组成部分，为整个企业注入重要价值。

业务驱动架构或业务系统架构可以追溯到早期的企业架构规划和Zachman框架。开放组架构框架和联邦企业架构框架提供了大量信息来帮助专业人士实施业务架构。在美国国立卫生研究院（National Institutes of Health，NIH）企业架构框架中，业务架构作为企业架构的一项重要驱动力。许多标准化工作正在试图建立建模语言和符号。然而，对于公共和私营部门的许多专业人士来说，关于建模和构建业务架构的工具的可用性和商用性，以及如何支持与建立业务架构相关的活动仍然存在问题。

从实践中可以看出，在理解业务架构在企业中的定位时，许多流派意见不一。业务架构是企业架构促进数字战略规划和业务转型的主要元素。它以业务为导向，以客户为中心，前者帮助业务和信息技术领导进行战略规划，后者实现业务转型以满足客户需求。2004年，Whittle和Myrick正式将业务架构作为战略与结果之间的关联。

业务架构可以帮助专业人士认识到其企业行为金字塔中存在的空白。它特别侧重于为商界企业创建和验证以客户为中心的企业价值。业务架构被描述为与其他企业元素相关联并与之共同形成的一个以客户为中心的结构。Ulrich还论证了为什么业务架构对业务主管很重要，以及如何在业务转型中对业务架构加以利用。它能帮助专业人士建立一种共同理解，一个共享的、具有前瞻性的愿景，以及一幅蓝图，以便他们了解自己当前的业务现状。

业务架构通过建立企业级别基线和业务结构以及设置数字业务愿景来为数字化转型提供价值。业务架构实践帮助企业从业务角度出发，处理架构问题，就像企业架构实践对企业（包括其技术）所做的那样。业务架构实践有自身的细微差别和生命周期，如下所述。

价值主张

业务架构在定义企业架构的价值主张方面发挥着重要作用。业务架构为企业建立成熟和强大的企业架构奠定了基础。业务架构实践通常由与企业层级的业务架构相关的流程、原则和专业知识构成。总的来说，这些流程和原则为企业创建以业务为中心的蓝图或"愿景"铺路。

对于许多专业人士来说，创建有效的业务架构实践是一项艰巨的任务。他们首先必须认识到它为组织或整个企业带来的价值。识别企业架构实践的有形价值需要持续的应用——从企业级数字业务的模型和蓝图开始。企业架构实践主要需要执行以下操作：

第十一章
业务架构实践——医疗卫生领域案例分析

- 描述独立于组织结构或文化的业务功能，同时详细描述两个或多个业务单位运营的从属关系。
- 为信息、应用和技术架构模型提供基础，因为它们与核心业务功能相关联。
- 从战略和战术角度帮助业务和信息技术系统变更进行影响分析。

在典型场景中，业务架构实践主要是在企业架构实践的组织下创建的。在某些情况下，这种做法是由业务主管发起的，目的是建立联系或合作，以支持在业务和信息技术上的一致管理工作。

如图 11.1 所示，一方面，业务架构实践通常为业务和技术团队提供在战略和战术层面的协调工作。虽然业务战略是其背后的驱动力，但业务架构实践也须对业务战略负责。另一方面，业务架构实践与信息技术架构的结合，可以指导信息、应用和技术架构领域，为业务转型构建高效的运营解决方案。此外，治理和管理是企业架构利用业务架构实践价值主张的另外两个关键组成部分。它们在组织或机构的信息技术战略、操纵能力、运营流程和组织结构方面的"全局"业务模型依据可视化的相互影响、支持和杠杆效应。

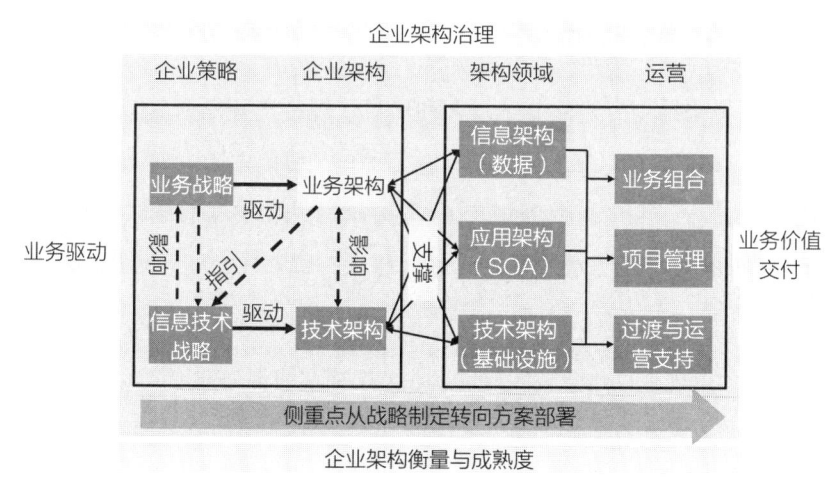

图 11.1 业务架构实践在企业中的定位

在确立业务架构实践长短期目标时，企业可以创建一组应对商业环境挑战的基本原则：

- 业务和信息技术团队必须依据相关的行业最佳实践，以定义一组可帮助他们降低运营成本的可量化目标。
- "业务优先"可以阐述并解决业务运营中涉及的大多数风险、问题和顾虑，这就是为什么业务架构实践的总是迭代与增量总是从业务功能开始。
- 业务转型总是需要一位变革推动者——业务架构提供了基础。它包含业务功能、流程和其他相关组件与模型。
- 业务架构实践必须在既定服务、应用、技术和数据流的相关成本方面简化运营流程，为用户提供最佳效率。超越职能和组织界限的运营结构会受到业务架构实践所推动的战略和战术要求的影响，因此，业务架构实践必须持续衡量运营支撑所带来的价值。
- 业务架构实践不仅为内部业务功能创造了高效率、无冗余、高性价比的服务，而且还将其扩展到与外部客户、供应商的交互中。实际上，业务架构实践原则、标准和蓝图为业务组合优先级划分奠定了基础，并推动项目管理致力于运营效率的提升。
- 业务架构计划需要从业务组合和项目管理过渡并得到它们的支持，同时可以在业务或企业级别进行有效量化。要确定业务架构实践可以在业务收益、市场响应速度、减少软硬件支出以及显著降低总体人工成本中的哪些方面提高运营效率和有效性。

业务架构实践的整体价值主张真正体现在降低成本和提升效率以及投资回报方面。多重挑战可能会破坏或延迟业务架构实践带来的价值收益。建议使用一组精心设计的指标来跟踪业务架构实践取得的进展和收益。在下一节中，将会介绍一个真实的业务架构实践以及针对业务架构实践生命周期的说明。本节已讨论了在建立特定业务架构实践过程中的所有相关流程。

业务架构实践

以美国的医疗卫生企业 Health-Is-US 为例，它是一家价值数百万美元的事业单位，拥有 60 000 多名员工，为美国公民服务十多年。Health-Is-US 有四个业务部门——临床决策支持、健康资讯、公共卫生事务和企业健康解决方案。该企业面临各种标准化、法规和政策影响所带来的挑战，同时也在经受着经济与气候带来的考验。一些挑战是战略层面的，会产生长期影响，而另一些挑战是战术层面的，对实现组织的业务目标具有短期或较小的影响。目前，该企业正试图通过一套新的解决方案和服务来扩展其当前的业务，提供以患者为中心的护理服务和临床决策。它还着手开展与美国公共部门进行健康信息交换和电子健康记录的计划。它计划在卫生和公众服务领域支持政府机构。除了四个关键业务部门外，该企业还收购了两家为美国联邦医疗保健机构提供安全和商业智能解决方案的技术公司和一家专门从事医疗保健服务的培训机构。

管理层计划创建一个业务架构实践，通过企业资源、流程和服务的重组来帮助其业务运营实现预期目标。业务架构实践当然具有灵活应对和接受业务的快速转型及变化的能力。该企业及其高管经历了一系列变化：公司重组；关键业务流程和现有信息技术应用的现代化；HIPAA❶ 合规性工作等。领导层决定建立一个能促进企业灵活和协作的业务架构实践。业务架构实践的主要任务是能在架构蓝图中反映流程、资源和相关物流的设计决策，最大限度地提高业务价值并减少组织的成本。该计划的执行发起人认为业务架构实践是企业架构的一个组成部分。但是，该企业可利用的企业架构信息和资源，不足以搭建一个可操作的架构计划。创建业务架构实践的业务驱动因素包括：

---

❶ 美国总统克林顿签署的《健康保险携带和责任法案》。——编者注

- 收集定义明确且结构清晰的以业务为中心的信息，帮助业务和信息技术主管制定可行的架构计划；制定一套战略原则，便于业务部门建立起对计划的可操作性，以掌握企业的信息、资源和相关工作流程。
- 采用新兴的 Web 技术，让业务部门获得竞争优势，同时支持在整个企业中持续采用服务导向架构。这里的目标是建立可重复利用、松散耦合、模块化和敏捷的服务，这些服务可以作为新服务产品的一部分提供给多个客户，为组织带来新的收入来源。
- 重构和转换当前固有业务流程的功能，帮助识别一些公共服务并使业务部门能够创建或获取其服务，然后向组织的其他部门提供其服务。预计，业务架构实践还将推动识别企业并购后的冗余和有差距的工作。
- 分析相关业务流程并将其可视化为一致的业务模型，揭示现有业务系统和相关技术之间的联系，并确定业务战略的优先级。该业务驱动的目的是确定新的信息技术系统应如何支持和实现业务目标。

尽管没有立即确定可交付成果或里程碑，但执行主管期望成功建立业务架构实践并执行相关计划，为未来企业运营和转型制定蓝图。业务架构实践所需蓝图的关键要素有：

- 明确定义业务目标、目的和计划，针对影响信息技术架构中的企业级规划制定步骤。
- 制定一组可以定义流程之间的活动、步骤和信息流向的业务流程，以实现关键业务目标。
- 确定一个组织可以为另一个组织提供什么样的价值的业务服务，包括内部和外部服务。
- 要遵守业务规则、法规、政府规定、标准和政策。
- 制定业务和信息技术成功结合的绩效指标。

业务架构实践生命周期有四个不同的阶段，如图 11.2 所示。业务架构实践的阶段相互交织，以实现组织的既定运营目标。

第十一章
业务架构实践——医疗卫生领域案例分析

- 第一阶段：实践建立——创建和定位的阶段。
- 第二阶段：实践促进——创新和社会化阶段。
- 第三阶段：实践管理——正式合作和合规的阶段。
- 第四阶段：实践实现——评估和治理阶段。

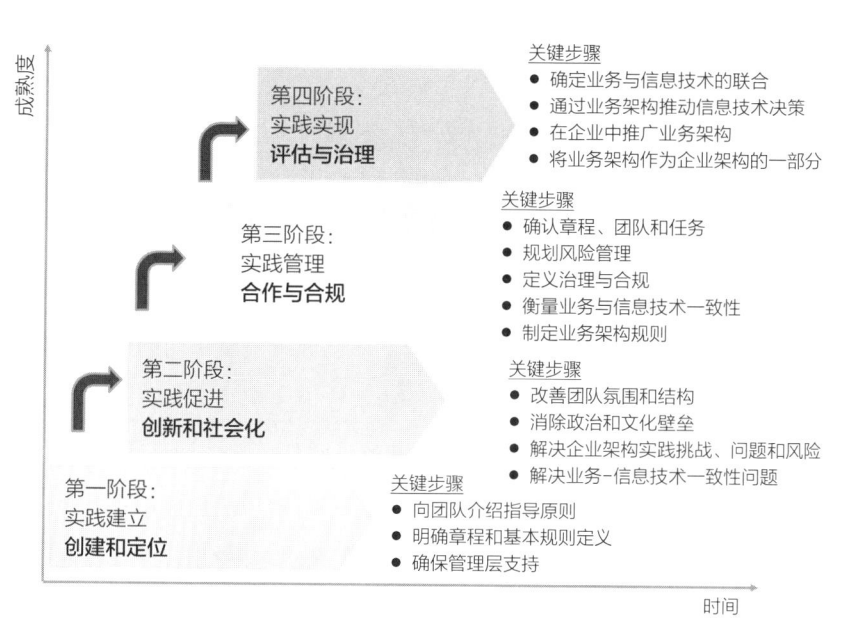

图 11.2　业务架构实践生命周期四阶段

针对上述案例，在第一阶段，我们引入一套指导原则来作为实践的开始，该企业的两个业务部门准备开始使用业务架构实践中的流程和原则。这些原则在第二阶段会进行修改和完善。他们的实践流程和指导原则以新形式与组织的其他部门交互，同时他们特别注意协调业务和信息技术架构间的关系。在第三阶段，他们会确定组织内部所做的企业架构实践哪些有效，哪些无效。我们为商业组织和业务架构实践之间的正式合作制定了基本规则。最后，在第四阶段，该企业建立了管理利益相关者期望、降低风险和评估业务架构实践有效性的业务架构治理机构。我们创建了一套最佳实践方案来帮助该企业业务和信息技术团队成员，给他们提供切实的业务价值，同时也提高该企业的绩效和生产力。在过去几年中，该企业业务和信息技术团队遇到的最常见的业务转型挑战多与信息共享或交换有关。其中一些可能会对实现业务架构实践的目标带来显著影响。

挑战、问题和影响

该企业在业务架构实践启动计划时会遇到许多挑战，最常见的是业务转型挑战。执行主管要求业务架构实践团队解决以下挑战、问题、风险和影响，同时为业务架构实践绘制正确的路线图：

- 信息技术战略和架构不再与当前的业务驱动因素、战略或要求保持一致——由于收购和业务扩展决策，环境健康安全部门的业务驱动因素从交付、集成打包和商用现货企业医疗卫生解决方案，转向以提供集成和基于开放标准的服务，以支持整个联邦。
- 紧密耦合、孤立或分散的流程以及跨多个组织的低效信息共享——这些都是通过独立的流程为不同的客户提供定制应用程序开发和管理服务的结果。对于CDS和HI业务部门，问题和关注点是确定可重复利用的信息技术资产、应用程序组件和业务服务，这些资产可以被有效地重组和管理，以解决它们所服务的多个机构的类似业务需求。
- 业务部门不愿合作开发通用或共享服务——这加剧了先前的挑战，CDS和HI组织未能识别所提到的可重复利用的信息技术资产、应用程序组件和业务服务，因为它们对每一个的操作的认知都没有达成一致，而且之前没有沟通或合作的渠道。这使得业务架构实践建立"共同责任"的基础变得非常困难。
- 支持业务运营的服务成本更高、效率更低——PHA业务部门缺乏一致的标准或开发信息、应用和技术架构的统一方法，这使安全临床和管理数据服务的操作性受到考验。收购一个基于安全技术的新组织并没

第十一章
业务架构实践——医疗卫生领域案例分析

有帮助，因为它没有任何特定的安全标准。

上述一些挑战、问题和影响很复杂，不容易解决。然而，一般来说，大多数流程都需要定期审查，以确定它们的重要性，并在必要时寻求外部专家顾问的帮助。

分阶段建立业务架构实践

第一阶段：实践建立

对利益相关者准备情况的评估和调查能够确保管理层对创建业务架构实践的支持。来自业务和信息技术领导层、最初选择的两个业务部门、企业架构和三个架构领域、项目管理办公室和运营支持团队的代表被确定为该实践的主要利益相关者。这些人参与制定业务架构实践和相关治理活动。然而，团队面临的主要挑战是业务架构团队缺乏相关的技能和经验。此外，信息技术组织之前没有基于医学领域的 Web 服务或健康信息交换（HIE）或电子健康记录（EHR）相关标准的开发经验。新收购的培训机构将其组织发展服务扩展到业务架构实践生命周期的各个阶段，以进行技能差距分析，并帮助相关专业人士学习和获得该领域知识，让其在整个企业中建立先进的企业架构知识，以在未来进行知识转移时为其他成员提供指导。

前文图 11.2 展示了创建业务架构实践所考虑的关键步骤。其中一些步骤与构建其他架构实践时可能考虑的步骤非常相似。那么，是什么让这些步骤如此独特呢？很明显，指导原则的形成推动了业务架构实践走向成熟。以下是构建业务架构实践的关键：

- 定义业务架构的范围——将范围限制为仅支持两个关键业务部门，为实践成员提供了成功的机会。同时，它为互动提供了时间，并在学习和分享时更加有效。它还为实践成员提供了关联业务架构目标与这两个部门业务目标达成共识的机会。

- 建立一个集成和统一的业务—信息技术前端——业务架构实践成功的关键是业务部门的参与，重点在于将业务架构实践作为协作环境，让团队形成共识驱动，积极主动地响应相关工作。业务架构实践设计的流程和原则易于团队遵循和执行。

- 探索与企业架构的关系——创建一个来支持企业的战略和战术目标的实践，使我们能够在生命周期实践的早期阶段，探索、建立和揭示业务架构与企业架构的关系。它帮助我们塑造了实践的组织结构和章程，并有助于建立其他业务部门的期望。

- 可视化的"全局"业务视图——使用概念架构模型创建业务的"全局"视图，帮助我们分析现有业务流程，以确定生成面向服务架构和业务流程管理需求的服务并确定其优先级计划。它还为我们开发企业级业务架构的蓝图奠定了基础。

- 为实践制定关键绩效指标——创建一套绩效指标来衡量建立实践的进度是很重要的。过去几年的所有收购中，成功收购并没有那么容易。衡量进度帮助我们确定和监控整合信息技术资产的性能、效率和生产力需求，并确保管理层尽早锁定目标，筹集未来资金。它要求团队从一开始就建立具有可操作性的架构。

- 识别用于转型的备选业务功能或组件——在此阶段需要确定和审查关键业务流程。我们的目的是定位冗余、紧密耦合或分散不同的业务流程或功能，以帮助业务部门提升信息共享与合作。对于备选业务部门来说，许多挑战、问题、风险和关注点是孤立存在的。

- 为业务和信息技术一致性铺路——让业务和信息技术领导者、经理、架构师参与其中，有助于当前业务和信息技术战略的协调一致。利用关键业务驱动因素来指导、规划和形成未来企业的转型计划。此外，还识别了许多可以在多个业务功能之间共享并优化的信息技术资产。

最初，执行主管很难说服其他高管接受其想法，即开发一个全面且合理的企业级业务架构实践，因为这被认为是后退一步来创建业务架构实践以完善企业信息技术战略。利用上述原则，企业建立了一种架构实践，它影响了两个参与的业务部门并激发了后续的企业级计划。然而，问题仍然存在："如何利用业务架构的力量来实现业务与信息技术的一致性？"

第二阶段：实践促进启用

从建立业务架构实践开始，许多业务和信息技术负责人投入了大量时间和精力来指导他们的团队。他们在制定基本规则以提供正确的业务价值和赢得其他高管的信任和信心方面发挥了重要作用。使用"全局"业务模型，两个业务部门的业务功能和服务之间的依赖关系、缺陷和冗余都会被暴露出来。这就允许其他部门评估使用业务架构实践所需的工作量。但是，在此阶段仍然存在一些阻碍：

- 团队许多成员缺乏与医疗卫生信息技术相关的业务领域技能，而且由于该行业仍处于新兴阶段，因此很难在预算范围及时效性内聘请到专家。
- 业务架构实践生命周期过程与方法仍然较新，尚未成熟，因此难以充分地定量评估业务架构实践的价值主张的建立。为了解决这个问题，需要不断评估行业的发展趋势，利用业务架构最佳实践以纳入相通的价值主张。
- 许多业务伙伴要么不愿接受变革，要么忙于应对策略运营相关的挑战，尽管培训组织承诺提供业务架构的教育学习、详细指示和工作内容。
- 现有的企业架构实践团队仅在技术选型方面发挥了咨询作用，并没有对风险管理计划或政策合规性和治理审查的意识。

上述提到的每一个阻碍或不利情况都使我们有必要通过执行图 11.2 中所示的任务来制订一个计划周密的计划，从而提高组织的实践成熟度。根据业务架构要求，我们开发了一些特定的关键绩效指标，这些指标对高级管理人员很重要，对推动企业范围内的业务和信息技术一致性至关重要。此外，这使业务架构实践团队能够衡量、监控和管理进度，同时在需要时进行补救。

为了解决第二阶段提出的任务和相关支持活动，我们考虑了以下步骤：

- 人员—流程—技术范式的影响力——主要是为了建立一致且实用的方法来提高组织成熟度。企业为了改善团队氛围和结构，计划建立健康信息技术领域和架构专家的组合，并举办多场课程，以在参与的业务部门中建立知识体系。企业决定采用 TOGAF 和 Zachman 的企业架构方法以及联邦细分架构方法来增强业务架构，选择了基于统一过程和统一建模语言符号的方法为业务架构建模并创建业务架构的"全局"视图。

- 重新审视实践章程——目的是为了建立与约定相关的问责矩阵（通常在行业中定义为 RASCI 矩阵）的基本规则，并审查章程和实践中定义的基本规则。除了将企业业务蓝图与相关战略和战术业务与信息技术目标保持一致的迭代和增量方式之外，还设计了一种更具创新和协作的思维方式——"从大处着眼，从小处着手"。章程的初始版本（在第一阶段制定）侧重于达成共识，这项共识是以涉及的两个业务部门的以业务为中心的综合蓝图或模型的创建、发展和采用。章程的重新审视可以促进整个企业的创新和协作，确保企业业务蓝图与相关的战略和战术以及信息技术目标的一致性，包括：

（1）战略规划、预算流程和资本投资规划；

（2）与成本控制工作和劳动力规划有关的业务运营和相关的运营限制的问题。

- 执行核心原则、策略和指南——理想情况下是执行一项行动计划，将业务架构实践正式引入企业，并评估这种做法对前两个相关部门的影响。收集实际观察和经验总结，并与所有业务部门和利益相关者进行分享。业务架构实践被正式引入企业，同时，作为试点参与到评估实践的两个业务部门也会迎来机会。该计划是为了收集信息和经验总结，并与整个企业和所有利益相关者进行信息共享。这个活动的重点是建立：

（1）一组衡量关键目标与有效性的实践指标；

（2）参与组织和每个团队成员的角色和职责；

（3）一致的业务架构流程；

（4）全面的业务架构治理、风险管理和架构合规审查流程。

此阶段进行的大多数活动旨在不断评估和改进业务架构实践的成熟度，通过考察业务架构团队是否具有足够的前瞻性思维来识别业务架构关键原则的影响并采取行动。此外，它还对业务架构实践如何帮助业务和信息技术职能部门绘制路线图进行审查，以交付 Health-Is-US 企业的转型。

第三阶段：实践管理

在前两个阶段，我们的侧重点是让这两个业务部门做好业务架构实践实施的准备。实践章程的制定考虑了一套具体的原则和指导方针。我们为业务架构实践开发了一个"稻草人工作模型"（a straw man working model），其中包含所涉及的业务部门和员工的主要角色和职责。在第三阶段，关注点扩大到知识资本管理、审查和完善指导原则以及衡量实践的进展上。如图 11.3 所示，为了业务架构实践的有效性，我们引入了一种系统方法。这个方法包括四个迭代和增量步骤。这些步骤是为了定期评估业务架构的完整性。此外，我们还同时开展了三项活动，旨在实现业务架构实践的未来前景。

1. 检查业务架构模板的一致性，例如文档、建模指南以及检查或演练程序。这一步帮助我们对业务部门有效参与业务架构实践的流程进行标准化。根据需要，在将模板发布到公司流程资源库之前，我们对模板进行了审查和修改。

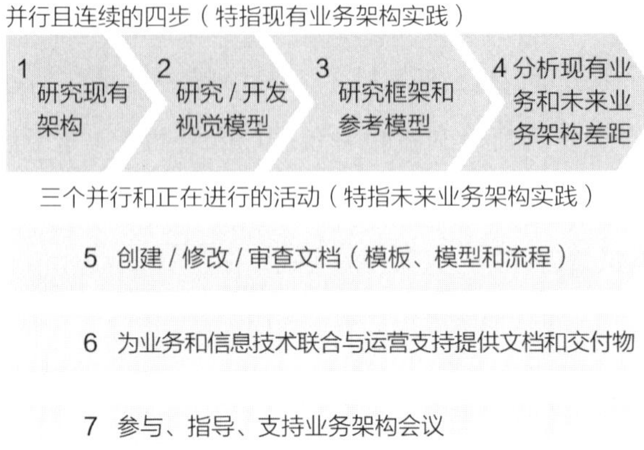

并行且连续的四步（特指现有业务架构实践）

1 研究现有架构　2 研究/开发视觉模型　3 研究框架和参考模型　4 分析现有业务和未来业务架构差距

三个并行和正在进行的活动（特指未来业务架构实践）

5 创建/修改/审查文档（模板、模型和流程）

6 为业务和信息技术联合与运营支持提供文档和交付物

7 参与、指导、支持业务架构会议

图 11.3　业务架构实践的有效运行步骤

2. 为业务架构的缺失区域提供可视化模型，以涵盖不同业务领域中的孤岛，并识别业务流程中未衔接的部分，这一步骤支持我们识别业务流程中的断点，并在业务和信息技术职能间建立协作渠道。

3. 灌输与架构活动相关的战略和战术层面的变化，以随时调整业务战略，与业务流程的变化保持一致，并协调现有和获得的资源，这一步还通过简化上面提到的一些流程，帮助我们提高了业务运营的能力。

每一步都为业务架构蓝图提供了一个具体且可衡量的价值主张。此阶段对各方达成业务架构共识是很有帮助的。这里采用了一套通用标准，并考虑了架构框架（即 TOGAF、FSAM 和 Zachmann 架构框架）来绘制蓝图。在此阶段，最重要的方面是将业务架构蓝图的元素与业务战略联系起来，然后确定业务流程与这些战略目标之间的联系。风险管理和治理计划的基础是在前一阶段创建和实施的，其中包括一套整体可量化的衡量参数，以及所需的关键绩效指标。此阶段还成立了一个单独的团队来确定对新业务架构模板的需求，以及必须遵循的指南，以便整合各种与医疗卫生相关的政府机构的可用标准、授权和法规。该团队在公司服务等级协议中发布了此类模板，并与业务部门协调、合作，以针对其业务重点制定新模板或指南需求。

第四阶段：实践实现

在业务架构实践生命周期的这个阶段，企业期望将业务架构实践建立为一种可操作且有效的实践，并能够获得一开始承诺的效益。业务架构实践的治理结构是创建一个虚拟团队，包括来自业务和信息技术部门的成员。作为这个虚拟组织的一部分，团队成员分担核心职责和义务，并共同执行以下任务：

（1）在业务和信息技术组织之间建立透明合作的氛围；

（2）使业务发起人和利益相关者能够做出明智的信息技术决策；

（3）将业务架构实践自然延伸到整个企业；

（4）随后，将业务架构与企业架构作为战略不可分割的一部分。

我们这里所提到的方法与 Whittle 和 Myrick 讨论的价值流概念一致。正如这些作者所提出的，"价值流是将客户端到端活动集合的结果"。我们通过四个阶段的并行活动确定了许多基本价值流，使用以下原则有各自的优势：

- 将业务流程或组成作为业务架构实践的一部分，与业务战略、愿景或潜在业务运营目标保持一致，并对其进行跟踪以提高业务系统性能和效率。
- 使用行业标准、公认的架构框架和完整的生命周期流程成熟度模型以及统一的衡量标准，持续进行改进。
- 使用治理和风险管理流程来协调业务架构实践在协作和业务价值交付方面的能力，并定期评估业务架构的价值主张。
- 采用测量程序来监控和管理业务架构实践在实现其目标的每个阶段的进展，并成功满足主管、客户和利益相关者的期望。

本节对于业务架构实践团队在 Health-Is-US 执行的步骤和活动分四个阶段进行了介绍。作为业务架构实践团队的一部分，参与团队在执行与这些阶段相关的活动时，我们还获得了一系列观察和经验总结。正如各节所述，我们的大多数想法都与这些业务架构实践的经验相关。大家可以利用它们在任何企业中实现业务架构实践的直接价值。

业务架构实践的现实：来自实战

在这一方面，本书将简要介绍来自实战观察的结果。实际上，这些经验来自与业务架构实践团队一起开展的活动。正在进行的采购计划、贸易和技术合作伙伴的合作，以及针对企业和政府的具体要求和法规的积极合规工作是这些活动或任务中的一部分。

实际观察和经验总结

随着业务架构实践的发展，业务架构实践与其他企业计划或项目之间的影响也在发展。在此分享一个组织内的观察类别与经验习得，这些信息是我们在解决一些关键挑战时获得的：

- 业务战略不清晰使得企业难以采用或接受业务架构实践的概念、流程、原则和章程。它还影响了业务架构实践在业务部门以及其他信息技术计划中的参与度。企业应将注意力集中在确定业务战略的关键要素上，并用它们来明确推动业务架构实践中涉及的流程和活动。
- 缺乏对业务架构实践角色的理解使得业务架构实践和业务部门之间的协作，以及其他企业级计划的关系变得复杂。该团队联系了首席信息官办公室，去制定参与业务架构实践时的相关战略、流程和手续。
- 在初始阶段，组织结构和团队成员的组合经常发生变化，这一情况直到医疗卫生领域专业知识和经验丰富的架构师团队建立起来后才有所好转。相关团队在早期阶段认识到，要建立有效的业务架构实践，拥有业务领域专业知识与拥有架构相关经验同样重要。事实证明，团队的平衡性对建立真正有效的实践至关重要。
- 业务架构实践活动对业务部门的影响很大，因为其许多关键业务领域已转变为支持 CDS 组织中的多个以患者为中心的医疗系统。然而，近年来收购的各种医疗卫生系统提供帮助业务架构实践识别与临床信息系统和决策支持解决方案相关的业务流程。随后，它有助于开发业务架构的"全局"视觉模型，使业务架构实践能够通过临床信息系统和决策支持解决方案来支撑相关的业务流程。

采取的行动

基于观察和经验总结，业务架构实践团队建议制定一些基本规则来建立与业务架构实践的交互：

1. 认识到业务主管的期望以获得支持，并且在大多数情况下，识别并优先考虑业务架构实践的需求。这一行动提供我们探索、改进业务架构实践的机会，并建立了一个可以扩展到整个 Health-Is-US 企业的清晰"全局"。

2. 确定真正的成本收益并找出业务架构实践如何与企业的财务目标直接相关。这有助于我们在决策过程中更好地支持业务主管的工作。

3. 审查如何衡量、管理和监控业务架构的业务价值。这一行动帮助我们认识到业务架构实践的目标是如何提高性能、生产力和业务服务或解决方案交付的质量。

4. 定义业务架构实践团队的每个成员以及相关的业务和信息技术团队的角色和职责。这使我们能够将责任和所有权归属于正确的团队成员，同时优化资源分配。

5. 遵守行业和政府法规、政策和流程要求。这使得 Health-Is-US 在处理大多数授权和法律合规问题时更加敏捷，并帮助业务架构实践处理特定的安全和隐私问题。

6. 同意对架构审查机构和利益相关者进行定期审查。这有助于我们为业务发起人和其他相关高管定义业务架构实践的目标，并制定以满足企业级需求的业务目标。

7. 建立和管理一组基本规则，这些规则与业务架构实践对业务和信息技术协调以及运营支持的贡献直接相关。这使我们能够以更一致的方式管理业务架构实践与其他业务和信息技术功能的关系。

该团队认为，这些行动和步骤中的大多数都基于 Health-Is-US 的情况。个体从业者必须根据他或她自己的企业业务目标重新审视每个步骤的重要程度。不过，团队坚信这些行动在为任何业务架构实践制定章程和参与规则方面都是有效的。

业务架构实践最佳实践

该团队还认识到，本案例分析中大多数最佳实践方案可能并不同样适用于所有业务架构实践计划。但是，他们坚信仍然必须学会利用它们。此处是最佳实践列表：

- 建立一个业务聚焦并坚持下去——业务战略和目标推动了业务架构实践的搭建。如今，业务架构实践一直在支持和影响架构领域和业务运营的各个方面，因此在整个业务架构实践生命周期中保持业务聚焦至关重要。
- 组建一支平衡的团队——利用现有资源以及业务和架构领域的专业知识对于业务架构实践来说同样重要。这种平衡的团队可以帮助我们开发最有效的业务架构。
- 为企业做好阶段准备（迭代式和增量式）——业务架构实践从一开始就采用了"着眼于大局，从小处着手"的口号。它使我们能够创建一组衡量业务架构价值的指标。随后，我们可以通过修改调整这组指标来捕捉和监控整个企业的实践进度。
- 保持业务和信息技术组织在各个层面的参与度——业务架构实践是业务和信息技术团队之间的桥梁。业务架构实践的价值主张从利用业务战略的指导延伸到业务流程的概括，再到将业务架构元素转变为业务解决方案。

- 管理和维护高管支持——业务架构实践的关注点从指导信息技术战略制定转变为推动业务解决方案部署。在业务架构实践的整个生命周期中资金是很重要的。在每个阶段大家都需要定期向执行主管汇报。
- 治理是必不可少的，而不是"可有可无"——业务架构实践在其生命周期的各个阶段中不断演变。治理原则和流程对成功实践产生了重大影响。务实的治理和风险管理流程至关重要。这些流程采用了一种轻量级的方法来管理赞助商、客户和利益相关者的期望。

治理、风险管理与合规审查

正式且有效的治理流程通常采用一组可量化的指标和精心策划的测量程序来支持业务架构实践的持续改进。从该领域的经验来看，人们认识到一个有效且正常运作的业务架构实践必须解决因资金、赞助、量化的业务和信息技术协调缺乏而产生的挑战，以及业务架构实践对其他信息技术计划的影响。

为了将所有这些结合在一起，应用实用的治理和风险管理流程至关重要。Health-Is-US 的业务架构实践四个阶段的并行活动帮助我们定义了一个整体框架，其中包含增量和迭代的治理、风险管理和合规因素。四个阶段的活动成果为管理层、客户和利益相关者的期望提供了一种轻量级的方法。

在 Health-Is-US 的业务架构实践生命周期的四个阶段中，该团队开发了一个简单的三层组织虚拟治理机构，如图 11.4 所示，以解决业务架构实践的主要挑战、问题和风险。首先，该框架确保了业务架构实践团队与各级利益相关者的密切联系。

在第 1 层，业务战略委员会包括 C 级高管以及业务部门的高管，特别是他们的运营和合规职能团队。该层级通过高管层，审查和批准业务战略变更，并优先考虑业务架构计划。

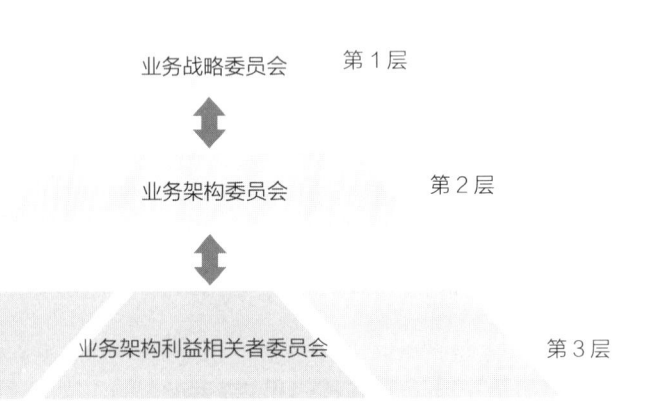

图 11.4　业务架构治理的基本组成

在第 2 层，企业架构团队的负责人主持了业务架构委员会，并鼓励所有业务和信息技术关键职能负责人参与，包括安全、基础设施和数据服务团队的代表。该层级审查了对业务架构的所有更改，并提出监控业务架构计划的重要意义。业务架构委员会还通过一致的应用标准和架构原则，对文档进行审查并指导了整个企业业务架构的有效实施。

在第 3 层中，Health-Is-US 有四个主要的业务架构利益相关者委员会在共同治理、风险管理和合规问题上进行协作和互动。每个业务架构利益相关者委员会都包括来自其监督和管辖下的关键业务部门信息技术项目或计划的代表。通常，业务架构实践团队成员在此类会议中担任主席或主要代表。这些委员会定期召开联席会议，审查所有重大挑战、问题和关注点。他们还为实现业务架构实践的目标选取了必须采取的改变或行动。委员会集中讨论了在业务架构下他们自己的权限，并分享从这些举措中汲取的经验总结。

建议与提升

在建立业务架构实践的初级阶段，团队组合非常重要。他们必须克服组织的割裂，转向识别和关注关键业务功能及其企业级目标。组织的进一步成熟需要强大的业务—信息技术协作，这种协作由深思熟虑的治理结构驱动，并有精心策划的测量计划明确定义的指标。之后，随着业务架构方法、框架和标准不断涌现，业务架构实践团队成员和管理者必须明白，在生命周期的每个阶段，工具和侧重领域应该有所不同，这一点很重要。

业务架构实践团队成员和管理者必须了解治理模型在生命周期每个阶段的重要性。业务部门负责推动并优先考虑业务流程转型（再造或改进）计划。因此，业务架构实践应该发现并阐明其对应用程序、信息和技术架构的影响，以最大限度地提高业务流程转换的效益。业务架构实践使企业架构更受业务而非信息技术的驱动和管理。它使企业架构的角色和职责发生了根本性的变化。因此，重要的是要明确定义团队角色和职责，并得到相关专业人士的充分理解。

该团队已经从四个阶段中发现、识别了一组最佳实践方案，并使其社会化（见上文）。本案例分析中介绍的业务架构实践目前正在运转并支持 Health-Is-US 整个企业的运营。业务架构实践团队还在不断修改和完善最佳实践方案以及业务架构实践中采用的流程和原则。

业务架构实践的未来前景

虽然没有水晶球可以预测业务架构实践的未来，但人们可以设想它的未来前景。相关的想法和建议可以归纳为三个方面：①业务架构实践作为业务功能；②业务架构实践作为未来敏捷企业的驱动力；③新兴业务架构实践标准支持业务部门的共同目标。

- 业务架构实践作为一种业务功能——业务架构实践最终将被视为具有

BAP 生命周期各阶段活动的参与者

BAP生命周期各阶段	赞助人	利益相关者	业务用户	业务战略委员会	BA委员会	BA利益相关者委员会	业务架构	信息技术架构	信息架构	应用架构	技术架构	应用程序开发	应用程序集成	项目管理	运维支撑	业务组合管理
构建实践	A	R	C	C	R	C	A	S	I	S	I	I	I	I	I	I
建立实践	C	C	C	I	R	S	A	S	S	S	S	C	C	S	I	I
管理实践	S	S	I	I	R	S	A	C	S	S	S	S	S	S	S	S
实现实践	R	S	C	C	R	S	A	C	R	R	R	S	S	S	S	R

图 11.5　用于驱动 BAP 生命周期的 RASCI 矩阵

R（负责）-授权采取行动（对实践负责）
A（有责任）-对治理、批准，所有权和行动的授权和执行负责
S（支持）-支持性角色，需要审查并提供补充信息
C（咨询）-咨询性角色，有必要是需要被咨询
I（通知）-信息知情的角色，有必要被通知到

价值流或价值链、业务模型、战略规划和运营效率的一项业务准则。它将直接影响业务决策，包括信息技术、业务和组织架构。正如本书所述，在短期内，业务架构实践的治理将越来越受业务驱动和高层管理的驱动。逐渐地，业务架构实践在业务决策过程中的角色会更加重要，因为它涉及业务逻辑、技术、运营和战略。随着实践概念的成熟，将战略与组成部分关联并直接推动影响企业投资转型组合，以及采取提高运营效率的战略和战术决策将变得很重要。最终，利益相关者、所有者和投资者将越来越需要业务架构实践来提供业务运营的蓝图，描述信息技术资产，提供各种运营的合规性证明、关联成本和利润证明，并协调业务和信息技术战略。业务架构实践将成为上市公司以及公共部门的一项监管要求。

- 业务架构实践推动未来敏捷企业——业务架构实践将推动业务设计以实现预期结果。这将帮助专业人士融合战略和相关技术来推动业务成果。合并、收购和外包活动将推动业务架构实践的增长，并创建灵活型敏捷的企业。

业务架构实践将利用云计算和数据虚拟化等技术支撑来推动实用型模型的发展，为敏捷企业提供支撑。在瞬息万变的市场环境和激烈的全球竞争中，业务架构实践将采用业务战略和需求来驱动运营结构设计。这些结构将由根据需求、架构一致，具有成本效益和"准备就绪"的实用模型来构造。

- 新兴业务架构实践标准支持业务部门的共同目标——业务架构框架将会形成，并被用来定义商业标准和方法。例如，业务架构实践将推动面向服务架构作为目标架构和技术，而不是对共享服务的调用。缺乏业务架构标准一直是一个挑战，短期仍会持续，但随着企业意识到其价值以及最佳实践方案的进一步出现并趋同的想法，它将在整个业务和信息技术中得到更多的认可。现在，新兴标准已经被更广泛地采纳。此外，业务架构实践已经采用了几个标准框架以满足业务架构的需求。

多种标准和常用框架可以为业务架构实践提供支持,具体取决于团队成员的背景和技能水平。随着该领域的成熟,符合要求的工具和标准肯定会出现。

附录——企业架构和数字化业务案例

简要概述作者参与的四个案例。客户主体信息由于隐私原因被抹去，但是都是真实案例。这些案例详细介绍了四家公司的企业架构实践以及它们数字化转型的动力。每个案例的重点在于通过利用企业架构、业务架构和书中提到的步骤来提高客户价值。这些举措为企业带来了可观的效益，并且能帮助企业更深入理解企业架构如何为企业创造价值。数字化协作业务的复杂性、流程的重新设计（特别是供应链）以及治理与合规需求问题都可以通过企业架构实践模型得到很好的解决。

案例 1：把企业架构作为一体化的企业建设

行业：保险

问题描述：一家总部位于美国、总资产达数十亿美元的公司，拥有多个业务线，在全球拥有约 12 000 名员工，其中 750 多人在技术部门。首席信息官决定整合企业级业务应用，同时，面向客户交付高度数字化和个性化的业务功能。

挑战、问题和影响：大多数信息技术人员熟悉不同保险业务领域的技术、平台和操作，例如保单管理、计费、定价和承保，并且他们知道如何建立自己职能领域的积累。然而，他们并不知道如何创建企业级视图。企业（业务）有自己信任的信息技术团队和服务供应商，但公司缺乏能领导如此规模的企业级资深信息技术专家（超过 3 亿美元作为资本预算），更不用说创建企业的核心竞争力了。首席信息官和他的下属成立了架构审查委员会来评估公司内部的信息技术组织架构，但是，共享服务团队对与架构审查团队的合作并不感兴趣。大多信息技术人员担心，在合并决定前，他们的一些职能被离岸外包给了离岸供应商。首席信息官指示，这些规划也要与企业级规划同步进行。

建议：企业架构指标开发应考虑业务需求、目标和目的，所有业务部门在一开始就要参与其中，这可以使得企业架构建立在一个"大局"概念之上。企业架构还要为多个系统整合提供一体化解决方案。通过问卷形式，我们调查了在数字化转型前后的客户价值变化。

主要活动：架构审查团队最初负责创建企业级计划组合。首席信息官和他的团队指派了适合的信息技术经理和技术主管与相应的职能部门协作，去支持企业级战略的业务需求。之后，这项以更新企业架构及相关扩展和新版本的计划获得了批准。

企业架构团队开始了他们的运营，用数字化业务案例来构建企业架构目标以实现数字化战略的计划。他们与不同的业务职能部门召开会议，以了解他们的运营、目标和目的，并让业务和信息技术职能部门参与，以便了解哪些流程需要他们的支持。他们准备了许多文件，描述了整个企业要遵循的各种架构指南、行业最佳实践方案和企业架构原则；制定了包含特定蓝图、里程碑和可交付成果的路线图，同时绘制了企业的"全局"；确定了一组企业架构指标，并根据自定义需求对功能进行了细化。该公司业架构团队积极参与多个业务和信息技术以及海外团队，以管理企业架构指标并与"一体化"架构保持一致。

交付结果：企业现在的架构审查团队架构都比较合理，对整个企业的大多数进行的计划都有明确的监督；采用了一系列流程来捕捉、监控企业架构指标，并将其报告给团队；团队定期召开审查会议，批准资金使用，并调查企业架构团队上报的其他关键问题；在 15 个月的时间里，信息技术职能部门的绩效水平提高了 11%；后来，首席信息官指派企业架构团队探索在公司中采用面向服务架构方法的可能性。

观察：企业起初对计划不是很热情，并不想参与企业架构设计；架构审查团队很好地展示了"全局"的初始版本，这让信息技术团队兴奋不已；企业在治理早期就暴露了许多复杂的问题需要手动处理，引起了业务赞助方的注意；多个数据接口为"复用"策略提供了强有力的支持；企业架构指标需要一段时间才能被很好地捕捉和管理，因为之前没有内部测量和分析的经验；缺乏企业架构领域的专业知识，学习过程既耗时又难以掌握全面知识点。

经验总结：提高企业架构意识具有教育意义，促进了企业成员责任感的形成；业务和信息技术部门都积极地选取企业架构指标，并为提高质量指标做出了同等贡献；业务与信息技术的联动在采用企业架构指标方面发挥了关键作用。

案例2：建立企业架构实践以整合多个业务应用

行业：医疗卫生

问题描述：一家美国医疗保健公司收购了另外两家较小的公司，以扩大其在医疗保健领域的规模。公司总收入超过12.5亿美元，员工总数8 000人，其中信息技术人员350人。当时公司的大多数系统都是分离的，有些需要自动化或重新设计。收购结束后，一位新的首席信息官加入了公司。他计划整合从收购中的多个业务应用条线。

挑战、问题和影响：首席信息官的直接下属面临着一项企业架构挑战，就是将每家公司的技术基础整合到一起。被收购公司的信息技术员工的经验水平与最新技术不适配，他们中的许多人是COBOL[1]程序员，没有接触过中间

---

[1] 是数据处理领域最为广泛的程序设计语言，是第一个被广泛应用的高级编程语言。——编者注

件、客户端—服务器或 J2EE❶ 技术，更不用说企业架构的相关知识或经验。该公司刚刚聘请了四名高级企业架构师和一名高级信息技术战略负责人从头开始创建企业架构。此外，当时公司没有各业务应用系统的明细。

建议：使用分阶段的方法来构建企业架构实践；允许企业架构指标随着指导原则、最佳实践方案和行业标准变化而发展；从一开始就让业务团队参与进来，形成真正有效的企业架构实践；考虑在企业整合过程中花费时间和精力来学习。

主要活动：一个企业架构意识培养项目被列入制度中，以培养所有信息技术人员、高管和业务团队；企业架构团队开始梳理现有系统，并征求信息技术团队的帮助以收集业务需求并识别冗余系统；企业内部采用的企业架构准则由一套指导方针、最佳实践方案和技术标准共同确立；商定了一套企业架构指标，以便信息技术和业务团队可以开始他们的整合计划；正式成立了企业架构治理团队，向执行发起人和领导团队汇报项目的进展情况。

交付结果：企业架构团队帮助信息技术部门组建了多个应用架构团队，同时专注于特定的业务功能领域；企业架构团队确立了其作为所有正在进行的项目的策划者和指导者的地位；合并了一些业务应用；为衡量项目进度而开发的企业架构指标在一段时间内得到了完善。

观察：企业架构团队从认识到了他们的具体需求后，就让业务团队参与了进来；整个企业严重依赖遗留系统；企业架构团队绘制了"全局"架构并与所有信息技术团队进行了沟通；企业架构指标侧重于架构流程、对指导原则的遵从性以及性能改进因素；根据需要对业务流程进行自动化和重新设计。

经验总结：企业架构团队成功地采用了渐进式过渡路径；中间件的使用使信息技术团队能够从单一结构缓慢迁移到两层再到多层主从式架构；架构分析帮助企业架构发展，同时识别、捕捉和分析业务需求；架构审查委员会在多

---

❶ 是一套针对企业级分布式应用的计算环境。——编者注

个阶段进行过程的测量和分析；随着时间的推移，企业架构指标得到了完善，从而使信息技术主管能有效的在决策中运用它们。

案例3：支持企业架构现代化和应用合理化

行业：金融服务

问题描述：一家国际公认的市值数十亿美元的系统集成公司，与一个大客户正在进行长达数年的财务会计和支付系统整合和现代化的计划。该公司在全球拥有 30 000 多名员工，其中 1 100 名从事信息技术工作，员工们都拥有不同的跨学科能力。该客户正在完善其业务流程，以提高用户的金融服务质量。负责该合同的高级管理人员计划对企业架构进行了现代化改造并简化应用处理流程，从而降低对未来系统产生的影响。

挑战、问题和影响：客户在企业架构上缺少相关经验；大多数现有的应用都是打包好的解决方案，由外部顾问来制定；没有任何用来描述应用程序的接口文档；业务专家忙于将他们的愿景放在解决未来目标上；有许多冗余应用程序，其中一些支持经常访问这些系统的小型用户社区；这些人抵制对应用程序的任何更改。对决策者来说，首要挑战是建立一个包含所有应用程序的蓝图，包括对现有的业务功能和未来用户新需求的支持。他主要担心的是，如何向客户推广企业级架构流程、标准、框架和最佳实践方案，因为他们之前没有这方面的经验。

建议：使用迭代和增量方法进行企业架构现代化—计划的一致性是关键；为缺乏经验的客户团队提供"全局"蓝图，以便他们能够参与转型并接受变化；企业架构指标体系需要一段时间的发展和成熟；应尽早让业务团队参与进来，以降低相关风险。

主要活动：组建一个小型但高效的企业架构团队，以提高所有信息技术和业务专业人员对企业级技术整合的认知。企业架构团队要先与其他团队进行沟通并创建一个蓝图，该蓝图记录所有"原样"操作并记录"未来"的可能性和需求。企业采用了许多行业领先的最佳实践方案去指导遗留系统的现代化，并在公司的共享设备中发布了其使用指南；向客户高管提出了一些要求，重组相关职能，以更好地支持企业未来运营的蓝图；一些冗余系统在不中断任何用户使用的情况下退役；确定了一系列企业架构指标；指定不同的信息技术部门收集相关数据。

交付结果：许多业务功能实现了现代化，并且有更多资源可用于支持应用程序的交付；信息技术团队更有动力学习最先进的技术；企业架构团队选用了业界知名的架构框架；业务团队的投入度和参与度更高；整体业绩提高了8%，因为企业架构指标持续衡量客户满意度；架构审查团队召开了第一次审查会议；客户延长了一年的合同；一份问卷调查结果显示，客户的满意度远高于预期。

观察：业务团队发现重组和自动化工作帮助他们减少了支持日常运营所需的工作量，但仍然需要更多的业务重组使得功能更加客户导向。团队设计了一个门户接入，以增强客户服务，同时将当前的服务产品集成到一个接入点。随着架构审查团队的制度建设，企业架构指标得到了持续发展，三个遗留系统被一个新的基于J2EE的多层系统取代。

经验总结：业务功能转型的过渡计划是根据对业务目标的影响而设计的，这有助于让业务团队尽快参与进来；承包商利用自己的经验为客户重组一个大型组织，从而更容易识别企业架构指标的参数；架构意识计划帮助客户的信息技术团队认识到业务需求并思考如何与新技术、最佳实践方案和行业标准建立联系；对客户来说，性能指标成了企业架构指标的关键组成部分。

参与这三个项目的从业者已经使用了前面提到的七个步骤中的大部分。每个步骤不可能拥有同等重要性。这些步骤中列出的一些问题被广泛用于推动企业架构计划形成。在使用这些步骤时，值得一提的是，从业者还必须依照其特有现状，考虑其他相关因素和可能面对的挑战。

案例 4：如何衡量离岸外包项目的成功

行业：咨询

问题描述：此案例与前三个不同，因为它包含的企业架构实践相关工作开展，是作为评估一家大型美国公司成功将业务离岸外包给供应商并提供一级支持（基础设施）的案例。他们邀请了一家在衡量离岸外包项目成功与否上拥有丰富经验的独立第三方咨询公司来评估客户情况，搭建基于企业架构指标体系和实施的方法，并对结果进行评价。

挑战、问题和影响：我们要确定关键绩效指标有哪些，找到预期目标和期望之间的差距，并评估当前成效。该评估还要面临附加挑战，即跨文化差异、多元化、不同工作方式等相关因素，然后确定这些因素是否会导致额外费用的产生。

建议：我们建议采用三阶段法来帮助企业评估其离岸外包活动。我们的企业架构实践设计为每个阶段都提供价值，从一开始就确保为客户带来最大的利益，无论他们选择通过多少步骤来实现目标。这三个阶段确定了三个具体的重点领域：

1. 确定关键绩效指标；
2. 找到预期目标与期望间的差距；
3. 评估计划的可行性。

主要活动：
我们对每个阶段都提供了目的概要和详细的工作细分架构。

阶段 I：建立、评估和审核关键绩效指标

成功的关键是建立一组参数，这些参数可以衡量随时间推移所取得的成效。对于客户当前的离岸外包计划来说，识别现有关键绩效指标并进行严格审查，至关重要。并且有必要核实和验证它们对计划的重要意义。随后，我们会记录这些关键绩效指标以及该计划中影响成功的关键因素。该阶段的主要任务、可交付成果和工作量（以小时为单位）在建立关键绩效指标时都进行了评

估和记录。

阶段Ⅱ：进行差距分析并找到基准

一旦关键绩效指标被企业确认并采纳，就必须对基础设施和相关服务的"现状"和"未来"情况进行全面调查，以确定如何衡量离岸外包计划的成功。这一阶段的主要目标是进行严谨的差距分析，研究相关参数，并衡量它们对基准和行业趋势的直接与间接影响。

阶段Ⅲ：评估结果与建议

在计划的最后阶段，将进行评估，同时考虑关键绩效指标和独立的评估标准。主要目的是提供一份独立的评估报告，以及提供促进客户当前和未来离岸外包计划成功的建议。大部分评估活动在现场进行，评估报告已提交给项目发起人。咨询业务为组织带来了以下好处：

- 为当前和未来的离岸外包计划优化成本控制提供具有战略性、实用性的方法。
- 高度可量化和可重复的指标，用于衡量和监控跨组织边界的技术投资和资源利用回报，以及采购模式中文化转变的价值。
- 实现离岸外包可持续发展的路线图，包括减少管理时间、改进离岸项目管理流程以及提高客户满意度。
- 制定一种高效的影响分析方法，可用于识别和解决正在进行的和未来离岸项目中的关键风险问题。

观察： 衡量标准和指标在客户和外包合作伙伴之间发挥着至关重要的纽带作用。首先，这些指标向客户的高级领导层证明了外包工作的努力。其次，这些指标证明了外包合作伙伴的价值，这反过来也加强了双方的关系。跨地域和文化的细微差别得到了更好的理解，这为双方合作伙伴的进一步交流合作奠定基础。我们发现企业架构实践经验对于实施度量和衡量标准项目非常有益，因为它很专一，如业务架构实践章节（第十一章）所讨论的那样，实现了业务侧和技术侧之间的平衡。

译后序

随着数字化转型成为全球企业共同面对的必修课，企业架构作为支撑企业战略和业务创新的框架，其重要性日益凸显。《价值重塑：面向数字化转型的企业架构》一书，深入剖析了数字化时代企业架构的内涵、价值与实践路径，为读者提供了一份宝贵的知识图谱。

本书的翻译工作，旨在将这一理念引入国内，帮助更多企业开始数字化转型的实践。在翻译过程中，我们力求保持原作的准确性和易读性，同时，也努力将一些专业术语和概念本土化，使之更符合国内读者的阅读习惯。当然，不可避免地，译文在某些细节的处理上可能存在不足，欢迎读者提出宝贵意见，一起完善内容。

最后，感谢所有参与本书翻译和审校工作的同仁，特别是我的同事李雨霏和周圣文，她们分别参与了5—8章和9—11章的翻译工作，为这本译作的完成提供了巨大的帮助。

对于本书未来的读者，我们也期待与您一同探索数字化时代的企业架构，共同面对新的机遇与挑战。

王妙琼

2024年6月于北京

— 推荐阅读 —

《进化型组织：应对数字化变革的心态、技能和工具》
- 理论阐述和案例分析，全面剖析应对未来变化的心态、技能和工具。抛弃传统工作思维，探寻未来工作新出路。
- 全球智库奇点大学未来工作主席加里·A.博尔斯的重磅之作，他是研究工作、学习和组织未来的全球专家，创新性地提出了应对组织和工作变化的解决方案。

《企业AI之旅》
- 作者开创性地提出了三层模型，助力企业打造AI进化路线图。
- 从生产到销售，从医疗到教育，深度解析AI如何赋能千行百业，实现AI技术与场景的强结合。

《客户至上：基业长青的六大支柱》
- 总结毕马威上百年的发展和服务全球的实践，形成客户体验"六大支柱"模型升级版
- 本书让以客户为中心的观点跃然纸上，提供了实现客户体验优化的实操指南。

与编辑"码"上交流